Tschernobyl

Eine Chronik der Zukunft

Swetlana Alexijewitsch

Tschernobyl

Eine Chronik der Zukunft

Aus dem Russischen
von Ingeborg Kolinko

Berlin Verlag

Die Originalausgabe erschien 1997 unter dem Titel
Tschernobylskaja molitwa
in der Zeitschrift *Druschba narodow* in Moskau

Umschlaggestaltung:
Nina Rothfos und Patrick Gabler, Hamburg
Gesetzt aus der Sabon
Druck & Bindung:
Franz Spiegel Buch GmbH
Printed in Germany 1997
ISBN 3-8270-0215-X

Gedruckt auf chlor- und säurefreiem Papier

Inhaltsverzeichnis

II. Kapitel
Die Krone der Schöpfung

III. Kapitel
Begeisterung an der Trauer

Wir sind Luft, wir sind nicht Erde …

M. Mamardaschwili

Historisches

»… Man muß vor allem den Schleier der Fremdheit zerreißen, der Weißrußland umgibt. Wir sind ja für die Welt eine Terra incognita, ein unbekanntes, unerforschtes Land. Von Tschernobyl wissen alle, aber nur in Verbindung mit der Ukraine und mit Rußland. ›White Russia‹ (›Weißes Rußland‹) – so klingt der Name unseres Landes in Englisch.«

Volkszeitung, 27. April 1996

»Auf dem Gebiet von Weißrußland gibt es kein einziges Atomkraftwerk. Von den im Raum der ehemaligen UdSSR in Betrieb befindlichen AKW sind die der weißrussischen Grenze am nächsten gelegenen mit Reaktoren vom Typ RBMK folgende: im Norden Ignalina, im Osten Smolensk, im Süden Tschernobyl …

Am 26. April 1986 um 1.23.58 Uhr zerstörte eine Serie von Explosionen Reaktor und Gebäude des 4.Energieblocks im AKW Tschernobyl. Die Katastrophe von Tschernobyl wurde zur größten technologischen Katastrophe des 20. Jahrhunderts.

Für das kleine Weißrußland (10 Mio. Einwohner) wurde sie zu einem nationalen Unglück. Während des Großen Vaterländischen Krieges zerstörten die deutschen Faschisten auf weißrussischem Boden 619 Dörfer mitsamt ihren Bewohnern. Nach Tschernobyl verlor das Land 485 Dörfer und Siedlungen: 70 davon sind bereits für immer dem Erdboden gleichgemacht. Im Krieg fiel jeder vierte Weißrusse, heute lebt jeder fünfte auf verseuchtem Gebiet. Das sind 2,1 Mio. Menschen, davon 700 000 Kinder. Unter den Todesursachen nimmt die radioaktive Strahlung den ersten Platz ein. In den Gebieten Gomel und Mogiljow (die von der Tschernobylkatastrophe am stärksten betroffen waren) ist die Sterblichkeitsrate um über 20 % höher als die Geburtenziffer.

Als Folge der Katastrophe wurden 50 x 10^6 Ci Radionuklide in die Atmosphäre geschleudert, davon fielen 70% auf Weißrußland: 23 % seines Territoriums sind durch Radionuklide mit einer Dichte von über 1 Ci/km^2 durch Caesium-137 verseucht. Zum Vergleich: In der Ukraine sind 4,8 % des Territoriums verseucht, in Rußland 0,5%. Die landwirtschaftliche Nutzfläche mit einer Verseuchungsdichte von 1 und mehr Ci/m^2 beläuft sich auf über 18 Mio. Hektar, durch Strontium-90 mit einer Dichte von 0,3 und mehr Ci/m^2 auf ca. 0,5 Mio. Hektar. Aus dem landwirtschaftlichen Umlauf sind 264 000 Hektar Böden herausgenommen worden. Weißrußland ist ein Land der Wälder. Aber 26% der Wälder und der größere Teil der Wiesen in den Flußniederungen des Pripjat, Dnjepr, Sosch entfallen auf die radioaktiv verseuchte Zone ...

Als Folge der ständigen Einwirkung von geringen Strahlendosen erhöht sich im Land mit jedem Jahr die Zahl der Personen mit Krebserkrankungen, geistiger Unterentwicklung, nervösen und psychischen Störungen sowie genetischen Mutationen ...«

Band *Tschernobyl. Weißrussische Enzyklopädie*, 1996, S. 7, 24, 49, 101, 149

»Nach Beobachtungen wurde am 29. April 1986 eine hohe Strahlenbelastung in Polen, Deutschland, Österreich, Rumänien registriert, am 30. April in der Schweiz und Norditalien, vom 1. bis 2. Mai in Frankreich, Belgien, den Niederlanden, Großbritannien, Nordgriechenland. Am 3. Mai in Israel, Kuweit, der Türkei ...

In große Höhe geschleuderte gasförmige und flüchtige Substanzen breiteten sich global aus: Am 2. Mai wurden sie in

Japan registriert, am 4. Mai in China, am 5. Mai in Indien, am 5. und 6. Mai in den USA und in Kanada.

Weniger als eine Woche brauchte es, um Tschernobyl zum Problem der ganzen Welt werden zu lassen ...«

Aus: *Folgen des Tschernobyl-Unfalls in Weißrußland*. Minsk. Internationales höheres Sacharow-College für Radioökologie, 1992, S. 82

»Der Reaktor 4, als Objekt ›Mantel‹ bezeichnet, enthält in seinem Blei-Stahlbeton-Leib nach wie vor ca. 20 Tonnen Kernbrennstoff. Was heute damit passiert, weiß niemand.

Der Sarkophag wurde in großer Eile errichtet, die Konstruktion ist sicher einmalig, die Ingenieure aus Petersburg, die sie entwickelt haben, können stolz darauf sein. Er wurde aber ›auf Distanz‹ montiert, die Platten wurden mit Hilfe von Robotern und Hubschraubern zusammengefügt, daher rühren auch die Spalten. Aufgrund einiger Daten liegt heute die Gesamtfläche der Lücken und Spalten bei über 200 Quadratmeter, aus ihnen dringen weiterhin radioaktive Aerosole ...

Kann der Sarkophag einstürzen? Das kann ebenfalls niemand beantworten, es ist immer noch unmöglich, zu vielen Baugruppen und Konstruktionen vorzudringen, um zu erfahren, wie hoch ihr Sicherheitsgrad ist. Dafür wissen alle: Die Zerstörung des ›Mantels‹ würde Folgen nach sich ziehen, die noch schlimmer wären als 1986 ...«

Zeitschrift *Ogonjok*, Nr. 17, April 1996

Eine einsame menschliche Stimme

Ich weiß nicht, was ich erzählen soll ... Vom Tod oder von der Liebe? Oder ist das ein und dasselbe? ... Ich weiß nicht ...

Wir hatten kurz zuvor geheiratet. Wir gingen durch die Straßen und hielten uns noch an den Händen gefaßt, auch wenn wir ein Geschäft betraten ... Ich sagte zu ihm: »Ich liebe dich.« Aber ich wußte noch nicht, wie sehr ... Ich hatte keine Ahnung ... Wir lebten im Wohnheim der Feuerwehreinheit, in der er diente. Im ersten Stock. Dort wohnten noch drei andere junge Familien, wir hatten eine Gemeinschaftsküche. Und unten, im Erdgeschoß, standen die roten Löschfahrzeuge. Das war sein Dienst. Ich wußte immer, wo er war, was mit ihm war. Mitten in der Nacht hörte ich Lärm. Ich schaute aus dem Fenster. Er sah mich. »Mach das Lüftungsfenster zu und geh schlafen. Im Kraftwerk ist Feuer. Ich bin bald zurück.«

Die Explosion selbst habe ich nicht gesehen. Nur die Flamme. Alles leuchtete ... Der ganze Himmel ... Eine hohe Flamme. Ruß. Schreckliche Hitze. Und er kam und kam nicht. Der Ruß rührte vom brennenden Bitumen, das Dach des Kraftwerks war damit gegossen. Sie sind, so erinnerte er sich, wie über Teer gegangen. Sie versuchten, die Flammen zu löschen, schoben den brennenden Graphit mit den Füßen vom Dach ... Sie waren ohne die Segeltuchmonturen gefahren und hatten nur Hemd und Hose an. Man hatte ihnen nichts gesagt, sie waren zu einem normalen Feuerwehreinsatz geholt worden.

Vier Uhr ... Fünf Uhr ... Sechs ... Um sechs wollten wir zu seinen Eltern fahren. Wollten Kartoffeln legen. Von Pripjat nach Sperischje, dem Dorf, in dem seine Eltern wohnten, sind es 40 Kilometer. Säen, pflügen ... Das mochte er gerne ... Seine Mutter hat oft erzählt, daß sie und ihr Mann ihn nicht in die Stadt lassen wollten, sie hatten ihm sogar ein neues Haus gebaut. Dann wurde er eingezogen. Er diente in Moskau bei den Feuerwehrtruppen, und als er zurückkam, wollte er nur zur Feuerwehr. Etwas anderes gab es für ihn nicht. (Schweigt.)

Manchmal höre ich seine Stimme ... Ganz lebendig ... Nicht mal Fotos wirken so auf mich wie seine Stimme. Aber er ruft mich nie ... Auch nicht im Schlaf ... Nur ich rufe ihn immer ...

Sieben Uhr ... Um sieben teilte man mir mit, daß er im Krankenhaus sei. Ich rannte hin, aber das Krankenhaus war von Miliz umringt, keiner wurde reingelassen. Nur Rettungswagen kamen ständig angerast. Die Milizionäre riefen, wir sollten zurückbleiben, die Meßgeräte würden weit über die Skala hinaus ausschlagen. Ich war nicht allein, alle Frauen waren da, deren Männer in der Nacht im Atomkraftwerk arbeiteten. Ich versuchte, eine Bekannte zu finden, sie war Ärztin im Krankenhaus. Ich hielt sie am Kittel fest, als sie aus einem Auto stieg. »Laß mich rein!« – »Kann ich nicht. Es geht ihm schlecht. Es geht allen schlecht.« Ich ließ nicht locker. »Ich will ihn bloß sehen.« – »Na gut«, sagte sie. »Komm mit. Aber nur für 15 oder 20 Minuten.« Ich sah ihn ... Ganz aufgedunsen, verquollen ... Die Augen waren fast nicht zu sehen ... »Sie brauchen Milch, viel Milch«, sagte meine Bekannte. »Jeder müßte mindestens drei Liter trinken.« – »Aber er trinkt keine Milch.« – »Jetzt wird er.« Viele Ärzte, Schwestern, besonders Hilfsschwestern dieses Krankenhauses sind später krank geworden ... Und gestorben ... Aber damals wußte das noch keiner ...

Um zehn Uhr vormittags starb der Anlagenfahrer Schischenok ... Er starb als erster ... Am ersten Tag ... Wir erfuhren, daß ein zweiter unter den Trümmern begraben liegt – Valera Chodemtschuk. Er konnte nicht rausgeholt werden und wurde einbetoniert. Aber wir wußten noch nicht, daß dies nur die ersten sein würden ...

Ich fragte: »Wassenka, was soll ich machen?« – »Geh weg, geh weg von hier! Du kriegst doch ein Kind.« Ich war schwanger.

Aber ich konnte ihn doch nicht allein lassen! Er bat mich: »Fahr nach Hause. Denk an das Kind!« – »Erst bringe ich dir Milch, dann sehen wir weiter.«

Meine Freundin Tanja Kibenok kam ... Ihr Mann lag im selben Zimmer ... Sie kam mit ihrem Vater, der hatte ein Auto. Wir fuhren ins nächste Dorf, um Milch zu besorgen. Etwa drei Kilometer außerhalb der Stadt ... Wir kauften mehrere Dreilitergläser mit Milch ... Sechs, damit es für alle reichte ... Aber die Männer erbrachen die Milch ... Sie verloren immer wieder das Bewußtsein, man hängte sie an den Tropf. Die Ärzte behaupteten merkwürdigerweise, daß es Gasvergiftungen seien, von radioaktiver Strahlung sprach keiner. Die Stadt war voller Armeefahrzeuge, alle Straßen waren gesperrt ... Keine Vorortbahnen fuhren mehr, keine Züge ... Die Straßen wurden mit irgendeinem weißen Pulver abgesprüht ... Ich machte mir Gedanken, wie ich am nächsten Tag ins Dorf kommen sollte, um frische Milch für ihn zu kaufen. Keiner sprach von radioaktiver Strahlung ... Nur die Militärs trugen Schutzmasken ... Die Städter kamen mit Brot aus den Läden, mit Brötchen in Tüten ... Kuchen wurde an offenen Ständen angeboten ...

Auch abends wurde keiner ins Krankenhaus gelassen ... Massen von Menschen standen rundum ... Ich stand unter seinem Fenster, er trat heran und rief mir etwas zu. So verzweifelt! In der Menge hatte jemand gehört, daß sie nachts nach Moskau gebracht werden sollten. Wir Frauen standen zusammen und berieten. Wir beschlossen mitzufahren. Laßt uns zu unseren Männern! Ihr habt kein Recht! Wir kämpften, wir boxten uns durch. Die Soldaten – inzwischen waren schon Soldaten postiert – stießen uns zurück. Dann erschien ein Arzt und sagte, die Männer würden nach Moskau geflogen, aber wir sollten ihnen Sachen bringen, die Sachen, mit denen sie im Kraftwerk gewesen waren, seien verbrannt worden. Busse fuhren nicht mehr, wir liefen quer durch die ganze Stadt. Als wir mit Taschen wiederkamen, war die Maschine schon weg ... Man hatte uns an der Nase herumgeführt ... Damit wir nicht weinten und schrien ...

Nacht ... Auf der einen Straßenseite Busse, Hunderte von Bussen (die Stadt wurde schon auf die Evakuierung vorbereitet), auf der anderen Seite Hunderte von Löschfahrzeugen. Sie waren von überallher geholt worden. Die ganze Straße in weißem Schaum ... Wir wateten hindurch ... Wir schimpften und weinten ...

Im Radio wurde bekanntgegeben, daß die Stadt möglicherweise nur für drei bis fünf Tage evakuiert werden würde, wir sollten warme Sachen und Sportanzüge mitnehmen, wir würden im Wald kampieren. In Zelten. Die Leute freuten sich: auf in die Natur! Da könnten wir den 1. Mai feiern. Etwas ganz Besonderes. Wir machten Schaschlyks fertig ... Packten Gitarren ein, Kassettenrecorder ... Geweint haben nur die, deren Männer zu leiden hatten.

An die Fahrt kann ich mich nicht erinnern ... Mein Gedächtnis setzt erst wieder ein, als ich seine Mutter sah. »Mama, Wassja ist in Moskau! Er wurde mit einer Sondermaschine ausgeflogen.« Und wir bestellten den Garten. (Eine Woche später wurde das Dorf evakuiert!) Wer wußte das? Wer konnte das damals wissen? Gegen Abend mußte ich mich immer wieder übergeben. Ich war im sechsten Monat schwanger. Es ging mir so schlecht ... Nachts träumte ich, daß er mich rief – als er noch lebte, hat er mich immer nachts gerufen: »Ljussja! Ljussenka!« Aber seit er tot ist, hat er mich kein einziges Mal gerufen. Kein einziges Mal ... (Weint.) Morgens stand ich mit dem Vorsatz auf, nach Moskau zu fahren. Allein ... »Wie kannst du in deinem Zustand ...«, jammerte seine Mutter. Sein Vater sollte mitfahren. Er hob alles Geld vom Sparbuch ab. Alles Geld.

Von der Fahrt weiß ich nichts mehr ... Da fehlt mir wieder jede Erinnerung ... In Moskau fragten wir den erstbesten Milizionär, in welchem Krankenhaus die Feuerwehrleute aus Tschernobyl lagen, und er sagte es uns ...

Das sechste Krankenhaus in der Stschukinskaja ...

Ins Krankenhaus, eine Spezialklinik für Radiologie, wurde ohne Genehmigung niemand hineingelassen. Ich gab dem Pförtner Geld, und er sagte: »Geh rein.« Noch jemanden mußte ich bitten, überreden ... Dann saß ich im Zimmer der Stationsärztin der radiologischen Station, Angelina Wassiljewna Guskowa. Damals wußte ich noch nicht, wie sie heißt, ich habe nichts behalten ... Ich wußte nur, daß ich sie sehen muß ...

Sie fragte mich gleich:

»Habt ihr Kinder?«

Wie konnte ich das zugeben? Mir war klar, daß ich meine Schwangerschaft verheimlichen mußte. Sie würde mich sonst nicht zu ihm lassen! Gut, daß ich schmächtig war, mir war nichts anzusehen.

»Ja«, sagte ich.

»Wie viele?«

Ich dachte: Du mußt ihr sagen, zwei. Wenn du eins sagst, läßt sie dich auch nicht rein.

»Einen Jungen und ein Mädchen.«

»Wenn es zwei sind, wirst du ja wohl keine mehr kriegen. Jetzt hör zu: Das zentrale Nervensystem ist stark angegriffen, das Rückenmark ist stark angegriffen ...«

Na wennschon, dachte ich noch, dann wird er ein bißchen nervös sein.

»Und noch eins: Wenn du zu weinen anfängst, schick ich dich sofort raus. Umarmen und küssen kommt nicht in Frage. Du darfst nicht nahe rangehen. Ich gebe dir eine halbe Stunde.«

Ich wußte, daß ich von dort nicht mehr weggehen würde. Und wenn, dann nur mit ihm. Das hatte ich mir geschworen!

Ich komme rein ... Sie sitzen auf ihren Betten, spielen Karten und lachen.

»Wassja!« rufen die anderen.

Er dreht sich um.

»O Jungs, ich bin verloren! Jetzt hat sie mich auch hier gefunden!«

Er sieht lustig aus, der Schlafanzug Größe 48, er trägt sonst 52! Die Ärmel zu kurz, die Hosenbeine zu kurz. Aber die Schwellung im Gesicht ist schon weg ... Man hat ihnen irgendeine Infusion gegeben ...

»Und warum bist du verloren?« frage ich.

Er will mich umarmen.

»Bleib ja sitzen«, sagt die Ärztin. »Nichts ist mit Umarmen!«

Wir versuchten, das Ganze spaßig zu nehmen. Und dann kamen sie auch schon aus den anderen Zimmern angelaufen. Alle unsere Leute. Aus Pripjat. 28 waren mit dem Flugzeug eingeflogen worden. Was ist zu Hause los? Was gibt's Neues? Ich erzähle, daß die Evakuierung begonnen hat, daß die ganze Stadt für drei bis fünf Tage ausquartiert wird. Die Jungs schweigen. Da waren auch zwei Frauen, eine davon hatte am Tag der Havarie in der Pförtnerloge Dienst gehabt. Sie jammerte:

»O Gott! Meine Kinder sind dort! Was ist mit ihnen?«

Ich wäre so gerne mit ihm allein geblieben, und wenn es nur für eine Minute gewesen wäre. Die Jungs spürten das, jeder fand einen Grund, um in den Flur hinauszugehen. Da habe ich ihn umarmt und geküßt. Er rückte ab.

»Setz dich nicht neben mich. Nimm den Stuhl.«

»Ach, Unsinn!« Ich winkte ab. »Hast du gesehen, wo die Explosion stattgefunden hat? Was ist da passiert? Ihr wart doch die ersten ...«

»Es sieht nach Sabotage aus. Hat jemand extra gemacht. Die Jungs sind auch der Meinung.«

Damals haben alle so gedacht.

Als ich am nächsten Tag hinkam, lag jeder schon in einem Einzelzimmer. Man hatte ihnen streng verboten, auf den Flur zu gehen und miteinander zu reden. Sie gaben sich Klopfzeichen durch die Wand ... Punkt – Strich, Punkt – Strich ... Die Ärzte erklärten, daß jeder Organismus unterschiedlich auf die Strahlendosen reagiert, und was der eine verträgt, muß für den anderen durchaus nicht zutreffen. In den Zimmern, in denen sie lagen, schlugen die Meßgeräte sogar an den Wänden wie wild aus. Zur Linken, zur Rechten und die Etage darunter – dort waren alle Patienten ausquartiert worden, die Etage war leer ... Unter ihnen und über ihnen lag niemand ...

Drei Tage lang habe ich bei meinen Moskauer Bekannten gewohnt. Sie sagten zu mir: Benutze Kochtöpfe, Schüsseln, alles, was du brauchst ... Ich kochte Brühe aus Putenfleisch, für sechs Leute. Für unsere sechs Jungs ... Die Feuerwehrleute ... Aus einer Schicht ... Alle hatten in der Nacht Dienst gehabt: Wastschuk, Kibenok, Titenok, Prawik, Tischtschura. Ich kaufte für alle Zahnpaste, Zahnbürsten, Seife. Sie hatten ja nichts im Krankenhaus. Auch kleine Handtücher habe ich gekauft ... Ich wundere mich heute über meine Bekannten, sie hatten natürlich Angst, sie mußten Angst haben, es kursierten schon alle möglichen Gerüchte. Trotzdem boten sie mir an: Benutze alles, was du brauchst. Alles. Wie geht es ihm? Wie geht es den anderen? Werden sie am Leben bleiben? Am Leben bleiben ... (Schweigt.) Ich habe damals viele gute Menschen kennengelernt, ihre Namen habe ich nicht alle behalten ... Meine Welt schrumpfte auf einen Punkt zusammen ... Wurde ganz klein ... Er ... Nur er ... Ich erinnere mich an eine ältere Schwester, die mir geraten hat: »Es gibt Krankheiten, die nicht heilbar sind. Da muß man einfach sitzen und die Hände streicheln.«

Frühmorgens fuhr ich auf den Markt, von da zu meinen Bekannten, kochte Brühe. Alles durchsieben, zerkleinern ... Einer bat: »Bring doch mal einen Apfel mit.« Sechs Halblitergläser ... Alles für sechs Leute! Ins Krankenhaus ... Ich saß bis zum Abend dort. Und abends mußte ich wieder ans andere Ende der Stadt fahren. Wie lange würde ich das durchhalten? Nach drei Tagen bot man mir ein Zimmer im Hotel für medizinisches Personal direkt auf dem Krankenhausgelände an. Gott, was für ein Glück!

»Aber es gibt da keine Küche. Wo soll ich kochen?«

»Sie brauchen nichts zu kochen. Ihre Mägen nehmen nichts mehr an.«

Er veränderte sich. Jeden Tag traf ich auf einen anderen Mann ... Die Verbrennungen traten zutage ... Im Mund, auf der Zunge, auf den Wangen ... Zuerst kleine Bläschen, die größer wurden ... Die Schleimhaut löste sich in Schichten ab ... In weißen Häutchen ... Die Gesichtsfarbe ... Die Farbe des Körpers ...

Blau ... Rot ... Graubraun ... Es gehörte doch alles zu mir, war mir lieb und vertraut! Das kann man gar nicht erzählen! Darüber kann man doch gar nicht schreiben!

Ich habe ihn geliebt! Ich wußte noch nicht, wie sehr ich ihn liebe! Wir hatten doch gerade erst geheiratet ... Wir gingen durch die Straßen. Er packte mich und wirbelte mich herum. Und küßte mich, küßte mich. Die Leute, die vorübergingen, lächelten ...

Die Klinik für akute Strahlenkrankheiten ... 14 Tage ...

Innerhalb von 14 Tagen stirbt der Mensch ...

Im Hotel wurde gleich am ersten Tag überall bei mir die Radioaktivität gemessen. Kleidung, Tasche, Portemonnaie, Schuhe ... Alles »brannte«. Und alles wurde mir abgenommen. Sogar die Unterwäsche. Nur das Geld rührten sie nicht an. Ich bekam einen Krankenhauskittel Größe 56 und Pantoffeln Größe 43. Die Sachen würde ich wiederkriegen, vielleicht aber auch nicht, sie waren wohl kaum zu reinigen. In diesem Aufzug erschien ich bei ihm. Er erschrak. »Himmel, wie siehst du aus?« Ich hatte es trotzdem fertiggebracht, eine Brühe zu kochen. Ich hängte einen Tauchsieder in ein großes Glas ... Tat Hühnerfleisch rein, ganz kleine Stückchen ... Dann gab mir jemand einen Kochtopf, ich glaube, es war die Putzfrau oder die Etagenfrau. Jemand anders ein Brett, auf dem ich frische Petersilie hackte. Im Krankenhauskittel konnte ich selbst nicht zum Basar gehen, jemand brachte mir das Grünzeug mit. Aber es nützte alles nichts, er konnte nicht mal mehr trinken ... Oder ein rohes Ei schlucken ... Ich hätte ihm so gerne etwas Schönes zu essen gebracht! Als könnte das helfen! Ich lief zur Post. »Mädchen, ich muß ganz dringend meine Eltern in Iwano-Frankowsk anrufen. Mein Mann liegt im Sterben.« Sie errieten sofort, woher ich kam und wer mein Mann war, und stellten die Verbindung augenblicklich her. Mein Vater, meine Schwester und mein Bruder kamen noch am selben Tag nach Moskau geflogen, brachten mir Sachen und Geld.

9. Mai ... Er hatte mir immer gesagt: »Du kannst dir nicht vorstellen, wie schön Moskau ist! Besonders am Tag des Sieges,

wenn der Salut stattfindet. Ich möchte, daß du das mal erlebst.« Ich sitze an seinem Bett, er macht die Augen auf.

»Ist jetzt Tag oder Nacht?«

»Neun Uhr abends.«

»Mach das Fenster auf! Der Salut beginnt.«

Ich öffnete das Fenster. Achte Etage, die ganze Stadt lag vor uns! Ein Feuerbusch schwang sich in den Himmel.

»Ist das toll!«

»Ich hatte dir versprochen, daß ich dir Moskau zeigen werde. Und ich hatte versprochen, dir ein Leben lang an Feiertagen Blumen zu schenken ...«

Ich drehte mich um ... Er holte unter dem Kissen drei Nelken hervor. Er hatte einer Schwester Geld gegeben, und sie hatte welche gekauft.

Ich lief zu ihm und küßte ihn.

»Du mein Einziger! Meine große Liebe!«

Er knurrte: »Was haben die Ärzte gesagt? Du sollst mich nicht umarmen und küssen!«

Es war mir verboten worden ... Aber ich habe ihm hochgeholfen und ihn auf den Stuhl gesetzt ... Habe sein Bett gemacht, ihm das Fieberthermometer untergeschoben und wieder herausgenommen ... Habe die Bettpfanne gebracht und rausgetragen ... Das hatte mir keiner verboten ...

Gut, daß es nicht im Zimmer passierte, sondern im Flur ... Mir wurde schwindlig, ich mußte mich ans Fensterbrett lehnen ... Ein Arzt kam vorbei und faßte mich unter den Arm. Dann fragte er: »Sind Sie schwanger?«

»Nein, nein!« Ich hatte solche Angst, daß uns jemand hört.

»Schwindeln Sie nicht!« meinte er seufzend.

Ich war so verwirrt, daß ich ihn um gar nichts bitten konnte.

Am nächsten Tag wurde ich zur Stationsärztin gerufen.

»Warum haben Sie mich angelogen?« fragte sie.

»Ich hatte keine Wahl. Wenn ich die Wahrheit gesagt hätte, hätten Sie mich nach Hause geschickt. Diese Lüge ist heilig!«

»Was machen Sie bloß!«

»Aber ich bin bei ihm ...«

Mein Leben lang werde ich Angelina Wassiljewna Guskowa dankbar sein! Mein Leben lang!

Andere Ehefrauen kamen auch, aber sie wurden nicht mehr hereingelassen. Die Mütter der Männer waren da ... Die Mutter von Wolodja Prawik betete ständig: »Herrgott, nimm lieber mich zu dir!«

Ein amerikanischer Professor, Doktor Gale ... Er nahm eine Rückenmarkstransplantation vor ... Er tröstete mich, es gäbe Hoffnung, geringe, aber es gäbe sie. So ein kräftiger Organismus! So ein starker Mann! Alle seine Verwandten wurden gerufen. Zwei Schwestern kamen aus Weißrußland, ein Bruder aus Leningrad, er war dort bei der Armee. Die Jüngste, Natascha, 14 Jahre, weinte sehr und hatte Angst. Aber ihr Rückenmark eignete sich am besten ... (Verstummt.) Jetzt kann ich schon darüber reden ... Aber damals ... Ich habe zehn Jahre lang geschwiegen ... Zehn Jahre ... (Verstummt.)

Als er erfuhr, daß das Rückenmark von seiner jüngsten Schwester genommen werden sollte, protestierte er: »Lieber sterbe ich! Rührt sie nicht an, sie ist noch zu klein.« Die ältere Schwester Ljuda war 28 Jahre alt, sie ist selbst Krankenschwester und wußte deshalb, worauf sie sich einließ. »Daß er nur am Leben bleibt!« sagte sie. Ich habe bei der Operation zugesehen. Sie lagen nebeneinander auf OP-Tischen ... Da war ein großes Fenster im OP-Saal. Die Operation dauerte zwei Stunden ... Als sie zu Ende war, ging es Ljuda schlechter als ihm, sie hatte 18 Stiche und kam nur schwer aus der Narkose. Sie ist jetzt auch krank, ist Invalidin ... Sie war ein schönes, starkes Mädchen. Hat nicht geheiratet ... Ich bin damals immer zwischen ihren Zimmern hin- und hergependelt. Er lag nicht mehr in einem normalen Zimmer, sondern in einem speziellen Sauerstoffzelt, unter einer durchsichtigen Folie, keiner durfte rein. Es gab besondere Vorrichtungen, damit man Spritzen verabreichen oder einen Katheter setzen konnte, ohne unter das Zelt zu gehen ... Das war mit allen möglichen Klettverschlüssen und Schnallen versehen, aber ich lernte, damit umzugehen ... Sie aufzumachen ... Um zu ihm zu gelangen ... An seinem Bett stand ein kleiner Stuhl ... Es ging ihm so schlecht, daß ich keine Minute von ihm weichen konnte. Er rief ständig: »Ljussja, wo bist du? Ljussenka!« Er rief und rief ... Die anderen Sauerstoffzelte, in denen unsere Jungs lagen, wurden von Soldaten betreut, weil die angestellten Sanitäter sich weigerten, sie forderten Schutzkleidung. Soldaten trugen die Bettpfannen raus, wischten die Fußböden auf, wechselten die Bettwäsche ... Sie machten alles ... Woher kamen die Soldaten? Ich habe nicht gefragt ... Nur er zählte. Und jeden Tag hörte ich: Tot ... Tischtschura tot. Titenok tot. Tot ... Tot! ... hämmerte es in meinem Kopf ...

25- bis 30mal Stuhlgang in 24 Stunden ... Mit blutigem Schleim ... Die Haut begann, an Händen und Füßen aufzuplatzen ... Überall Blasen ... Wenn er den Kopf drehte, blieb auf dem Kissen ein Büschel Haare zurück ... Ich versuchte zu scherzen. »Wie bequem, da brauchen wir keinen Kamm!« Bald darauf wurden alle kahlgeschoren. Ihn habe ich selber geschoren. Ich wollte alles für ihn selber tun. Wenn ich es physisch durchgehalten hätte, wäre ich die ganzen 24 Stunden nicht von seiner Seite gewichen. Mir tat es um jede Minute leid ... Jede Minute ... (Schweigt lange.) Mein Bruder kam und erschrak. »Ich laß dich nicht mehr zu ihm rein!« Mein Vater sagte zu ihm: »Wie willst du so eine daran hindern? Die klettert doch sogar durchs Fenster! Über die Feuerwehrleiter!«

Ich ging raus ... Als ich wiederkomme, liegt auf seinem Nachtschränkchen eine Apfelsine. Groß, nicht gelb, sondern rosa. Er lächelt. »Hab ich geschenkt bekommen. Nimm sie.« Eine Schwester winkt mir durch das Zelt zu, daß ich die Apfelsine nicht essen soll. Da sie schon einige Zeit neben ihm liegt, ist es sogar gefährlich, sie anzufassen, geschweige denn zu essen. »Iß sie nur«, bittet er. »Du magst doch Apfelsinen!« Ich nehme die Apfelsine. Derweil schließt er die Augen und schläft ein. Er bekam ständig Spritzen, damit er schlief. Betäubungsmittel. Die Schwester sieht mich entsetzt an ... Und ich? Ich bin bereit, alles zu tun, damit er nur nicht ans Sterben denkt, und daran, daß seine Krankheit schrecklich ist, daß ich Angst vor ihm habe ... Bruchstücke eines Gesprächs ... In meiner Erinnerung ... Jemand ermahnt mich: »Sie dürfen nicht vergessen: Vor Ihnen liegt nicht mehr Ihr Mann, Ihr Geliebter, sondern ein hochgradig radioaktiv verseuchtes Objekt. Sie sind doch keine Selbstmörderin. Nehmen Sie sich zusammen!« Und ich wie eine Wahnsinnige: »Ich liebe ihn! Ich liebe ihn!« Er schlief, und ich flüsterte: »Ich liebe dich!« Ich ging über den Krankenhaushof: »Ich liebe dich!« Ich trug die Bettpfanne aus dem Zimmer: »Ich liebe dich!« Ich erinnerte mich, wie wir früher zusammen gelebt hatten ... In unserem Wohnheim ... Er schlief nachts nur ein, wenn er meine Hand halten konnte. Das war eine Angewohnheit von ihm: mich im Schlaf bei der Hand zu halten, die ganze Nacht ...

Und im Krankenhaus nahm ich seine Hand und ließ sie nicht mehr los ...

Nacht. Alles war still. Wir waren allein. Er schaute mich ganz aufmerksam an und sagte dann:

»Ich möchte so gerne unser Kind sehen. Wie wird es sein?«

»Wie wollen wir es denn nennen?«

»Na, das wirst du schon selber entscheiden müssen ...«

»Wieso ich, wenn wir zu zweit sind?«

»Dann soll es Wassja heißen, wenn es ein Junge wird, und Nataschka, wenn es ein Mädchen wird.«

»Wieso Wassja? Ich hab doch schon einen! Dich! Einen anderen brauche ich nicht.«

Ich wußte noch nicht, wie sehr ich ihn liebe! Ihn ... Nur ihn... Wie blind! Ich nahm nicht einmal das Strampeln des Kindes unter meinem Herzen wahr ... Obwohl ich schon im sechsten Monat war ... Ich dachte, daß es in mir ist, mein Kleines, und daß es da sicher ist ...

Daß ich bei ihm unter der Folie schlief, wußte keiner von den Ärzten. Darauf kam keiner ... Die Schwestern ließen mich zu ihm. Zuerst wollten sie es mir ausreden. »Du bist noch jung. Was denkst du dir dabei? Er ist kein Mensch mehr, sondern ein

Reaktor. Ihr verbrennt noch zusammen.« Ich bin ihnen wie ein kleiner Hund nachgerannt, hab stundenlang an der Tür gestanden und gebeten, gefleht ... Dann winkten sie ab. »Zum Teufel mit dir! Du bist ja nicht normal!« Früh, noch vor acht, bevor die Visite begann, warnten sie mich durch das Zelt. »Komm schnell raus!« Dann rannte ich für eine Stunde ins Hotel. Von neun Uhr morgens bis neun Uhr abends hatte ich eine Besuchserlaubnis. Meine Beine waren blau bis zu den Knien und ganz geschwollen, so erschöpft war ich ...

Solange ich bei ihm war, machten sie das nicht ... Aber wenn ich weg war, haben sie ihn fotografiert ... Ohne Kleidung. Nackt. Nur ein leichtes Laken obendrauf. Ich habe das Laken jeden Tag gewechselt – abends war es ganz blutgetränkt. Wenn ich ihn anhob, blieben an meinen Händen Hautfetzen von ihm zurück. Ich bat ihn: »Liebster! Hilf mir! Stütz dich auf den Arm, auf den Ellbogen, so gut du kannst, damit ich das Bett glattstreiche, damit du keine Falte, keine Naht spürst.« Jede noch so kleine Naht bedeutete schon eine Wunde für ihn. Ich schnitt mir die Nägel kurz, bis Blut kam, um ihn ja nicht irgendwie zu kratzen. Keine Schwester konnte an ihn heran, ihn anfassen – wenn etwas zu tun war, riefen sie mich. Und sie fotografierten ihn ... Sie sagten, zu wissenschaftlichen Zwecken. Ich hätte sie am liebsten aus dem Zimmer gejagt! Hätte geschrien! Sie verprügelt! Wie konnten sie! Es gehörte doch alles zu mir ... War mir so lieb ... Wenn ich sie doch nur hätte hindern können! ... Wenn ...

Ich trete aus dem Zimmer auf den Flur ... Gehe auf die Wand, auf das Sofa zu, ohne es zu sehen. Sage zur Dienstschwester: »Er stirbt mir.« Und sie: »Was willst du? Er hat 1 600 Röntgen abbekommen, die tödliche Dosis ist 400. Du sitzt neben einem Reaktor.« Es gehörte doch alles zu mir, war mir so lieb.

Als alle gestorben waren, wurde das Krankenhaus renoviert. Die Wände wurden abgeschabt, das Parkett herausgerissen und weggetragen ... In die Tischlerei.

Weiter ... Das letzte ... Ich erinnere mich nur bruchstückhaft.

In der Nacht sitze ich neben ihm auf dem Stuhl ... Um acht

Uhr früh: »Wassenka, ich geh jetzt. Ich ruh mich ein bißchen aus.« Er öffnet die Augen und schließt sie wieder – zum Zeichen, daß er einverstanden ist. Kaum bin ich im Hotel, in meinem Zimmer, habe mich auf dem Fußboden ausgestreckt, aufs Bett konnte ich mich nicht legen, alles hat so weh getan, da klopft auch schon eine Schwester. »Geh! Lauf zu ihm! Er ruft immerzu nach dir!« ... An dem Tag hatte mich Tanja Kibenok inständig gebeten, sie auf den Friedhof zu begleiten, sie könne nicht ohne mich fahren. Am Vormittag sollten Witja Kibenok und Wolodja Prawik beerdigt werden ... Witja und Wassja waren Freunde gewesen ... Unsere Familien waren befreundet ... Einen Tag vor der Explosion hatten wir uns alle zusammen im Wohnheim fotografieren lassen. Wie schön unsere Männer waren! Und so fröhlich! Der letzte Tag unseres damaligen Lebens ... Wie glücklich wir waren!

Ich kam vom Friedhof zurück und rief schnell die Schwester vom Dienst an. »Wie geht's ihm?« – »Er ist vor einer Viertelstunde gestorben!« Wie? Und ich hatte die ganze Nacht bei ihm gesessen! Ich war doch nur für drei Stunden weg gewesen! Ich stand am Fenster und schrie: »Warum? Wofür?« Ich sah zum Himmel hoch und schrie ... Durch das ganze Hotel ... Sie hatten Angst, sich mir zu nähern ... Dann kam ich zu mir: Ich will ihn noch einmal sehen! Ein letztes Mal! Ich schleppte mich die Treppe hinunter ... Er lag noch im Sauerstoffzelt ... Seine letzten Worte waren gewesen: »Ljussja! Ljussenka!« – »Sie ist nur mal kurz weg, sie kommt gleich«, hatte ihn die Schwester beruhigt. Er seufzte auf und – war still ...

Nun konnte mich nichts von ihm trennen ... Ich bin bis zum Sarg mit ihm gegangen ... Obwohl ich mich an den Sarg selbst gar nicht erinnere, sondern nur an den großen Plastiksack ... Dieser Plastiksack ... In der Leichenkammer fragte man mich: »Wollen Sie sehen, wie wir ihn einkleiden?« Natürlich wollte ich. Sie zogen ihm die Paradeuniform an, die Mütze legten sie ihm auf die Brust. Passende Schuhe wurden nicht gefunden, weil die Füße so aufgedunsen waren ... Auch die Uniform mußte auseinandergeschnitten werden, man konnte sie ihm nicht anziehen, der Körper zerfiel ja schon ... Alles war eine einzige Wunde ... Die letzten zwei Tage im Krankenhaus ... Wenn ich seinen Arm hob, schwang der Knochen hin und her, das Fleisch löste sich schon ... Teile der Lunge und der Leber kamen ihm aus dem Mund heraus ... Er erstickte fast an den eigenen Innereien ... Ich wickelte eine Binde um die Hand und schob die Hand in seinen Mund, um das alles herauszuholen ... Das kann man nicht erzählen! Das kann man doch nicht schreiben!

Es war doch alles so vertraut ... Mir so lieb ... Keine Schuhgröße paßte ... Er wurde barfuß in den Sarg gelegt ...

Vor meinen Augen ... In der Paradeuniform wurde er in den Plastiksack gelegt, und der Sack wurde zugebunden ... Und dieser Sack ist dann in einen Holzsarg gelegt worden. Dann wurde der Sarg noch in einen weiteren Sack gepackt, durchsichtige Folie, aber fest wie eine Wachstuchdecke ... Und all das wurde mühsam in einen Zinksarg gelegt ... Nur die Mütze blieb obendrauf ...

Alle kamen ... Seine Eltern, meine Eltern ... Wir kauften schwarze Tücher in Moskau ... Wir wurden von der Sonderkommission empfangen. Allen wurde das gleiche gesagt: daß sie die Leichen unserer Männer und Söhne nicht herausgeben könnten, sie seien völlig verstrahlt und würden gesondert auf einem Moskauer Friedhof begraben werden. In verlöteten Zinksärgen, unter Betonplatten. Und wir müßten das und das Papier unterschreiben ... Empörte sich einer und wollte den Sarg nach Hause überführen, redete man auf ihn ein, die Männer seien Helden und gehörten nicht mehr der Familie. Sie gehörten jetzt dem Staat ...

Wir bestiegen den Leichenwagen ... Verwandte und irgendwelche Militärs. Ein Oberst mit Funkgerät ... Über Sprechfunk kommt die Nachricht: »Warten Sie auf Anweisungen! Warten Sie!« Zwei bis drei Stunden kurvten wir durch Moskau, auf dem Ring. Kehrten in die Stadt zurück ... Über Funk hieß es: »Die Einfahrt auf den Friedhof kann nicht gestattet werden. Der

Friedhof wird von ausländischen Korrespondenten belagert. Warten Sie noch.« Die Eltern schweigen ... Mamas Tuch ist schwarz ... Ich bin einer Ohnmacht nahe. Schreie hysterisch: »Warum muß ich meinen Mann verstecken? Ist er etwa ein Mörder? Ein Verbrecher? Ein Krimineller? Wen beerdigen wir?« Mama: »Still, Kind, still!« Sie streicht mir über den Kopf ... Der Oberst spricht über Funk: »Erlauben Sie, auf den Friedhof zu fahren. Die Ehefrau hat einen hysterischen Anfall.« Auf dem Friedhof umringen uns Soldaten. Wir gehen unter Bewachung ... Und der Sarg wird getragen ... Niemand wird herangelassen ... Nur wir sind da ... Die Grube wird sofort zugeschaufelt. »Schnell! Schnell!« befiehlt der Offizier. Ich konnte nicht mal mehr den Sarg umfassen! ... Und ab in die Busse ... Alles heimlich, still und leise ...

Man brachte uns sofort Rückfahrkarten. Für den nächsten Tag. Die ganze Zeit über war ein Mann in Zivil bei uns, wir durften nicht mal das Hotel verlassen, um Reiseproviant zu kaufen. Damit wir um Himmels willen mit niemandem redeten, besonders ich. Als hätte ich damals reden können! Ich konnte ja nicht mal weinen. Als wir gingen, zählte die Etagenfrau alle Handtücher und Laken und steckte sie sofort in einen Plastiksack. Die sind bestimmt verbrannt worden ... Das Hotel mußten wir selbst bezahlen ... Für 14 Tage ...

Die Klinik für Strahlenkrankheiten – 14 Tage ... Innerhalb von 14 Tagen stirbt der Mensch ...

Zu Hause habe ich nur geschlafen. Ich bin in die Wohnung gegangen und habe mich aufs Bett fallen lassen. Ich habe drei Tage lang geschlafen ... Die Erste Hilfe kam ... »Nein«, sagte der Arzt. »Sie ist nicht tot. Sie wird wieder aufwachen. Das ist von den ganzen Schrecken.«

Ich war damals 23 Jahre alt ...

Ich erinnere mich an einen Traum ... Meine verstorbene Oma kam zu mir, genau in den Sachen, in denen wir sie begraben hatten. Sie schmückte eine Tanne. »Oma, warum die Tanne? Wir haben doch Sommer.« – »Das muß sein. Bald wird dein Wassenka zu mir kommen. Und er ist im Wald geboren.« Noch ein Traum: Wassja kommt ganz in Weiß und ruft nach Natascha, unserem kleinen Mädchen, das noch nicht geboren war. In dem Traum ist sie schon größer geworden. Er wirft sie hoch, und sie lachen ... Und ich schaue ihnen zu und denke, daß Glück so einfach ist. Ich träume: Wir staken zusammen durchs Wasser. Gehen lange, lange ... Er wollte mich wohl trösten, daß ich nicht weinen soll ... Wollte mir ein Zeichen geben. Von dort ... Von dort oben ... (Schweigt lange.)

Zwei Monate später bin ich nach Moskau gefahren – und vom Bahnhof gleich auf den Friedhof. Zu ihm! Und dort auf dem Friedhof setzten die Wehen ein ... Ich hatte kaum mit ihm gesprochen ... Ein Krankenwagen mußte geholt werden ... Entbunden habe ich bei Angelina Wassiljewna Guskowa. Sie hatte mir schon damals angeboten, bei ihr zu entbinden. Das Kind kam zwei Wochen zu früh ...

Sie zeigten es mir ... Ein Mädchen ... »Nataschenka«, rief ich. »Papa wollte, daß du Nataschenka heißt.« Äußerlich ein gesundes Kind. Händchen, Füßchen ... Aber sie hatte eine Leberzirrhose ... In der Leber waren 28 Röntgen ... Ein angeborener Herzfehler ... Vier Stunden später teilte man mir mit, daß das Kind gestorben sei ... Und wieder: Wir können es Ihnen nicht geben! Was soll das heißen? Ich gebe es nicht her! Ihr wollt es für wissenschaftliche Zwecke haben, und ich hasse eure Wissenschaft! Ich hasse sie! Erst hat sie mir ihn genommen, und nun will sie auch noch mein Kind ... Das lasse ich nicht zu! Ich beerdige mein Kind selbst. Neben ihm ... (Schweigt.)

Das ist eigentlich nicht das, was ich sagen wollte ... Nein ... Ich darf nach dem Schlaganfall nicht schreien. Und nicht weinen. Also eigentlich ... Aber ich sag's ... Es weiß noch keiner ... Als ich mein Kind nicht hergeben wollte, unser kleines Mädchen, da haben sie mir eine kleine Holzkiste gebracht. »Da drin ist sie.« Ich sah rein ... Sie war ganz und gar eingewickelt ... Da habe ich geweint. »Begrabt sie zu seinen Füßen. Sagt ihm, daß es unsere Natascha ist.«

Auf dem Grabstein steht nicht »Natascha Ignatenko« ... Da ist nur sein Name ... Sie hatte ja noch keinen Namen, noch nichts ...

Ich gehe immer mit zwei Sträußen zum Friedhof: einer ist für ihn, den anderen lege ich in die Ecke für sie. Und dann liege ich auf Knien vor dem Grab ... Immer auf Knien ...

In Kiew bekam ich eine Wohnung. In einem großen Haus, in dem jetzt alle wohnen, die im Atomkraftwerk gearbeitet haben. Die Wohnung ist groß, zwei Zimmer – Wassja und ich hatten immer davon geträumt. Und ich bin darin fast verrückt geworden! In jedem Winkel, wo immer ich auch hinschaute, war er! Ich renovierte die Wohnung, um nicht herumzusitzen, um mich abzulenken. So ging das zwei Jahre ... Ich träumte: Wir gehen nebeneinander, und er ist barfuß ... »Warum gehst du immer barfuß?« frage ich. »Na, weil ich nichts habe.« Ich ging in die Kirche ... Der Pope riet mir: »Du mußt ein Paar große Hausschuhe kaufen und jemandem in den Sarg legen. Dazu schreibst du auf einen Zettel, daß sie für ihn sind.« Das habe ich getan ... Ich kam nach Moskau und ging sofort in die Kirche. In Moskau bin ich ihm näher ... Er liegt dort auf dem Friedhof in Mitino ... Ich erzählte dem Küster, ich müsse die Hausschuhe übergeben. Er fragte, ob ich wüßte, was zu tun sei. Ich erklärte ihm alles ... Da wurde ein Sarg mit einem alten Mann darin hereingetragen. Ich ging an den Sarg, hob die Decke und legte die Hausschuhe darunter. »Hast du den Zettel geschrieben?« – »Ja, hab ich, aber ich hab nicht draufgeschrieben, auf welchem Friedhof er liegt.« – »Dort sind sie alle in einer Welt. Sie werden ihn schon finden.«

Ich hatte keinen Lebenswillen mehr. Nachts stand ich am Fenster, schaute zum Himmel hoch. »Wassenka, was soll ich tun? Ich mag nicht ohne dich leben.« Wenn ich tagsüber an einem Kindergarten vorbeikam, blieb ich stehen. Ich hätte immerzu den Kindern zuschauen können ... Ich bin fast verrückt geworden! Und nachts habe ich gebeten: »Wassenka, ich möchte ein Kind. Ich habe Angst, allein zu sein. Ich halte es nicht mehr aus. Wassenka!« Ein andermal bat ich: »Wassenka, ich brauche keinen Mann. Etwas Besseres als dich gibt es nicht. Aber ich möchte ein Kind.«

Da war ich 25 Jahre alt ...

Dann fand ich einen Mann ... Ich erzählte ihm die ganze Wahrheit. Wir trafen uns öfter, aber ich habe ihn nie in meine Wohnung gelassen. Das konnte ich nicht. Dort war Wassja ...

Ich arbeitete als Konditorin ... Ich stand und knetete Teig, und die Tränen rollten ... Sie liefen von ganz alleine ... Das einzige, worum ich die Kolleginnen bat, war: »Zeigt kein Mitleid. Wenn ihr das tut, gehe ich.« Ich wollte so sein wie alle ...

Man brachte mir Wassjas Orden ... Er war rot ... Ich konnte ihn nicht lange ansehen ... Die Tränen rollten ...

Ich brachte einen Jungen zur Welt. Nun habe ich jemanden, für den ich atme und lebe. Er versteht alles sehr gut. »Mamotschka, wenn ich für zwei Tage zur Oma fahre, kannst du dann atmen?« Kann ich nicht! Ich hatte Angst, mich auch nur für einen Tag von ihm zu trennen. Wir gingen durch die Straße ... Und ich spürte, daß ich fallen werde ... Damals hatte ich den Schlaganfall. Dort, auf der Straße ... »Mama, soll ich dir ein Glas Wasser bringen?« – »Nein, bleib bei mir. Geh nicht weg.« Ich griff nach seiner Hand. Weiter weiß ich nichts ... Ich wachte erst im Krankenhaus wieder auf ... Aber ich hatte seine Hand so fest umklammert, daß die Ärzte meine Finger kaum auseinanderbekamen. Und seine Hand war noch lange blau. Wenn wir jetzt aus dem Haus gehen, sagt er: »Mama, faß mich aber nicht an der Hand. Ich gehe nicht weg von dir.« Er ist auch kränklich: zwei Wochen Schule, zwei Wochen in ärztlicher Obhut. So leben wir. Wir haben Angst umeinander. Und in jeder Ecke ist Wassja, sind seine Fotos ... Nachts rede und rede ich mit ihm ...

In meiner Nachbarschaft wohnt das ganze Reaktorpersonal, Wachleute, wie wir sagen. Sie haben ihr Leben lang im Atomkraftwerk gearbeitet. Sie fahren heute noch hin. Auf Wache. Viele haben schlimme Krankheiten, sind Invaliden, aber das Kraftwerk geben sie nicht auf! Wo werden sie sonst gebraucht? Viele sterben. Ganz plötzlich. Einer saß auf der Bank – und fiel um. Ein anderer ging aus dem Haus, zum Bus – und fiel um. Sie sterben, aber noch keiner hat sie richtig befragt. Danach, was wir durchgemacht haben ... Vom Tod wollen die Leute nichts hören. Von schrecklichen Dingen ...

Aber ich habe Ihnen von meiner Liebe erzählt ... Wie ich geliebt habe.

Ljudmila Ignatenko,
Ehefrau des umgekommenen Feuerwehrmannes
Wassili Ignatenko

Interview der Autorin mit sich selbst über versäumte Geschichte

Zehn Jahre sind vergangen ... Tschernobyl ist bereits eine Metapher, ein Symbol. Und sogar schon Geschichte. Dutzende von Büchern wurden geschrieben, Tausende Meter Filmmaterial gedreht. Wir glauben, über Tschernobyl alles zu wissen: Fakten, Namen, Zahlen. Was kann man dem noch hinzufügen? Außerdem ist es nur zu natürlich, daß die Menschen Tschernobyl vergessen wollen, indem sie sich sagen, daß es doch schon hinter ihnen liegt ...

Wovon handelt dieses Buch? Warum habe ich es geschrieben?

Das Buch handelt nicht von Tschernobyl, sondern von der Tschernobyl-Welt. Eben davon, was uns wenig oder so gut wie gar nicht bekannt ist. Versäumte Geschichte – so würde ich es nennen. Das Ereignis selbst hat mich nicht interessiert: was in der Nacht im Atomkraftwerk passiert ist und wer schuld ist, welche Entscheidungen getroffen wurden, wieviel Tonnen Sand und Beton nötig waren, um den Sarkophag über dem teuflischen Loch zu errichten; mich interessieren die Empfindungen und Gefühle von Menschen, die an das Unbekannte gerührt haben. Das Geheimnis. Tschernobyl ist ein Geheimnis, das wir noch zu lösen haben. Vielleicht ist es die Aufgabe des 21. Jahrhunderts, eine Herausforderung an das nächste Jahrhundert. Was hat der Mensch damals erfahren, erkannt, in sich selbst entdeckt? In seiner Beziehung zur Welt? Die Rekonstruktion des Gefühls, nicht des Ereignisses war mir wichtig.

Wo ich früher beim Schreiben meiner Bücher Einblick in die Leiden anderer gewann, bin ich heute genauso ein Zeuge wie alle anderen. Mein Leben ist Teil des Ereignisses, ich lebe hier, auf Tschernobyl-Erde. Im kleinen Weißrußland, von dem die

Welt vorher kaum etwas wußte. In einem Land, von dem es heute heißt, daß es keine Erde, sondern ein Tschernobyl-Laboratorium ist. Die Weißrussen sind ein Tschernobyl-Volk. Tschernobyl ist unser Zuhause, unser nationales Schicksal geworden. Ich mußte dieses Buch einfach schreiben …

Was also ist Tschernobyl? Ein Zeichen? Oder doch eine gigantische technologische Katastrophe, mit nichts vergleichbar, was früher geschehen ist?

Es ist mehr als eine Katastrophe … Gerade das Bemühen, Tschernobyl in eine Reihe mit den bekanntesten Katastrophen zu stellen, hindert uns daran, es zu begreifen. Wir gehen gleichsam ständig in die falsche Richtung. Die alten Erfahrungen reichen hier offensichtlich nicht aus. Nach Tschernobyl leben wir in einer anderen Welt, die frühere gibt es nicht mehr. Der Mensch hingegen will nicht daran denken, weil er nie darüber nachgedacht hat. Tschernobyl hat ihn überrumpelt.

Immer wieder habe ich von meinen Gesprächspartnern gleiche Aussagen gehört: »Ich finde nicht die richtigen Worte, um zu beschreiben, was ich gesehen und erlebt habe.« – »In noch keinem Buch habe ich davon gelesen, in keinem Film so was gesehen.« – »Noch niemand hat mir je so was erzählt.« Diese Aussagen wiederholten sich, und ich habe diese Wiederholungen im Buch absichtlich erhalten. Ich habe sie stehenlassen, nicht nur der Glaubwürdigkeit, der »unverfälschten Wahrheit« wegen, mir schien auch, daß sie die Ungewöhnlichkeit des Geschehens noch unterstreichen. Alles wird zum erstenmal benannt, laut ausgesprochen. Etwas ist geschehen, wofür wir noch kein System von Vorstellungen, noch keine Analogien oder Erfahrungen haben, woran unsere Augen und Ohren noch nicht gewöhnt sind, wofür nicht einmal unser bisheriger Wortschatz, unser ganzes inneres Instrumentarium ausreicht. Letzteres ist dazu da, zu sehen, zu hören oder zu berühren. Nichts von alledem ist möglich. Um hier etwas zu verstehen, muß der Mensch über die Grenzen seiner selbst hinausgehen.

Eine neue Geschichte der Gefühle hat begonnen …

Mensch und Ereignis sind doch nicht immer gleich …

Ich habe den betroffenen Menschen gesucht, der sich Auge in Auge mit dem Geschehenen sah, der darüber nachgedacht hat.

Drei Jahre lang war ich unterwegs und habe Mitarbeiter des Atomkraftwerkes, Wissenschaftler, frühere Parteibürokraten, Mediziner, Soldaten, Umsiedler, Rückkehrer befragt … Menschen unterschiedlicher Berufe, Schicksale, Generationen und Temperamente. Gläubige und Atheisten. Bauern und Intellektuelle. Tschernobyl ist der Hauptinhalt ihrer Welt. Ihre Innenwelt und ihr Umfeld sind davon vergiftet, nicht nur der Boden und das Wasser. Ihre ganze Zeit.

Ein Ereignis, von einem Menschen erzählt, ist sein Schicksal – von vielen Menschen erzählt, ist es bereits Geschichte. Das ist das Schwierigste: zwei Wahrheiten, die persönliche und die allgemeine Wahrheit miteinander zu verbinden. Und der Mensch von heute steht an der Bruchstelle zweier Epochen …

Zwei Katastrophen trafen zusammen: eine soziale – vor unseren Augen geht ein gewaltiger sozialistischer Kontinent unter – und eine kosmische – Tschernobyl. Zwei globale Explosionen. Erstere ist uns näher, verständlicher. Die Menschen sind vollauf mit alltäglichen, existentiellen Dingen beschäftigt: wie etwas bezahlen, wohin gehen? Woran glauben? Sich wieder unter welche Fahnen einreihen? Das trifft für alle und jeden zu. Tschernobyl dagegen würden sie gern vergessen. Anfangs hofften sie, es zu besiegen, verstummten aber, als sie die Eitelkeit ihres Tuns begriffen. Es ist schwer, sich vor etwas zu schützen, was wir nicht kennen, was die Menschheit nicht kennt. Tschernobyl hat uns aus einer Zeit in eine andere versetzt.

Vor uns steht eine neue Realität für alle …

Aber worüber der Mensch auch reden mag, er enthüllt sich dabei gleichzeitig selbst. Was sind wir für Menschen?

Unsere Geschichte ist eine Geschichte des Leidens. Leiden ist unsere Zuflucht, unser Kult. Wir sind von ihm hypnotisiert. Aber ich wollte auch nach etwas anderem fragen – nach dem Sinn des menschlichen Lebens, unserer Existenz auf Erden.

Ich war unterwegs, habe mit Menschen gesprochen, habe Gespräche aufgezeichnet. Diese Menschen haben als erste gesehen, was wir nur erahnen. Was für alle noch ein Geheimnis ist. Doch darüber sollen sie selbst berichten …

Immer wieder schien mir, daß ich Zukunft aufzeichne …

I. Kapitel

Erde der Toten

Monolog darüber, warum sich Menschen erinnern

Sie haben vor, darüber zu schreiben? Darüber! Aber ich möchte nicht gern, daß man das von mir weiß ... Was ich da erlebt habe ... Auf der einen Seite habe ich schon den Wunsch, mich zu öffnen, mich auszusprechen, andererseits spüre ich aber, daß ich mich dabei entblöße, und das möchte ich nicht gern ...

Erinnern Sie sich? Bei Tolstoi? Pierre Besuchow ist nach dem Krieg so erschüttert, daß ihm scheint, er und die ganze Welt hätten sich für immer verändert. Aber dann vergeht eine Weile, und er sagt sich: Ich werde genau wie vorher den Kutscher ausschimpfen, ich werde genau wie früher murren. Warum erinnern sich dann die Menschen? Um die Wahrheit zu finden? Die Gerechtigkeit? Um sich davon zu befreien und zu vergessen? Begreifen sie, daß sie an einem grandiosen Ereignis teilhatten? Oder suchen sie Schutz in der Vergangenheit? Dabei sind doch Erinnerungen eine brüchige, vergängliche Angelegenheit, kein präzises Wissen, sondern eine Ahnung des Menschen von sich selbst. Das ist noch kein Wissen, das sind nur Gefühle.

Mein Gefühl ... Ich habe mich gequält, habe in meinem Gedächtnis gekramt und mich erinnert ...

Das Schlimmste ist mir in der Kindheit widerfahren ... Das war der Krieg ...

Ich weiß noch, wie wir als kleine Kinder »Vater und Mutter« spielten. Wir zogen die Kleinsten aus und legten sie aufeinander ... Es waren die ersten Kinder, die nach dem Krieg geboren wurden. Das ganze Dorf wußte, welche Worte sie schon sprechen konnten, wann sie die ersten Schritte machten, denn über dem Krieg hatte man die Kinder vergessen. »Vater und Mutter« hieß unser Spiel. Wir wollten sehen, wie Leben entsteht ... Wir selbst waren acht bis zehn Jahre alt ...

Ich habe gesehen, wie eine Frau sich selbst umgebracht hat. Im Gebüsch am Fluß. Sie nahm einen Ziegelstein und schlug sich damit immer wieder gegen den Kopf. Sie war schwanger von einem Polizisten, den das ganze Dorf haßte. Noch als Kind sah ich, wie kleine Katzen zur Welt kamen. Ich habe meiner Mutter geholfen, ein Kalb aus dem Leib der Kuh zu ziehen, habe unsere Sau einem Eber zugeführt ... Ich weiß noch ... Ich weiß noch, wie mein Vater gebracht wurde. Tot, er hatte den Pullover an, den meine Mutter ihm gestrickt hatte. Mein Vater war offenbar mit einem Maschinengewehr oder einer Maschinenpistole erschossen worden, blutige Klumpen quollen aus dem Pullover. Er lag auf dem einzigen Bett, das wir hatten. Wir haben ihn dann vor unserem Haus begraben. Die Erde war für ihn kein Daunenkissen, wie es in dem Geleitwunsch für die Toten heißt, sondern schwerer Lehm. Vorher waren dort Rübenbeete gewesen. Ringsum wurde gekämpft ... Auf der Straße lagen krepierte Pferde, Menschenleichen ...

Für mich sind das solche verbotenen Erinnerungen, daß ich noch nicht laut darüber gesprochen habe ...

Damals waren für mich Tod und Geburt eins ... Ich hatte ungefähr das gleiche Gefühl, als das Kalb aus dem Mutterleib kam ... Und die Katzenjungen ... Als die Frau in dem Gebüsch sich umbrachte ... Für mich war das irgendwie ein und dasselbe – Geburt und Tod ...

Ich weiß noch, wie es früher im Haus roch, wenn ein Schwein geschlachtet wurde ... Sie haben mich nur angetippt, und schon falle ich, falle hinein ... In den Alptraum ... In die Schrecken ... Ich fliege ...

Ich weiß auch noch, wie die Frauen uns Kinder ins Dampfbad mitnahmen. Und bei allen Frauen, auch bei meiner Mutter, hing die Gebärmutter unten heraus (das hatten wir schon begriffen), sie banden sie mit Tüchern ab. Ich habe das gesehen ... Sie hatten den Gebärmuttervorfall von der schweren Arbeit. Männer waren keine da, die waren an der Front oder bei den Partisanen umgekommen, Pferde gab es auch keine, und die Frauen zogen die Pflüge selbst, pflügten ihre Gärten, die Kolchosäcker um.

Als ich erwachsen war und mal mit einer Frau schlief, mußte ich daran denken, was ich im Bad gesehen hatte …

Ich wollte vergessen. Alles vergessen … Ich habe versucht zu vergessen … Ich dachte, ich hätte das Schlimmste hinter mir … Den Krieg …

Aber dann bin ich in die Tschernobyl-Zone gefahren … Ich war schon viele Male dort … Und dort habe ich begriffen, daß ich überhaupt nicht geschützt bin. Ich verfalle … Die Vergangenheit schützt mich nicht mehr …

Pjotr S.,
Psychologe

Monolog darüber, daß man mit Lebenden und mit Toten sprechen kann

Nachts kam ein Wolf in den Hof. Ich sehe aus dem Fenster – da steht er, und seine Augen leuchten wie Scheinwerfer ...

Mich kann nichts mehr erschüttern. Sieben Jahre lebe ich hier alleine, sieben Jahre ist es her, seit alle weggegangen sind ... Nachts sitze ich manchmal wach, bis es hell wird, und grüble und grüble. Auch heute habe ich die ganze Nacht im Bett gehockt, dann bin ich rausgegangen, um zu sehen, wie die Sonne aufgeht. Was soll ich Ihnen sagen? Die gerechteste Sache auf der Welt ist der Tod. Davon hat sich noch keiner freikaufen können. Die Erde nimmt alle auf: die Guten und die Bösen und die Sünder. Aber mehr Gerechtigkeit gibt es auch nicht auf Erden. Ich habe mein Leben lang schwer und ehrlich gearbeitet. Ich habe nach meinem Gewissen gelebt. Aber Gerechtigkeit ist mir nicht widerfahren. Gott hat sie wohl schon aufgeteilt, bevor ich an der Reihe war, und für mich blieb nichts mehr übrig. Ein junger Mensch kann sterben, ein alter muß sterben ... Zuerst habe ich immer auf die Leute gewartet, ich dachte, sie kommen wieder. Keiner war ja für immer weggegangen, sondern nur für kurze Zeit. Und jetzt warte ich auf den Tod ... Sterben ist nicht schwer, aber schrecklich. Es gibt keine Kirche hier ... Ein Pope kommt nicht her ... Ich weiß nicht, wem ich meine Sünden beichten soll ...

Beim ersten Mal haben sie gesagt, wir hätten die Radioaktivität, wir dachten, das ist eine Krankheit, und wer sie kriegt, stirbt gleich. Nein, sagten sie, das ist etwas, was auf der Erde liegt und in die Erde kriecht, das kann man nicht sehen. Ein Tier kann sie vielleicht sehen und hören, aber nicht der Mensch. Das stimmt nicht! Ich habe sie gesehen ... Das Caesium hat bei mir im Garten gelegen, bis der Regen es weggeschwemmt hat. Es hatte eine Farbe wie Tinte ... Es lag und glitzerte dort in Klumpen ... Ich kam vom Kolchosfeld und ging in meinen Garten ... Und da liegt so ein blaues Stück ... Und 200 Meter weiter noch eins ... So groß wie das Tuch, das ich um den Kopf trage. Ich rief meine Nachbarin, auch die anderen Frauen, und wir haben alles abgesucht. Alle Beete, auch das Feld ringsum ... Zwei Hektar ... Wir haben vielleicht vier große Stücke gefunden ... Und eins war rot ... Am nächsten Tag goß es in Strömen. Von Morgens an. Und gegen Mittag war alles weg. Als die Miliz kam, konnten wir ihnen nichts mehr zeigen. Nur schildern. Solche Stücke waren das ... (Sie zeigt es mit den Händen.) Wie mein Kopftuch. Blaue und rote.

Wir hatten keine große Angst vor der Radioaktivität ... Wenn wir sie nicht gesehen, nicht gekannt hätten, wir hätten vielleicht Angst gehabt, aber als wir sie sahen, war es nicht mehr so schlimm. Die Miliz und die Soldaten haben Tafeln aufgestellt. Bei dem einen vor dem Haus oder auf der Straße, und sie haben draufgeschrieben: 70 Curie, 60 Curie ... Unser Leben lang haben wir eigene Kartoffeln, eigene Knollen gehabt, und auf einmal hieß es: Verboten! Es ist zum Weinen und zum Lachen! ... Man riet uns, mit Mullbinden vor dem Mund und Gummihandschuhen im Garten zu arbeiten ... Und dann sprach noch ein bedeutender Wissenschaftler im Klub, der sagte, wir müßten das Holz waschen ... Na, so was Komisches! Ich denke, ich höre nicht recht! Wir sollten auch Bettbezüge, Laken, Gardinen waschen ... Aber die sind doch im Haus! In Schränken und Truhen! Wo soll denn im Haus die Radioaktivität sein? Hinter den Fenstern? Hinter den Türen? So was Komisches! Ja, im Wald, auf dem Feld – das ist was anderes! Die Brunnen wurden verschlossen und Plastikfolie darumgewickelt ... Das Wasser sei »schmutzig« ... Von wegen! Es ist doch ganz klar! Was da zusammengefaselt wurde! Ihr werdet alle sterben ... Ihr müßt weg von hier ... Ihr müßt evakuiert werden ...

Die Leute bekamen einen Schreck ... Kriegten es mit der Angst zu tun ... Einige haben nachts in aller Eile ihre Habe vergraben.

Ich habe meine Kleider eingepackt ... Und die schönen Urkunden für meine ehrliche Arbeit und die paar Kopeken, die ich noch hatte. Ach, war das traurig! Mir hat förmlich das Herz geblutet. Ich soll sterben, wenn ich Ihnen nicht die Wahrheit gesagt habe! Und dann höre ich, daß in einem Dorf Soldaten die Leute evakuiert haben und ein alter Mann mit seiner Frau dageblieben ist. Einen Tag, bevor die Leute zusammengeholt und in Busse gesetzt wurden, haben die beiden ihre Kuh genommen und sind in den Wald gezogen. Dort haben sie einfach abgewartet, bis alle weg waren. Woher kommt bloß all das Unglück? (Weint.) Unsicher ist unser Leben geworden ... Ich will gar nicht weinen, die Tränen laufen von alleine ...

Oh! Seht mal aus dem Fenster! Eine Elster ... Die jage ich nicht weg ... Obwohl die Biester mir manchmal die Hühnereier aus dem Stall holen. Trotzdem jage ich sie nicht weg. Ich jage niemanden weg! Gestern kam ein Hase angehoppelt ...

Ach, wenn ich doch jemanden im Haus hätte! Hier in der Nähe, in einem Dorf wohnt noch eine alte Frau, ich habe ihr gesagt, sie soll zu mir ziehen. Ob's hilft oder nicht, aber dann hätte ich wenigstens jemanden zum Reden. Oder kann rufen, wenn etwas ist ... Nachts tut mir alles weh. Die Beine kribbeln, als würden Ameisen darüberlaufen, das sind die Nerven. Dann nehme ich irgend etwas in die Hand. Eine Handvoll Korn ... Und drücke, drücke ... Das beruhigt die Nerven ... Wieviel ich in meinem Leben gearbeitet habe! Wieviel ich durchgemacht habe! Es reicht, ich will nichts mehr. Wenn ich sterben würde, könnte ich endlich Ruhe finden. Wie es mit der Seele ist, weiß ich nicht, aber der Leib hat dann Ruhe! Ich habe Töchter und Söhne ... Alle wohnen in der Stadt ... Aber ich will nicht weg von hier! Gott hat mir ein langes Leben geschenkt, aber kein Glück. Ich weiß, daß ein alter Mensch den Kindern zur Last fällt, sie dulden dich nur und kränken dich. Freude machen sie einem nur noch wenig. Unsere Frauen, die in die Stadt gezogen sind, jammern alle. Entweder ist es die Schwiegertochter oder die eigene Tochter, die mit ihnen zankt. Sie wollen zurück. Mein Alter ist hier ... Der liegt im Grabe ... Auf dem Friedhof. Wenn er nicht hier läge, würde er woanders leben. Und ich mit ihm. (Auf einmal fröhlich.) Aber wozu von hier weggehen? Hier ist es doch schön! Alles blüht und gedeiht. Von kleinen Fliegen bis zu Wölfen, alles lebt ...

Ich erzähle Ihnen alles, was ich noch weiß ... Die Flugzeuge flogen und flogen. Jeden Tag. Ganz tief über unseren Köpfen hinweg. Sie flogen zum Reaktor. Zum Kraftwerk. Eins nach dem anderen. Und bei uns fand die Evakuierung statt. Die Umsiedlung. Die Häuser wurden gestürmt. Die Leute hatten sich eingeschlossen, hatten sich versteckt. Das Vieh brüllte, die Kinder weinten! Krieg! Und die Sonne schien ... Ich habe mich einfach hingesetzt und gewartet, eingeschlossen hatte ich mich nicht. Die Soldaten klopften an. »Na, Frau, bist du soweit?« Ich fragte: »Wollt ihr mir mit Gewalt die Hände und Füße fesseln?« Sie sagten nichts, dann sind sie gegangen. Ganz junge Kerle waren das! Kinder noch! Die Frauen sind vor den Häusern auf Knien herumgerutscht ... Haben gebetet ... Die Soldaten packten eine nach der anderen unterm Arm und – ab ins Auto. Ich habe ihnen gedroht, wenn mich auch nur einer anfaßt, kriegt er eins mit dem Stock übergezogen. Ich habe geflucht! Fürchterlich geflucht! Ich habe nicht geweint. Damals habe ich nicht geweint.

Ich saß im Haus. Zuerst Geschrei. Was für ein Geschrei! Aber dann wurde es still ... Ganz still. Am ersten Tag bin ich gar nicht aus dem Haus gegangen ...

Die Leute erzählten ... Menschenkolonnen ... Viehkolonnen ... Krieg!

Mein Alter hat immer gesagt: Der Mensch schießt, aber Gott führt die Kugel. Niemand entgeht seinem Schicksal. Manch einer von den jungen Leuten, die weggegangen sind, ist schon gestorben. Am neuen Wohnort. Und ich stapfe hier am Krückstock umher. Wenn mir traurig zumute ist, heule ich ein bißchen. Das Dorf ist leer ... Aber alle möglichen Vögel fliegen umher ... Und Elche kommen ganz dreist ... (Weint.)

Ich erzähle Ihnen, was ich noch weiß ... Die Menschen sind gegangen, aber die Katzen und Hunde haben sie hiergelassen. Die ersten Tage bin ich überall herumgegangen und habe ihnen Milch in die Näpfe gegossen, und jeder Hund hat ein Stück Brot gekriegt. Sie standen vor den Höfen und warteten auf ihre Besitzer. Sie haben lange auf die Menschen gewartet. Vor Hunger fraßen die Katzen Gurken ... Oder Tomaten ... Bis zum Herbst habe ich bei der Nachbarin das Gras vor der Gartentür gemäht. Als der Zaun einfiel, habe ich auch den repariert. Habe auf die Leute gewartet ... Die Nachbarin hatte einen Hund, »Schutschok« hieß er. »Schutschok«, habe ich ihn gebeten, »wenn du als erster einen Menschen siehst, bell mir Bescheid.«

Eines Nachts habe ich geträumt, daß ich evakuiert werde ... Ein Offizier ruft: »Frau, wir brennen bald alles nieder und vergraben alles! Komm raus!« Dann führen sie mich weg, ich weiß nicht wohin. An einen fremden Ort. Keine Stadt und auch kein Dorf. Und kein Land ...

Eine Geschichte ist mir passiert ... Ich hatte einen guten Kater. Wasska. Im Winter fielen hungrige Ratten ins Haus ein, nichts war vor ihnen sicher. Sie krochen unter die Decke ... Korn war im Faß ... Sie fraßen ein Loch hinein. Wasska hat uns gerettet ... Ohne Wasska wäre ich verloren gewesen ... Wir haben uns unterhalten, haben zusammen gegessen. Und dann verschwand er ... Vielleicht haben ihn halbverhungerte Hunde angefallen und gefressen, dachte ich. Die sind doch alle ohne Fraß herumgelaufen, bis sie krepierten, und die Katzen gingen so weit, daß sie die eigenen Jungen gefressen haben, nicht im Sommer, aber im Winter. Gott sei mir gnädig! Eine Frau soll von Ratten angefressen und aufgefressen worden sein ... Rote Ratten waren das ... Ob es wahr ist, weiß ich nicht, es wird erzählt. Auch Obdachlose strolchen hier herum ... In den ersten Jahren gab es genug zu holen ... Hemden, Jacken, Mäntel ... Man brauchte nur zuzulangen und konnte das Zeug dann auf den Trödelmarkt bringen ... Sie besaufen sich und singen Lieder. Verdammt noch mal! Einer stürzte vom Fahrrad und schlief mitten auf der Straße ein. Am nächsten Morgen wurden zwei Knochen gefunden und das Fahrrad. Ob das wahr ist? Ich weiß nicht. Es wird jedenfalls erzählt.

Alles lebt hier. Wirklich, alles, alles! Eidechsen, Frösche ... Und Würmer ... Und Mäuse gibt es! Alles gibt es! Besonders im Frühling ist es schön hier. Ich habe es gern, wenn der Flieder blüht. Und der Faulbeerbaum duftet. Solange mich meine Beine getragen haben, hab ich selbst Brot geholt, 15 Kilometer ein Weg. Wenn ich jung wäre, hätte ich es im Laufschritt geschafft. Ich bin's doch gewohnt. Nach dem Krieg sind wir immer in die Ukraine gegangen, um Saatgut zu holen. 30, 50 Kilometer zu Fuß. Die Leute haben jeder ein Pud getragen, ich drei. Und jetzt kann ich manchmal nicht im Haus umhergehen. Eine alte Frau friert auch im Sommer auf dem Ofen. Wenn Milizionäre kommen und das Dorf kontrollieren, bringen sie mir immer Brot mit. Was sie bloß zu kontrollieren haben? Ich lebe doch bloß hier mit meinem Kater. Das ist jetzt ein neuer. Wenn die Miliz kommt und hupt, freuen wir uns beide und rennen hin. Er kriegt immer ein paar Knochen. Mich fragen sie: »Und wenn dich Banditen überfallen?« – »Wovon sollen die bei mir reich werden? Was können sie schon holen? Meine Seele? Ich habe bloß meine Seele.« Es sind gute Jungs ... Sie lachen ... Sie haben mir Batterien fürs Kofferradio mitgebracht, jetzt kann ich Radio hören. Ich mag Ljudmila Sykina, aber sie singt nur noch selten. Anscheinend ist auch sie alt geworden, wie ich ... Mein Alter hatte immer irgendwelche Sprüche parat ... Zum Beispiel den: Der Ball ist aus – ab mit der Geige in den Kasten!

Ich erzähle Ihnen, wie ich den Kater gefunden habe. Wasska war nicht mehr da ... Ich habe einen Tag gewartet, noch einen ... Einen ganzen Monat. Na, ich war also ganz allein, hatte niemanden zum Reden. Ich ging durchs Dorf, rief in fremde Gärten rein: Wasska! Mein Katerchen! Wasska! Mein Katerchen! In der ersten Zeit sind ja viele Katzen herumgelaufen, später waren sie verschwunden. Sind einfach krepiert. Der Tod ist nicht wählerisch ... Er nimmt alle, ohne Ausnahme ... Und ich gehe also und gehe. Zwei Tage lang habe ich gerufen. Am dritten Tag sitzt dieser hier vor dem Laden ... Wir sehen uns an ... Er freut sich, und ich freue mich. Er kann bloß nichts sagen. »Na, dann komm«, sage ich. »Komm nach Hause.« Er bleibt sitzen ... Miau ... Ich rede auf ihn ein: »Was willst du hier allein? Die Wölfe fressen dich auf. Zerreißen dich in Stücke. Komm mit. Ich hab Eier und Speck.« Wie sollte ich es ihm erklären? Eine Katze versteht doch die menschliche Sprache nicht, wie hat er mich damals verstanden? Ich gehe – und er läuft mir hinterher. Miau ... »Ich schneide dir ein Stück Speck ab.« Miau ... »Wir werden zusammen wohnen.« ... Miau ... »Ich werde dich Wasska nennen« ... Miau ... Und so hausen wir schon den zweiten Winter hier zusammen ...

Nachts träume ich, daß mich jemand ruft ... Die Stimme der Nachbarin: »Sina!« Stille ... Und wieder: »Sina!«

Wenn mir traurig zumute ist, heule ich ein bißchen ...

Ich geh öfter zu den Gräbern. Mama liegt dort und meine kleine Tochter ... Sie ist im Krieg an Typhus gestorben ... Wir hatten sie kaum zu Grabe getragen, da kam die Sonne hinter den Wolken hervor ... Und schien und schien ... Am liebsten wäre ich umgekehrt und hätte meine Kleine wieder ausgegraben. Mein Alter liegt auch dort ... Fedja ... Manchmal sitze ich bei ihnen, seufze ein bißchen vor mich hin. Reden kann man mit Lebenden und mit Toten. Für mich gibt's da keinen Unterschied. Ich höre die einen wie die anderen. Wenn man allein ist ... Und die Trauer kommt ... Die große Trauer ...

Dicht am Friedhof hat der Lehrer Iwan Prochorowitsch Gawrilenko gewohnt, der ist zu seinem Sohn auf die Krim gezogen. Nach ihm ging Pjotr Iwanowitsch Miusski, der Traktorfahrer ... Stachanowarbeiter*, früher wollten alle Stachanowarbeiter werden. Und dahinter hat Mischa Michaljow gewohnt, der die Kessel auf der Farm geheizt hat. Mischa ist bald gestorben. Er ist weggezogen und bald darauf gestorben. Dahinter stand das

* Stoßarbeiter, nach A. G. Stachanow benannte Kampagne zur Planübererfüllung in allen Wirtschaftsbereichen

Haus von Stepan Bychow, dem Viehzüchter ... Das ist abgebrannt. Böse Menschen haben es eines Nachts angezündet. Zugewanderte. Stepan hat danach nicht mehr lange gelebt. Er ist irgendwo im Kreis Mogiljow begraben. Der Zweite Weltkrieg ... Wieviel Menschen wir verloren haben! Wassili Makarowitsch Kowaljow, Maxim Nikiforenko ... Manchmal mache ich einfach die Augen zu und wandere in Gedanken durchs Dorf ... Na, sage ich dann, wo soll hier die Radioaktivität sein, wenn doch Schmetterlinge umherflattern und Hummeln brummen? Und mein Wasska Mäuse fängt? (Weint.)

Und du, mein Liebchen, hast du meine Trauer verstanden? Wenn du das alles unter die Leute trägst, bin ich vielleicht nicht mehr. Dann findet ihr mich in der Erde ... Unter den Wurzeln ...

Sinaida Jewdokimowna Kowalenka,
Rückkehrerin

Monolog über ein ganzes Leben, das auf einer Tür festgehalten ist

Ich möchte Zeugnis ablegen …

Es war damals, vor zehn Jahren, und jeden Tag erlebe ich stets von neuem. Das ist immer so bei mir.

Wir lebten in Pripjat. Mitten in der Stadt.

Ich bin kein Schriftsteller, ich kann das nicht beschreiben. Mein Verstand reicht nicht aus, um das alles zu begreifen. Auch nicht meine Hochschulbildung. Da lebst du nun … Ein ganz gewöhnlicher, kleiner Mensch. Einer wie alle ringsum – du gehst zur Arbeit und kommst von der Arbeit. Du hast ein durchschnittliches Einkommen. Einmal im Jahr fährst du in Urlaub. Ein ganz normaler Mensch! Und eines Tages wird aus dir unerwartet ein Tschernobyl-Mensch. So etwas wie ein Exote! Etwas, was alle interessiert und keiner kennt. Du möchtest so sein wie alle, aber es geht nicht mehr. Man schaut dich mit anderen Augen an. Man stellt dir Fragen: War es schlimm dort? Wie hat das Kraftwerk gebrannt? Was hast du gesehen? Kannst du überhaupt Kinder in die Welt setzen? Hat deine Frau dich nicht verlassen? In der ersten Zeit waren wir doch alle Exoten … Allein der Begriff »Tschernobyler« ist bis heute wie ein akustisches Signal … Alle horchen auf … Aha, von da!

Das waren die Gefühle der ersten Tage … Wir haben keine Stadt verloren, sondern ein ganzes Leben …

Wir sind zwei Tage danach von zu Hause weggegangen … Der Reaktor brannte … Ich weiß noch, wie ein Bekannter sagte: »Es riecht nach Reaktor.« Ein unbeschreiblicher Geruch. Aber darüber ist ja schon in den Zeitungen geschrieben worden. Aus Tschernobyl haben sie eine Horrorfabrik gemacht … Ich werde nur meine Wahrheit erzählen …

Es war so … Im Radio hieß es: Katzen dürfen nicht mitgenommen werden. Die Katze in den Koffer! Sie will aber nicht, sie reißt aus. Kratzt alle. Sachen dürfen auch nicht mitgenommen werden! Ich nehme aber nicht alle Sachen mit, ich nehme eine Sache mit. Nur eine! Ich muß die Wohnungstür aushängen und mitnehmen, die Tür kann ich nicht dalassen … Und den Türrahmen nagele ich mit Brettern zu …

Unsere Tür … Unser Talisman! Unsere Familienreliquie. Auf der Tür hat mein Vater gelegen. Ich weiß nicht, nach welchem Brauch, nicht überall ist das so, aber bei uns, hat meine Mutter mir gesagt, muß man einen Toten auf die Tür seines Hauses legen. Und er muß so lange dort liegen, bis der Sarg gebracht wird. Ich habe die ganze Nacht bei meinem Vater gesessen, und er lag auf dieser Tür … Die Wohnung stand offen … Die ganze Nacht … Und auf derselben Tür sind Einkerbungen bis obenhin … Meine Längenmaße … In der ersten Klasse, zweiten Klasse … siebten Klasse. Vor der Armee … Und daneben sind die meines Sohnes … Meiner Tochter … Auf der Tür ist unser ganzes Leben festgehalten. Wie hätte ich sie dalassen können?

Ich bat einen Nachbarn, mir zu helfen, er hat ein Auto. Der tippte sich an die Stirn: Du tickst wohl nicht richtig! Aber ich habe sie rausgeholt … Die Tür … Nachts … Auf dem Motorrad … Durch den Wald … Zwei Jahre später, als unsere Wohnung schon geplündert war. Völlig ausgeräumt. Die Miliz raste hinter mir her: »Halt, oder wir schießen! Halt, oder wir schießen!« Sie nahmen natürlich an, ich sei ein Plünderer. Ich habe die Tür der eigenen Wohnung sozusagen stehlen müssen …

Ich brachte Frau und Tochter ins Krankenhaus … Sie hatten am ganzen Körper dunkle Flecken. Mal waren sie da, mal verschwanden sie wieder. So groß wie Fünfkopekenstücke … Und dabei keine Schmerzen … Beide wurden untersucht. Ich wollte das Ergebnis wissen. »Das ist nichts für Sie.« – »Für wen dann?«

Ringsum hieß es damals: Wir werden sterben … Wir werden sterben … Bis zum Jahr 2000 werden alle Weißrussen ausgestorben sein. Meine Tochter war sechs Jahre alt. Wenn ich sie zu

Bett brachte, flüsterte sie mir ins Ohr: »Papa, ich möchte leben, ich bin doch noch so klein.« Und ich hatte gedacht, daß sie noch nichts begreift ...

Können Sie sich sieben kahlköpfige kleine Mädchen auf einmal vorstellen? Sie lagen in einem Zimmer ... Nein, es reicht! Schluß! Wenn ich das hier erzähle, habe ich das Gefühl, mein Herz sagt es mir: Du begehst Verrat. Weil ich sie beschreiben muß wie eine Fremde ... Ihre ganzen Qualen ... Meine Frau wurde aus dem Krankenhaus entlassen ... Sie konnte es nicht ertragen. »Wenn sie doch lieber sterben würde, als sich so zu quälen! Oder ich würde sterben, um das nicht länger mit ansehen zu müssen.« Nein, es reicht! Schluß! Ich kann nicht mehr. Nein!

Wir haben sie auf die Tür gelegt ... Auf die Tür, auf der damals mein Vater gelegen hat. Bis der kleine Sarg gebracht wurde ... Er war so klein, fast wie eine große Puppenschachtel.

Ich möchte Zeugnis ablegen – meine Tochter ist an Tschernobyl gestorben. Und von uns will man, daß wir das vergessen.

Nikolai Fomitsch Kalugin,
Vater

Monolog eines Dorfes darüber, wie Seelen vom Himmel gerufen werden, um mit ihnen zu wehklagen und zu essen

Das Dorf Bely Bereg, Kreis Narowlja, Gebiet Gomel.

Es sprechen: Anna Pawlowna Artjuschenko, Eva Adamowna Artjuschenko, Wassili Nikolajewitsch Artjuschenko, Sofja Nikolajewna Moros, Nadeschda Borissowna Nikolajenko, Alexander Fjodorowitsch Nikolajenko, Michail Martynowitsch Lis.

»Wir bekommen Besuch! ... Gute Menschen ... Nichts hat auf etwas Schlechtes hingedeutet ... Kein Zeichen ... Manchmal juckt einem ja die Hand, und das bedeutet, daß man jemanden begrüßen wird. Aber nein, heute war nichts dergleichen. Nur die Nachtigall hat die ganze Nacht geschlagen – das verspricht einen sonnigen Tag. Oh! Unsere Frauen werden gleich eintreffen. Da kommt Nadja schon ...«

»Wir haben alles erlebt, alles erduldet ...«

»Oh, ich will mich nicht daran erinnern. Schlimm! Sie haben uns rausgejagt. Die Soldaten. Armeetechnik fuhr auf. Artilleriegeschütze. Ein alter Mann ... Er lag schon im Sterben. Wohin mit ihm? ›Ich stehe gleich auf und gehe zum Friedhof‹, jammerte er. ›Auf eigenen Beinen.‹ Was hat man uns für die Häuser bezahlt? Was? Seht doch, wie schön es hier ist! Wer bezahlt uns diese Schönheit? Das reinste Erholungsgebiet ist das!«

»Flugzeuge, Hubschrauber – ein Lärm war das! Lkws mit Anhängern ... Soldaten. Na, denke ich, nun haben wir Krieg. Mit den Chinesen oder Amerikanern.«

»Mein Alter kam von der Kolchosversammlung und sagte: ›Morgen werden wir evakuiert.‹ Und ich: ›Was wird aus den Kartoffeln? Die sind noch nicht ausgebuddelt.‹ Der Nachbar klopfte an, und die beiden Männer setzten sich, um einen zu trinken. Und dann schimpften sie auf den Kolchosvorsitzenden. ›Wir gehen nicht weg von hier, und damit hat sich's! Wir haben den Krieg überlebt, was soll uns die Radioaktivität anhaben! Und wenn wir uns in der Erde verkriechen müßten – wir gehen nicht weg von hier!‹«

»Zuerst dachten wir, daß wir in zwei, drei Monaten tot sind. Das hatte man uns gesagt. Man hat uns überzeugen wollen. Uns Angst eingejagt. Aber Gott sei Dank – wir leben!«

»Gott sei Dank! Gott sei Dank!«

»Keiner weiß, was im Jenseits ist. Hier ist es viel besser ... Vertrauter. Meine Mutter hat immer gesagt: ›Hier lebst du gut, freust dich und tust, was dir gefällt‹.«

»Wir gehen in die Kirche und beten.«

»Wir zogen weg ... Ich habe etwas Erde von Mutters Grab in ein Säckchen getan. Ich kniete am Grab nieder. ›Verzeih mir, daß wir dich hierlassen.‹ Ich bin nachts zu ihr gegangen, ich habe keine Angst gehabt. Die Leute schrieben ihre Namen an die Haustüren. Auf die Balken. Auf den Zaun. Auf den Asphalt.«

»Die Hunde sind von Soldaten erschossen worden. Piff-Paff! Jetzt kann ich es nicht mehr mit anhören, wenn eine Kreatur schreit.«

»Ich war hier Brigadeleiter. 45 Jahre lang ... Ich war gut zu den Leuten ... Unsern Flachs haben wir nach Moskau auf die Ausstellung geschafft, die Kolchose hat mich hingeschickt. Von dort habe ich ein Abzeichen und eine schöne Urkunde mitgebracht. Hier haben mich alle geachtet. ›Wassili Nikolajewitsch ... Nikolajewitsch ...‹, hieß es immer. Und wer war ich dort, am neuen Ort? Ein alter Mann mit Hut. Hier will ich sterben, die Frauen werden mir Wasser bringen, mir die Stube heizen. Ich war immer gut zu den Leuten ... Abends kommen die Frauen vom Feld und singen, aber ich weiß doch, daß sie nichts bekommen werden. Nur Striche für die Arbeitseinheiten. Aber sie singen ...«

»Im Dorf leben die Menschen zusammen ... In der Gemeinschaft ...«

»Ich hatte mal einen Traum, da habe ich schon bei meinem

Sohn in der Stadt gewohnt ... Einen Traum ... Ich warte auf den Tod, und ich sage zu meinen Söhnen: ›Wenn ihr mich auf den Gottesacker bringt, bleibt wenigstens fünf Minuten vor unserem Häuschen stehen.‹ Und ich sehe von oben, wie meine Söhne mich dahin bringen ...«

»Mag sie auch vergiftet sein, mit Radioaktivität, aber es ist meine Heimat! Nirgends sonst mehr werden wir gebraucht. Sogar der Vogel liebt sein Nest ...«

»Ich will noch zu Ende erzählen ... Ich wohnte also bei meinem Sohn in der siebten Etage, gehe ans Fenster, gucke runter und bekreuzige mich: Mir war, als hätte ich ein Pferd wiehern hören. Einen Hahn krähen hören ... Mir war so traurig ums Herz ... Oder ich träumte von meinem Hof, wie ich die Kuh festbinde und melke, melke ... Davon bin ich aufgewacht. Ich wollte gar nicht aufstehen, ich war noch zu Hause ... Mal hier, mal dort.«

»Tagsüber lebten wir am neuen Ort, nachts waren wir in der Heimat. Im Traum.«

»Im Winter sind bei uns die Abende lang, dann sitzen wir manchmal zusammen und zählen auf, wer schon alles gestorben ist.«

»Zwei Monate hat mein Alter dagelegen ... Hat geschwiegen, hat nicht mit mir gesprochen. Als wenn er mir böse wäre. Ich gehe über den Hof, kehre zurück. ›Mann, wie geht es dir?‹ Wenn er dann nur die Augen aufschlug, war mir schon leichter. Sollte er nur still daliegen, Hauptsache, er war im Haus! Wenn ein Mensch im Sterben liegt, darf man nicht weinen. Dann unterbrichst du sein Sterben, dann wird er sich lange quälen. Ich nahm eine Kerze aus dem Schrank und stellte sie ihm zwischen die Finger. Er nahm sie, er atmete noch ... Aber ich sah, daß seine Augen trübe wurden ... Ich habe nicht geweint ... Ich habe ihn nur gebeten: ›Grüß mir dort oben unser Töchterchen und mein liebes Mütterchen.‹ Ich habe zu Gott gebetet, daß er uns beide zu sich nimmt ... Einige haben Gott überreden können, mir hat er den Tod nicht gegeben. Ich lebe noch ...«

»Ich habe keine Angst vor dem Sterben. Keiner lebt zweimal. Auch das Blatt fällt vom Baum, und der Baum fällt um.«

»Ach, ihr Weiber, jammert nicht! Wir waren all die Jahre Spitzenarbeiterinnen, Stachanowarbeiterinnen. Wir haben Stalin überlebt. Den Krieg! Wenn wir nicht lachen und unsere Späße machen würden, hätten wir uns längst aufgehängt. Zwei Tschernobyl-Frauen unterhalten sich. Die eine sagt: ›Hast du gehört, bei uns haben jetzt alle die Weißblütigkeit.‹ Die andere: ›Unsinn! Ich hab mich gestern in den Finger geschnitten, und das Blut war rot.‹«

»In der Heimat ist es wie im Paradies. Und in der Fremde scheint nicht mal die Sonne so wie zu Hause.«

»Meine Mutter hat mir beigebracht, daß man eine Ikone umdrehen und drei Tage lang so hängen lassen muß. Wo immer du dann auch bist, du kehrst bestimmt nach Hause zurück. Ich hatte zwei Kühe und zwei Kälber, fünf Schweine, Gänse, Hühner, einen Hund. Ich gehe durch den Garten und fasse mich an den Kopf: So viele Äpfel! So viele! Alles hin, pfui Teufel, alles hin!«

»Ich habe im Haus aufgewischt und den Ofen geweißt ... Man muß Brot und Salz auf dem Tisch zurücklassen und eine Schüssel und drei Löffel ... So viele Löffel wie Seelen im Haus ... Alles, um zurückzukehren ...«

»Bei den Hühnern waren die Kämme schwarz und nicht rot ... Von der Radioaktivität.«

»Die Radioaktivität war bei mir im Garten. Der Garten war weiß, ganz weiß, als wenn er bestäubt wäre ... Mit irgendwelchen Klumpen ... Ich dachte, vielleicht ist was aus dem Wald herübergetragen worden ...«

»Wir wollten nicht weg. Oh, ganz und gar nicht! Die Männer haben sich betrunken, einige haben sich vor die Räder geworfen. Die Obrigkeit ist durch die Häuser gegangen und hat jeden überredet. Anweisung: Keine Habe mitnehmen!«

»Das Vieh hat drei Tage lang nichts zu saufen und zu fressen gekriegt. Man konnte es nur noch schlachten! Ein Zeitungsreporter kam. Die betrunkenen Melkerinnen haben ihn fast erschlagen.«

»Der Kolchosenvorsitzende strich mit den Soldaten um mein Haus herum ... Sie drohten: ›Komm raus, oder wir zünden dein Haus an! Los, her mit dem Kanister Benzin.‹ Ich bin hin und her gerannt, habe wahllos gegriffen ... Ein Handtuch, ein Kissen ...«

»Im Krieg haben die ganze Nacht die Geschütze geballert und geheult. Wir hatten uns eine Erdhütte im Wald gegraben. Und die bombardierten und bombardierten. Sie haben alles verbrannt. Wenn es nur die Häuser erwischt hätte – aber sogar der Garten, die Kirschbäume haben gebrannt.«

»Hoffentlich gibt's keinen Krieg! ... Ich habe solche Angst davor!«

»Anfrage an Radio Jerewan: ›Kann man Äpfel aus Tschernobyl essen?‹ Antwort: ›Man kann, man muß nur die Griebse tief in die Erde buddeln.‹«

»Wir bekamen ein neues Häuschen. Aus Stein. Und wissen Sie, wir haben in den sieben Jahren keinen Nagel in die Wand schlagen können! Fremde Welt. Alles war fremd. Mein Alter hat immerzu geweint. In der Woche hat er in der Kolchose auf dem Traktor gearbeitet und auf den Sonntag gewartet, und am Sonntag hat er dann mit dem Gesicht zur Wand gelegen und geheult ...«

»Uns kann keiner mehr was vormachen, wir gehen von hier nicht wieder weg. Es gibt keinen Laden hier, kein Krankenhaus. Kein Licht. Wir sitzen bei Petroleumlampe und Kienspan. Aber uns geht es gut! Weil wir zu Hause sind ...«

»In der Stadt ist meine Schwiegertochter immer mit einem Tuch durch die Wohnung gegangen und hat hinter mir die Türklinken, den Stuhl abgewischt ... Dabei war alles von meinem Geld gekauft, die ganzen Möbel, der Schiguli. Von dem Geld, das ich für das Haus, für die Kuh bekommen hatte. Das Geld war alle, da wurde die Mutter nicht mehr gebraucht.«

»Unser Geld haben die Kinder sich genommen ... Und was geblieben ist, hat die Inflation aufgefressen. Man kriegt höchstens, wenn überhaupt, ein Kilo gutes Konfekt für das Geld, das wir für die Wirtschaft, für die Häuser bekommen haben ...«

»Zwei Wochen lang bin ich zu Fuß gegangen ... Und ich habe meine Kuh mitgeführt ... Die Leute haben mich nicht ins Haus gelassen ... Ich habe im Wald übernachtet ...«

»Sie haben Angst vor uns. Ihr seid verseucht, sagen sie. Wofür hat Gott uns bestraft? Ist er böse auf uns geworden? Wir leben nicht wie alle Menschen, nicht nach Gottes Gesetzen. Wir quälen einander. Dafür.«

»Im Sommer waren meine Enkel hier ... Die ersten Jahre sind sie nicht gekommen. Sie hatten auch Angst ... Aber jetzt kommen sie wieder, nehmen auch schon unsere Lebensmittel an, packen alles ein, was wir ihnen mitgeben. ›Oma‹, haben sie mich gefragt, ›hast du das Buch von Robinson Crusoe gelesen?‹ Da gab's einen, der hat so gelebt, wie wir hier leben. Ohne Menschen. Ich habe einen halben Sack Streichhölzer von draußen mitgebracht ... Eine Axt und einen Spaten ... Und jetzt habe ich Speck, Eier, Milch, alles aus eigener Wirtschaft. Nur Zucker kann man nicht säen. Erde gibt es, soviel du willst! Und wenn du hundert Hektar umpflügst! Und keine Behörden. Hier stört dich kein Mensch ... Keine Obrigkeit, niemand ...«

»Mit uns sind auch die Katzen zurückgekehrt. Und Hunde.

Wir sind zusammen gekommen. Die Soldaten wollten uns nicht reinlassen. Die Omon-Leute.* Da sind wir nachts rein ... Über Waldwege ... Alte Partisanenwege ...«

»Wir brauchen nichts vom Staat. Wir bitten um nichts. Laßt uns nur in Ruhe! Wir brauchen keine Läden, keinen Bus. Brot holen wir uns zu Fuß ... 20 Kilometer weit her. Laßt uns nur in Ruhe! Wir leben hier ganz für uns.«

»Wir sind in einer ganzen Truppe hergekommen. Drei Familien ... Hier war alles geplündert, der Ofen war zertrümmert, die Fenster und Türen waren rausgebrochen. Die Fußböden.

* Sonderkräfte des russischen Innenministeriums, vergleichbar mit den Sondereinsatzkommandos der deutschen Länderpolizei

Lampen, Lichtschalter, Steckdosen – alles haben sie abgeschraubt. Hier war nichts Lebendiges mehr. Mit diesen Händen haben wir alles wieder hergerichtet, mit diesen Händen! Wie sonst!«

»Die Wildgänse schreien – der Frühling kommt. Zeit zum Säen. Und wir wohnen in leeren Häusern … Nur die Dächer sind heil …«

»Die Miliz hat geschimpft. Wenn sie mit Autos kamen, sind wir in den Wald geflüchtet. Wie vor den Deutschen. Einmal kamen sie mit einem Staatsanwalt angefahren, der hat uns gedroht, daß man uns nach Artikel zehn verurteilen wird … Ich sagte: ›Dann sitze ich eben ein Jahr Gefängnis ab und komme wieder.‹ Sie können nur brüllen, und wir haben still zu sein. Ich habe einen Orden als vorbildlicher Mähdrescherfahrer, und er droht mir mit Artikel zehn!«

»Jede Nacht habe ich von meinem Häuschen geträumt. Ich bin immer zurückgekehrt, habe mal den Garten umgegraben, mal das Bett gemacht … Und immer habe ich irgend etwas gefunden, mal einen Schuh, mal ein paar Küken … Das hat alles nur Gutes bedeutet. Freude. Heimkehr …«

»Nachts flehen wir Gott an und am Tag die Milizionäre. Fragen Sie mich, warum ich weine. Ich weiß es nicht. Ich freue mich, daß ich wieder auf meinem Hof bin.«

»Wir haben alles erlebt, alles erduldet …«

»Es gelang mir, daß mich ein Arzt anhört. ›Die Beine wollen nicht mehr, mein Lieber‹, habe ich gesagt. ›Und die Gelenke tun so weh.‹ – ›Sie müssen die Kuh abgeben, gute Frau‹, hat er gesagt. ›Die Milch ist vergiftet.‹ – ›O nein‹, habe ich gesagt. ›Sollen die Beine weh tun, die Knie weh tun, aber die Kuh gebe ich nicht her! Die ernährt mich doch.‹«

»Ich habe sieben Kinder. Alle wohnen in der Stadt. Ich bin allein hier. Wenn ich Sehnsucht habe, setze ich mich unter ihre Fotos … Spreche mit ihnen. Oder mit mir selbst. Allein, immer allein. Das Haus habe ich allein gestrichen, sechs Büchsen Farbe habe ich verbraucht. So lebe ich. Vier Söhne und drei Töchter habe ich großgezogen. Mein Mann ist früh gestorben. Ich bin allein.«

»Einem Wolf bin ich begegnet. Er steht da, und ich stehe da ... Wir haben uns angeguckt ... Dann ist er zur Seite gesprungen ... Weggerannt. Mir ist die Mütze auf dem Kopf vor Angst hochgegangen.«

»Jedes Tier hat Angst vor Menschen. Wenn du ein Tier in Ruhe läßt, weicht es dir aus. Wenn man früher durch den Wald ging und Stimmen hörte, ist man zu den Leuten hingegangen, heute versteckt sich einer vor dem anderen. Man darf um Himmels willen niemandem im Wald begegnen!«

»Alles, was in der Bibel steht, wird sich erfüllen. Da steht sogar was über unsere Kolchose ... Und über Gorbatschow ... Daß es einen großen Herrscher geben wird mit einem Muttermal und daß ein großes Reich zerfallen wird. Und dann kommt das Jüngste Gericht ... Wer in den Städten wohnt, wird umkommen, im Dorf aber wird nur ein Mensch übrigbleiben. Und der Mensch wird sich über jede menschliche Spur freuen! Nicht über einen Menschen, nur über seine Spur ...«

»Und Licht bekommen wir hier aus der Petroleumlampe. Aah ... Das haben Ihnen die Frauen schon erzählt! Wenn wir ein Schwein schlachten, bringen wir es in den Keller oder vergraben es in der Erde. Da liegt das Fleisch drei Tage lang. Und Wodka brennen wir aus eigenem Korn.«

»Ich habe zwei Säcke Salz ... Wir gehen ohne den Staat nicht unter. Holz gibt's auch genug, ringsum ist Wald. Im Haus ist es warm. Die Lampe brennt. Wie schön! Ich habe eine Ziege, ein Zicklein, drei Schweine, 14 Hühner. Boden gibt's genug, Gras gibt's genug! Wasser ist im Brunnen. So ein freies Leben! Uns geht es gut! Wir haben hier keine Kolchose, sondern eine Kommune. Wir kaufen uns noch ein Pferd, und weiter brauchen wir nichts und niemanden. Nur noch ein Pferd ...«

»Wir sind nicht nach Hause zurückgekehrt, sondern ins vorige Jahrhundert, hat ein Korrespondent, der mal hier war, erstaunt festgestellt. Wir mähen mit der Sichel und mit der Sense.

Wir dreschen das Korn mit dem Flegel mitten auf der Asphaltstraße.«

»Im Krieg war alles abgebrannt, da haben wir in der Erde gelebt. In Erdhütten. Mein Bruder wurde umgebracht und zwei Neffen. In unserer Sippe sind insgesamt 17 Leute umgekommen. Mama hat immerzu geweint. Da ging eine alte Frau durchs Dorf und bettelte. ›Trauerst du?‹ hat sie meine Mutter gefragt. ›Ich trauere nicht. Wer sein Leben für andere hergibt, ist ein Heiliger.‹ Und ich kann alles für die Heimat hergeben ... Nur töten kann ich nicht ... Ich bin Lehrerin, ich habe gelehrt, daß man den Menschen lieben soll. Nur das habe ich gelehrt: ›Das Gute wird immer siegen.‹ Die Kinder sind klein und ihre Seelen rein.«

»Tschernobyl ... Der Krieg aller Kriege. Nirgendwo ist der Mensch in Sicherheit. Weder auf der Erde noch im Wasser oder am Himmel.«

»Wir haben keinen Fernseher und auch kein Radio. Wir kennen hier keine Nachrichten, dafür leben wir in Ruhe. Wir regen uns nicht auf. Wenn Leute kommen, erzählen sie, daß überall Krieg herrscht. Daß der Sozialismus zu Ende ist, daß wir im Kapitalismus leben. Der Zar soll zurückkehren. Stimmt das?«

»Mal kommt ein Wildschwein aus dem Wald in den Garten, mal eine Elchkuh ... Menschen kommen selten. Nur Milizionäre ...«

»Kommen Sie doch auch zu mir nach Hause.«

»Zu mir auch. Ich habe so lange keinen Besuch gehabt.«

»Und ich bekreuzige mich und ich bete ... Herrgott! Zweimal hat die Miliz mir den Ofen zerhauen und auf dem Traktor weggeschafft ... Aber ich bin wieder zurückgekehrt! Wenn man die Leute lassen würde, würden alle nach Hause kommen, und wenn sie auf Knien zurückkriechen müßten. Durch die ganze Welt ist unser Leid getragen worden. Nur die Toten kommen zurück. Die dürfen zurück. Die Lebenden kommen nachts. Durch den Wald ...«

»Zur Raduniza, zur Totenfeier, kommen sie in Massen. Allesamt. Jeder will seiner Toten gedenken. Die Miliz läßt sie nach

Listen rein, Kinder unter 18 dürfen nicht rein. Und alle kommen und freuen sich so, daß sie vor ihrem Haus stehen können ... In ihrem Garten unterm Apfelbaum ... Zuerst wird an den Gräbern geweint, dann gehen alle zu ihren Höfen. Und da weinen und beten sie auch, stellen Kerzen auf, lehnen an den Zäunen ... Wie an den Grabumfriedungen ... Manch einer legt auch einen Kranz vor das Haus ... Oder hängt ein weißes Handtuch an den Zaun ... Der Pope liest ein Gebet. ›Brüder und Schwestern! Habt Geduld!‹«

»Auf den Friedhof nehmen sie Eier und Weißbrot mit ... Jeder, was er hat ... Jeder sitzt am Grab seiner Sippe. Und sie rufen: ›Schwester, ich bin da, um dich zu besuchen. Komm und iß mit uns.‹ Oder: ›Mama, unsere liebe Mama! Lieber Papa ... Papachen.‹ Sie rufen die Seelen vom Himmel ... Wer jemanden in diesem Jahr verloren hat, der weint, wer früher jemanden verloren hat, der weint nicht. Man redet, man erinnert sich. Und alle beten. Auch wer nicht kann, betet.«

»Nur nachts weine ich nicht. Nachts darf man Tote nicht beweinen. Wenn die Sonne untergeht, weine ich nicht mehr. Herr, nimm dich ihrer Seelen an! Denn ihnen gehört das Himmelreich!«

»Sich regen bringt Segen. Auf dem Markt verkauft eine Frau aus dem Ukrainischen große rote Äpfel. Sie ruft: ›Kauft Äpfel! Tschernobyl-Äpfel!‹ Jemand empfiehlt ihr: ›Du darfst nicht verraten, daß die Äpfel aus Tschernobyl sind, Tantchen. Sonst kauft sie keiner.‹ – ›Und wie sie kaufen! Der eine für die Schwiegermutter, der andere für seinen Vorgesetzten!‹«

»Einer ist hier aus dem Gefängnis entlassen worden ... Amnestie ... Er hatte im Nachbardorf gewohnt. Die Mutter war gestorben, das Haus war eingeebnet worden. Er schloß sich uns an. ›Tantchen, haben Sie nicht ein Stück Brot und Speck für mich? Ich hacke Ihnen auch Holz.‹ Er hat gebettelt.«

»Im Land geht alles drunter und drüber – und die Leute kommen hierher. Sie laufen vor den Menschen weg. Vor dem Gesetz. Und leben allein. Fremde Menschen ... Harte Gesichter, keine Freundlichkeit ist in ihren Augen. Wenn sie getrunken haben, können sie einem das Dach über dem Kopf anzünden. Nachts, wenn wir schlafen, haben wir Mistgabeln und Äxte unterm Bett. Und in der Küche steht an der Tür ein großer Hammer.«

»Im Frühjahr kam ein tollwütiger Fuchs angelaufen – wenn sie tollwütig sind, sind sie ganz zahm. Er kann kein Wasser sehen. Wenn man im Hof einen Eimer Wasser aufstellt, braucht man keine Angst zu haben, dann geht er.«

»Wir haben alle unsere Verdienste. Ich war bei den Partisanen. Ein Jahr lang. Und als unsere Leute die Deutschen zurückdrängten, kam ich an die Front. Ich habe am Reichstag meinen Namen eingeritzt: Artjuschenko. Dann hab ich die Uniform ausgezogen und den Kommunismus mit aufgebaut. Aber wo ist der Kommunismus jetzt?«

»Hier haben wir doch Kommunismus! ... Wir leben wie Brüder und Schwestern ...«

»Als der Krieg ausbrach, hat es in dem Jahr weder Pilze noch Waldfrüchte gegeben. Glauben Sie mir das? Selbst die Erde hat das Unglück gespürt ... Das Jahr 1941 ... Oh, wenn ich daran denke! Ich habe den Krieg nicht vergessen. Einmal ging das Gerücht um, daß Gefangene, eigene Leute, durch unsere Gegend getrieben werden, und wer einen von seinen Leuten erkennt, kann ihn aus der Kolonne rausholen. Da sind unsere Weiber aber losgerannt! Abends brachte jeder einen von seinen Leuten an, mancher auch einen Fremden. Es gab aber einen ganz gemeinen Schuft ... Er hat gelebt wie alle, war verheiratet, hatte zwei Kinder ... Der hat der Kommandantur verraten, daß wir Ukrainer mitgebracht hätten. Wassko, Saschko ... Am nächsten Tag kamen Deutsche auf Motorrädern an ... Wir haben sie angefleht, sind vor ihnen auf die Knie gefallen ... Aber sie haben die Männer hinters Dorf gebracht und sie mit Maschinenpistolen niedergeschossen. Neun Mann. Sie waren noch so jung, so jung! Wassko, Saschko ... Wenn es bloß keinen Krieg gibt! Ich habe solche Angst davor!«

»Wenn die Obrigkeit kommt, schreit sie herum, und wir sind taub und stumm. Wir haben alles erlebt und alles erduldet …«

»Und ich denke über mein Los nach … Ich grüble und grüble … An den Gräbern … Einer jammert laut, der andere leise. Manche beten: ›Öffne dich, gelber Sand. Öffne dich, dunkle Nacht.‹ Aus dem Wald kommt man heraus, aber aus dem Sand nicht … Ich rufe zärtlich: ›Iwan … Iwan, wie soll ich leben?‹ Aber er antwortet nicht, weder gut noch böse …«

»Ich habe keine Angehörigen auf dem Friedhof zu beweinen, darum beweine ich alle. Fremde … Ich gehe zu den Gräbern, spreche mit ihnen …«

»Ich habe vor niemandem Angst, nicht vor Toten, nicht vor Tieren, vor niemandem. Mein Sohn kommt aus der Stadt und schimpft: ›Was sitzt du hier allein? Und wenn dich einer erwürgt?‹ Was soll er mir schon wegnehmen? Höchstens die Kissen … In einer einfachen Hütte sind doch die Kissen der ganze Schmuck. Wenn ein Räuber reinwill, steckt er den Kopf durchs Fenster – und ich: Ab damit! Mit der Axt. Dem Hackebeil. Vielleicht gibt es keinen Gott, vielleicht ist es jemand anders, aber da ganz oben ist jemand. Und ich lebe …«

»Im Winter hängte ein Alter ein ausgenommenes Kalb im Hof auf. Da wurden Ausländer zu ihm geführt. ›Großvater, was machst du da?‹ – ›Ich treibe die Radioaktivität aus.‹«

»Das hat es auch gegeben … Die Leute haben es erzählt … Ein Mann begrub seine Frau und blieb mit seinem kleinen Sohn allein. Ein Mann allein … Vor lauter Kummer trank er … Zog dem Kleinen die nassen Hosen aus und schob sie unters Kissen. Nachts erschien seine Frau – entweder sie selbst oder ihre Seele –, wusch die Sachen, trocknete sie und legte sie an ihren Platz zurück … Mal sah er sie, rief sie an, da verschwand sie … Löste sich auf … Wie Luft … Die Nachbarn rieten ihm, er solle schnell die Tür abschließen, sobald ihr Schatten auftauche, dann könne sie vielleicht nicht so schnell weg. Da ist sie überhaupt nicht mehr erschienen. Was war da passiert? Wer war das?

Sie glauben nicht daran? Dann sagen Sie mir doch, woher die

Märchen kommen. Die sind vielleicht wirklich mal passiert. Sie sind doch gebildet ...«

»Warum ist denn Tschernobyl explodiert? Die einen sagen, daß die Wissenschaftler schuld sind. Sie greifen Gott an den Bart, aber der lacht nur. Und wir haben es hier auszubaden!«

»Wir haben nie in Frieden leben können. Wir haben immer Angst gehabt. Vor dem Krieg wurden die Leute einfach abgeholt ... Bei uns kamen sie in schwarzen Limousinen und haben drei Männer direkt vom Feld geholt, die sind bis heute nicht zurück. Wir haben immer in Angst gelebt ...«

»Das einzige, was ich habe, ist die Kuh. Ich würde sie hergeben, nur damit es keinen Krieg gibt! Wie ich davor Angst habe!«

»Aber hier ist der Krieg aller Kriege ... Tschernobyl ...«

»Und der Kuckuck ruft, und die Elstern kreischen ... Rehe laufen herum. Aber ob es sie weiter geben wird, weiß keiner. Morgens gucke ich in den Garten – da haben die Wildschweine alles aufgewühlt. Menschen kann man umsiedeln, aber Elche und Wildschweine nicht.

Ein Haus braucht den Menschen. Und das Tier braucht den Menschen. Alle suchen den Menschen. Ein Storch kam angeflogen ... Ein Käfer kroch aus der Erde. Ich freue mich hier über alles.«

»Ach, ihr Weiber, es tut so weh! ... Oh, wie weh das tut! Langsam ... Ein Sarg muß langsam getragen werden ... Vorsichtig ... Er darf nicht an die Tür oder ans Bett stoßen, darf nirgendwo anstoßen, sonst gibt es ein Unglück, sonst kann man auf den nächsten Toten warten. Herr, nimm dich ihrer Seelen an! Denn ihnen gehört das Himmelreich! Und wo sie begraben werden, da sollen sie auch beweint werden. Hier sind ringsum nur Gräber ... Nur Gräber ... Lastwagen dröhnen ... Planierraupen ... Häuser fallen ... Die Beerdigungskommandos arbeiten und arbeiten ... Sie haben die Schule beerdigt, den Gemeinderat, das Bad ... Es ist die gleiche Welt wie vorher, aber die Menschen sind nicht mehr die gleichen. Eins weiß ich nicht: Hat der Mensch eine Seele? Der Pope, unser Väterchen, hat versprochen, daß wir unsterblich sind. Wie ist sie, die Seele? Und wo finden sie alle Platz dort, im Jenseits?

Zwei Tage lang lag der Alte im Sterben, ich habe mich hinter dem Ofen versteckt und wollte sehen, wie die Seele aus ihm entweicht. Ich bin die Kuh melken gegangen ... Rannte ins Haus zurück ... Habe ihn angesprochen ... Da lag er mit offenen Augen ... Die Seele war schon weggeflogen ... Oder war da nichts? Aber wie sehen wir uns dann wieder ...«

Monolog darüber, daß du einen Regenwurm findest und das Huhn sich freut

Der erste Schreck? Der erste Schreck fiel vom Himmel ... Kam mit dem Wasser angeschwommen ... Aber so mancher, und das waren nicht wenige, blieb unerschütterlich wie ein Felsen. Ich schwöre es beim Kreuz! Die älteren Männer tranken. »Wir sind bis Berlin gekommen und haben gesiegt«, sagen sie, und das ist für sie so sicher wie das Amen in der Kirche ...

Der erste Schreck war da ... Morgens fanden wir im Garten und auf dem Acker erstickte Maulwürfe. Woran waren sie erstickt? Normalerweise krabbeln sie nicht ans Tageslicht. Etwas hatte sie herausgetrieben. Ich schwöre es beim Kreuz!

Mein Sohn rief aus Gomel an.

»Fliegen bei euch Maikäfer?«

»Nein, nicht mal Larven sind zu sehen. Die haben sich verkrochen.«

»Und gibt's Regenwürmer?«

»Findest du einen Regenwurm, freut sich das Huhn. Die gibt es auch nicht.«

»Das ist ein erstes Zeichen: Wo es keine Maikäfer und Regenwürmer gibt, ist die Radioaktivität sehr hoch.«

»Was ist Radioaktivität?«

»Mama, die bedeutet Tod. Überrede Vater dazu, daß ihr abreist. Ihr bleibt eine Weile bei uns.«

»Aber der Gemüseacker ist noch nicht bestellt.«

Wenn alle klug wären, wer soll dann als Dummkopf übrigbleiben? Na schön, es hat gebrannt. Ein Feuer ist eine vorübergehende Erscheinung, keiner hat damals Angst gehabt. Das Atom kannten wir nicht. Ich schwöre es beim Kreuz! Und wir wohnten direkt neben dem Atomkraftwerk, per Luftlinie 30 und auf der Straße 40 Kilometer. Es ging uns gut. Ich kaufte eine Fahrkarte und fuhr hin. Die Versorgung war wie in Moskau … Billige Wurst, immer Fleisch in den Geschäften. Große Auswahl. Es war eine gute Zeit!

Und jetzt ist nur noch Angst da … Man erzählt, daß nur Frösche und Fliegen überleben, aber keine Menschen. Das Leben geht ohne die Menschen weiter. Märchen auf Märchen … Ein Dummkopf, wer sie liebt! Aber es gibt keine Fabel ohne einen wahren Kern … Ein altes Lied …

Ich stelle das Radio an. In einem fort schreckt man uns mit der Radioaktivität. Dabei ist unser Leben durch die Radioaktivität doch besser geworden. Ich schwöre es beim Kreuz! Schau an, wir kriegen Apfelsinen, drei Sorten Wurst, bitte schön … Und das auf dem Dorf! Meine Enkel haben schon die halbe Welt bereist. Die Jüngste ist gerade erst aus Frankreich zurückgekehrt, irgendwann mal hat doch Napoleon von dort seinen Feldzug gestartet … »Oma, ich hab dort Ananas gesehen!« Der zweite Enkel, ihr Brüderchen, wurde zur Behandlung nach Berlin geschickt … Das ist da, von wo aus Hitler auf uns zugewalzt ist … Mit seinen Panzern … Jetzt ist es eine neue Welt … Alles ist anders geworden … Ist die Radioaktivität daran schuld oder wer? Und wie ist sie? War sie vielleicht mal im Kino zu sehen? Haben Sie sie gesehen? Ist sie weiß oder wie? Welche Farbe hat sie? Einige sagen, daß sie farblos und geruchlos ist, andere sagen, daß sie schwarz ist. Wie Erde! Und wenn sie farblos ist, dann ist sie wie Gott. Gott ist überall, keiner sieht ihn. So jagt man den Leuten Angst ein! Und die Äpfel hängen im Garten an den Bäumen und die Blätter an den Bäumen, und Kartoffeln gibt's auf dem Feld … Ich denke, daß es gar kein Tschernobyl gibt, das haben sie sich nur ausgedacht … Um die Leute zu betrügen … Meine Schwester und ihr Mann sind von hier weggezogen … Nicht weit weg, 20 Kilometer von hier. Zwei Monate haben sie dort gelebt, dann kam die Nachbarin angerannt. »Die Radioaktivität ist von eurer Kuh auf meine Kuh übergesprungen. Meine fällt immerzu um.« – »Wie soll sie denn übergesprungen sein?« – »Sie fliegt durch die Luft wie Staub. Sie kann fliegen.« Alles Märchen! Nichts als Märchen …

Aber wenn ich daran denke! In jedem Haus ist einer gestorben … Was soll ich noch sagen? Man muß leben … Weiter nichts …

Was noch? … Früher haben wir Butter, Sahne selber gestampft und Quark und Käse hergestellt. Wir haben Kliebensuppe gekocht. Ißt man so was in der Stadt? Man verrührt Mehl mit Wasser, so daß Klumpen entstehen, die werden in einen Topf mit kochendem Wasser geschüttet. Das Ganze wird noch einmal aufgekocht und mit Milch angereichert. Das hat mir meine Mutter beigebracht. »Kinder«, hat sie gesagt. »Macht das genauso. Ich hab's wiederum von meiner Mutter gelernt.« Wir haben Birkensaft und Ahornsaft getrunken. Und grüne Bohnen in gußeisernen Töpfen im Ofen gedämpft. Haben Moosbeerenkompott gekocht … Und im Krieg haben wir Brennesseln gesammelt und Melde …

Unsere Bäuche waren vor Hunger ganz aufgedunsen, aber gestorben sind wir nicht … Beeren gab es im Wald, Pilze … Und jetzt ist alles zusammengebrochen, das ganze Leben. Wir dachten immer, daß das alles unzerstörbar ist, daß das, was im Topf kocht, ewig ist. Nie hätte ich geglaubt, daß es mal anders kommen könnte. Aber es ist so … Nun dürfen wir keine Milch trinken … Keine Bohnen essen … Pilze, Waldbeeren sind verboten. Fleisch sollen wir drei Stunden lang einweichen … Und von Kartoffeln muß zweimal Wasser abgegossen werden, wenn man sie kocht. Aber mit Gott will man sich ja nicht anlegen … Wir müssen weiterleben … Man will uns weismachen, daß wir das Wasser nicht trinken dürfen. Aber wie soll man ohne Wasser auskommen? In jedem Menschen ist Wasser. Es gibt niemanden ohne Wasser. Wasser findet man sogar in einem Stein. Na, vielleicht ist wenigstens das Wasser ewig? Alles Leben entspringt daraus … Wen soll man fragen? Keiner kann etwas sagen. Zu Gott wird gebetet, den fragt man nicht. Aber man muß leben …

Anna Petrowna Badajewa,
Rückkehrerin

Monolog über ein Lied ohne Worte

Ich falle vor Ihnen auf die Knie … Ich bitte Sie … Finden Sie Anna Suschko … Sie hat bei uns im Dorf gewohnt. Im Dorf Koschuschka … Ihr Name ist Anna Suschko … Ich nenne Ihnen alle persönlichen Merkmale, und Sie drucken das. Sie hat einen Buckel und ist von Kindheit an stumm … Sie hat alleine gelebt … Ist 60 Jahre alt … Während der Umsiedlung wurde sie von einem Krankenwagen abgeholt und an einen unbekannten Ort gebracht. Sie kann nicht lesen und schreiben, deshalb haben wir bisher keinen Brief von ihr bekommen. Alleinstehende und Kranke wurden in Heime geschafft. Versteckt. Aber keiner weiß, wohin … Drucken Sie das …

Alle im Dorf hatten Mitleid mit ihr. Wir haben sie umsorgt wie ein kleines Kind. Einer hat ihr Holz gehackt, ein anderer Milch gebracht oder mit ihr abends zusammengesessen … Den Ofen geheizt … Zwei Jahre ist es her, seit wir uns in fremden Ecken herumgedrückt haben und in unsere Häuser zurückgekehrt sind. Und übermitteln Sie ihr, daß ihr Häuschen heil und ganz ist. Das Dach ist in Ordnung, auch die Fenster. Und was zerschlagen und geplündert ist, bringen wir gemeinsam wieder in Schuß. Geben Sie uns nur die Adresse, wo sie wohnt und leidet, wir fahren hin, holen sie raus und bringen sie zurück. Damit sie nicht vor Sehnsucht stirbt … Ich falle vor Ihnen auf die Knie … Eine unschuldige Seele quält sich in einer fremden Welt …

Da ist noch eine Besonderheit … Die hatte ich vergessen … Wenn ihr etwas weh tut, summt sie ein Lied … Ohne Worte … Nur die Stimme … Sprechen kann sie nicht … Wenn ihr etwas weh tut, singt sie so gedehnt: ah-ah-ah … So klagend …

Maria Woltschok, Nachbarin

Drei Monologe über die uralte Angst

Familie K., Mutter und Tochter. Und ein Mann (der Ehemann der Tochter), der die ganze Zeit über kein Wort sagt.

Die Tochter:
Anfangs habe ich Tag und Nacht geweint. Ich wollte nur weinen und reden ... Wir kommen aus Tadschikistan, aus Duschanbe ... Da ist Krieg ...

Ich darf mich nicht aufregen ... Ich bin schwanger. Ich erwarte ein Kind. Aber ich erzähle es Ihnen ... Am hellichten Tag kommen sie in den Bus, um Ausweise zu kontrollieren. Ganz normale Leute, aber mit Maschinenpistolen bewaffnet. Sie gucken sich die Papiere an und drängen die Männer aus dem Bus ... Und erschießen sie ... Gleich an der Tür ... Sie führen sie nicht mal zur Seite ... Ich hätte das nie geglaubt, wenn ich es nicht selber gesehen hätte ... Ich sah, wie sie zwei Männer rausführten – einer war noch ganz jung, ein Hübscher, er hat was geschrien. In Tadschikisch, in Russisch ... Daß seine Frau erst kürzlich entbunden hat, daß er drei kleine Kinder hat. Sie lachten nur, es waren auch junge Männer, ganz junge. Ganz normale Leute, nur mit Maschinenpistolen. Er fiel auf die Knie ... Küßte ihnen die Schuhe ... Alle haben geschwiegen, der ganze Bus. Kaum waren wir angefahren, ging es: tatata ... Ich hab nicht gewagt, mich umzusehen ... (Weint.)

Ich darf mich nicht aufregen, ich erwarte doch ein Kind ... Aber ich erzähle es Ihnen ... Um eins bitte ich Sie: Nennen Sie meinen Nachnamen nicht, ich bin einfach Swetlana. Wir haben noch Verwandte dort ... Die werden sonst umgebracht ... Früher habe ich immer gedacht, daß nie mehr Krieg bei uns sein wird. Unser großes, geliebtes Land! Das mächtigste Land! Früher, im Sowjetland, hat man uns immer gesagt, daß wir arm und bescheiden leben, weil wir einen großen Krieg hinter uns haben, das Volk habe gelitten, dafür hätten wir jetzt eine starke Armee, keiner würde uns angreifen und besiegen. Und nun schießen wir selbst aufeinander ... Das ist kein Krieg, so wie damals, wie mein Großvater erzählte. Der ist bis nach Deutschland gekommen. Heute schießt ein Nachbar auf den anderen. Jungen, die früher in eine Schule gegangen sind, bringen sich jetzt gegenseitig um oder vergewaltigen Mädchen, mit denen sie auf einer Schulbank gesessen haben. Alle haben den Verstand verloren ...

Unsere Männer schweigen hier. Die sagen nichts. Die werden Ihnen nichts erzählen. Man hat ihnen nachgerufen, sie würden wie Weiber flüchten. Daß sie Feiglinge seien, die die Heimat verrieten. Aber wo liegt ihre Schuld? Macht man sich schuldig, wenn man nicht schießen will? Mein Mann ist Tadschike, er sollte in den Krieg ziehen und töten. Aber er hat gesagt: »Komm weg von hier. Ich will nicht in den Krieg. Ich brauche keine Maschinenpistole.« Da unten ist sein Zuhause, aber er ist weggegangen, weil er nicht Tadschiken, also seinesgleichen töten will. Hier jedoch fühlt er sich einsam – da unten kämpfen seine Brüder, einer ist schon umgebracht worden. Mutter und Schwester leben dort. Wir sind mit dem Zug von Duschanbe hierhergefahren, keine Fensterscheiben drin, eine Lausekälte, geheizt wurde nicht. Schießereien gab es keine, aber sie hatten Steine in die Fenster geworfen und die Scheiben zerschlagen. »Russen, haut ab! Okkupanten! Ihr habt uns genug geplündert!« Mein Mann ist ja Tadschike, er hat alles mit angehört. Auch unsere Kinder. Unsere Kleine ging in die erste Klasse und hatte sich in einen tadschikischen Jungen verliebt. Eines Tages kommt sie nach Hause und fragt: »Mama, was bin ich? Tadschikin oder Russin?« Was sollte ich ihr sagen?

Ich darf mich nicht aufregen ... Aber ich erzähle es Ihnen ... Da unten kämpfen Pamir-Tadschiken gegen Kuljab-Tadschiken.

Alle sind Tadschiken, sie haben einen Koran, einen Glauben, aber Kuljab-Tadschiken bringen Pamir-Tadschiken um und Pamir-Tadschiken Kuljab-Tadschiken. Anfangs haben sie sich auf dem Platz versammelt, haben rumgebrüllt, gebetet. Ich wollte wissen, was los ist, bin auch mal hingegangen und habe ein paar alte Leute gefragt: »Gegen wen protestiert ihr?« – »Gegen Parlament«, sagten sie. »Das soll ein sehr schlechter Mensch sein.« Dann leerte sich der Platz, Schüsse fielen. Das ist auf einmal ein anderes Land geworden, völlig fremd. Osten! Vorher hatten wir geglaubt, daß wir auf eigener Erde, nach sowjetischen Gesetzen leben. Dort sind so viele russische Gräber zurückgeblieben, und keiner ist da, der die Toten beweint ... Jetzt wird Vieh auf russischen Friedhöfen geweidet ... Ziegen ... Alte Russen streifen über Müllhalden und suchen nach Abfällen ...

Ich habe in einer Entbindungsklinik gearbeitet. Als Schwester. Einmal hatte ich Nachtdienst. Eine Frau lag im Kreißsaal, es war eine schwere Geburt, die Frau schrie ... Da stürzt eine Hilfsschwester herein ... In nichtsterilen Handschuhen, nichtsterilem Kittel ... Was ist los? Was? In so einem Aufzug in den Kreißsaal? ... »Mädchen, Banditen sind da!« Sie trugen schwarze Masken und waren bewaffnet. »Narkotika! Alkohol! Her damit!« – »Wir haben keine Narkotika, auch keinen Alkohol!« Der Arzt mußte sich an die Wand stellen ... »Los, her damit!« In dem Moment stöhnte die Frau erleichtert auf – das Kind kam, schrie ... Ich beugte mich darüber, ich weiß nicht mehr, ob es ein Junge oder ein Mädchen war. Es hatte noch keinen Namen, nichts. Und die Banditen: »Eine Kuljab-Tadschikin oder eine Pamir-Tadschikin?« Nicht etwa: »Mädchen oder Junge?«, sondern: »Kuljab-Tadschikin oder Pamir-Tadschikin?« Wir sagten nichts. Da nahmen sie das Kind, es war gerade erst fünf oder zehn Minuten auf der Welt, und warfen es aus dem Fenster ... Ich bin Krankenschwester, ich habe oft genug Kinder sterben sehen ... Aber so was ... Ich darf gar nicht daran denken ... (Weint.) Wie soll ich weiterleben? Wie soll ich nach so etwas entbinden? (Weint.)

Nach diesem Vorfall in der Klinik bekam ich ein Ekzem an den Händen. Die Venen schwollen an ... Und mir war alles so egal. Ich mochte morgens nicht mehr aufstehen ... (Weint.) Ich ging zum Krankenhaus und bin einfach wieder umgekehrt. Ich war selber schon schwanger ... Dort konnte ich nicht entbinden ... Wir kamen hierher. Nach Weißrußland ... Nach Narowlja ... Eine ruhige kleine Stadt ... Fragen Sie jetzt nicht weiter ... Ich habe Ihnen alles erzählt ... (Weint.) Nein, warten Sie. Das sollen Sie noch wissen ... Ich fürchte Gott nicht ... Ich fürchte den Menschen ... Die erste Zeit haben wir immer gefragt: »Wo ist hier die Strahlung?« – »Da, wo ihr steht, ist Strahlung.« Also der ganze Boden! (Weint.) So viele Häuser stehen leer ... Die Leute sind weg ... Sie haben Angst ...

Aber ich habe hier nicht so viel Angst wie da unten. Wir sind heimatlos geworden, wir gehören nirgendwohin. Die Deutschen sind nach Deutschland ausgewandert, die Tataren auf die Krim, nachdem sie die Erlaubnis dazu erhielten – nur die Russen braucht keiner. Worauf können wir hoffen? Was haben wir zu erwarten? Rußland hat sich nie um die eigenen Leute gekümmert, das Land ist groß, ist endlos. Um ehrlich zu sein, ich empfinde Rußland gar nicht als meine Heimat, wir sind in einem anderen Geist erzogen worden: Unsere Heimat ist die Sowjetunion. Und jetzt weiß man nicht, wie man seine Seele retten soll. Aber hier klickt keiner mit dem Gewehrabzug – das ist schon mal gut. Man hat uns ein Haus gegeben, mein Mann hat Arbeit. Ich hatte an Bekannte geschrieben, sie sind seit gestern hier. Für immer. Sie kamen abends an und trauten sich nicht, das Bahnhofsgebäude zu verlassen. Sie haben die ganze Nacht auf den Koffern gesessen und die Kinder nicht weggelassen, bis es hell wurde. Und dann sahen sie: Leute gehen durch die Straßen, lachen, rauchen ... Jemand brachte sie zu uns, bis vors Haus. Sie konnten es nicht fassen, da unten waren wir ja kein normales Leben gewohnt. Morgens sind sie dann in ein Lebensmittelgeschäft gegangen, sahen Butter, Schlagsahne, haben fünf Flaschen Sahne gekauft – sie haben es uns selber erzählt – und gleich dort ausgetrunken. Die Leute haben sie angeschaut, als seien sie nicht normal ... Sie hatten da unten zwei Jahre lang keine Butter und keine Sahne zu sehen bekommen. Auch Brot gibt es dort nicht zu kaufen. Da herrscht Krieg ... Das kann man keinem erklären, der den Krieg dort nicht erlebt hat ...

Meine Seele war wie tot ... Was für ein Kind hätte ich so auf die Welt bringen können? Hier wohnen nur wenige Menschen ... Die Häuser stehen leer ... Wir wohnen direkt am Wald ... Ich habe Angst vor vielen Menschen. Wie etwa auf einem Bahnhof oder wie im Krieg ... (Sie schluchzt bitterlich und verstummt.)

Ihre Mutter:
Nur über den Krieg ... Nur über den Krieg kann ich reden ... Warum sind wir hierhergekommen? Auf die Tschernobyl-Erde? Weil man uns von hier nicht mehr wegjagen wird. Die Erde gehört niemandem mehr, Gott hat sie an sich genommen ... Die Menschen haben sie verlassen ...

In Duschanbe war ich stellvertretende Bahnhofsvorsteherin. Es gab noch einen Stellvertreter, einen Tadschiken. Unsere Kinder sind zusammen aufgewachsen, zusammen in die Schule gegangen, wir haben gemeinsam gefeiert – Neujahr, den 1. Mai ... Haben zusammen Wein getrunken, Plow gegessen. Er nannte mich »Schwester. Schwesterchen. Meine russische Schwester«. Und eines Tages kommt er, wir haben in einem Zimmer gesessen, baut sich vor mir auf und brüllt:

»Wann haust du endlich ab? In dein Rußland? Das hier ist unsere Erde.«

Ich sprang auf, ich dachte, mein Verstand setzt aus.

»Wo ist deine Jacke her?«

»Aus Leningrad«, sagte er überrascht.

»Dann zieh die russische Jacke aus, du Lump!« Ich zerrte ihm die Jacke vom Leibe. »Und die Pelzmütze? Du hast noch damit angegeben, daß man sie dir aus Sibirien besorgt hat. Runter damit, du Lump! Auch das Hemd! Die Hose! Das ist Moskauer Produktion! Also auch russisch.«

Ich hätte ihn bis auf die Unterhosen ausgezogen. Ein großer, kräftiger Mann, ich reichte ihm gerade bis zur Schulter, woher ich bloß die Kraft nahm, ich hätte ihm alles runterreißen können! Die Leute guckten schon ins Zimmer. Er herrschte mich an:

»Bist du verrückt? Laß mich los!«

»Nein, erst ziehst du alles aus, was mir gehört, was russisch ist! Ich will alles wiederhaben!« Ich war wie von Sinnen. »Die Socken runter! Die Schuhe!«

Wir haben Tag und Nacht gearbeitet. Die Züge waren überfüllt. Die Leute flüchteten ... Viele Russen waren unterwegs ... Tausende! Zehntausende! Hunderttausende! Ein ganzes Rußland. Um zwei Uhr nachts schickte ich den Moskauer Zug raus, im Wartesaal waren nur noch Kinder aus Kurgan-Tjube, sie hatten den Zug nach Moskau verpaßt. Ich wollte den Saal abschließen, damit sie in Sicherheit waren. Da kamen zwei Männer auf mich zu. Mit Maschinenpistolen.

»Oh, Jungs, was macht ihr hier?« Das Herz schlug mir bis zum Hals.

»Bist selber schuld, warum sind alle Türen auf?«

»Ich hab gerade einen Zug rausgeschickt, hab's noch nicht geschafft, abzuschließen.«

»Was sind das für Kinder?«

»Die sind von hier, aus Duschanbe.«

»Oder vielleicht aus Kurgan? Kuljab-Tadschiken?«

»Nein, nein, von hier.«

Sie gingen. Und wenn sie in den Wartesaal eingedrungen wären? Sie hätten doch alle ... Und mich mit ... Eine Kugel in den Kopf! Dort herrscht nur eine Macht: der Mensch mit der Waffe in der Hand. Ich setzte die Kinder am nächsten Morgen in den Zug nach Astrachan und wies den Zugbegleiter an, ja nicht die Abteiltüren aufzumachen, er sollte die Kinder wie Melonen befördern ... (Sie verstummt. Weint dann lange.) Gibt es etwas Schlimmeres als den Menschen? (Verstummt wieder.)

Wenn ich hier in der ersten Zeit durch die Straßen gelaufen bin, habe ich mich alle Augenblicke umgedreht, weil mir schien, daß da einer schußbereit sitzt ... und wartet. Dort verging kein Tag, an dem ich nicht an den Tod dachte ... Ich habe immer saubere Sachen angezogen, wenn ich das Haus verließ: eine frischgewaschene Bluse, saubere Wäsche, Rock. Für alle Fälle, wenn ich getötet werden sollte. Jetzt gehe ich allein im Wald spazieren, ohne Angst. Da sind keine Menschen, keine Menschenseele. Ich gehe spazieren, und die Erinnerungen kommen. Ist mir das alles passiert? frage ich mich dann. Hin und wieder trifft man auf Jäger. Mit Gewehr, mit Hund und Geigerzähler. Das sind auch Männer mit Waffen, aber die jagen keine Menschen. Wenn ich hier Schüsse höre, weiß ich, daß nach Krähen geschossen oder daß ein Hase gejagt wird. (Schweigt.) Deshalb ist mir hier nicht bange ... Ich muß keine Angst vor der Erde, vor dem Wasser haben ... Ich habe Angst vor dem Menschen ... Der kauft sich auf dem Basar für 100 Dollar eine Maschinenpistole ...

Ich muß an einen jungen Mann denken, einen Tadschiken ... Er rannte einem anderen Tadschiken nach ... Er jagte einen Menschen! Wie er so rannte, so keuchte, war mir klar, daß er den anderen umbringen wollte ... Aber der Junge entkam ... Der Tadschike kehrte um, ging an mir vorbei und fragte: »Mutter, wo kann ich hier Wasser trinken?« An und für sich eine ganz normale Frage. Bei uns auf dem Bahnhof stand immer ein Behälter mit Wasser, ich zeigte darauf. Dabei sah ich ihm in die Augen und fragte: »Warum jagt ihr einander? Warum bringt ihr euch gegenseitig um?« Ihm war das richtig peinlich. »Also, Mutter, nun sei mal still.« Wenn sie zu mehreren sind, sind sie anders. Wären sie zu dritt oder auch nur zu zweit gewesen, hätten sie mich an die Wand gestellt. Mit einem Menschen allein kann man noch reden ...

Von Duschanbe fuhren wir nach Taschkent, und weiter mußten wir nach Minsk. Aber: keine Flugtickets und fertig! Das ist da ganz schlau eingefädelt. Solange du nichts rüberreichst, gibt es keinen Platz in der Maschine. Sie haben dies und das am Gepäck auszusetzen, entweder am Gewicht oder an der Menge:

Das geht nicht, das muß weg ... Zweimal wurden wir über die Waage gescheucht, ich kapierte endlich und reichte Geld rüber ... »Warum nicht gleich so? Und streitet hier lange rum!« So einfach ist das! Der Container wog zwei Tonnen, wir mußten alles auspacken. »Ihr kommt aus einer heißen Ecke, vielleicht führt ihr Waffen oder Hasch mit?« Zwei Tage lang wurden wir schikaniert. Ich ging zum Vorgesetzten und lernte im Sekretariat eine nette Frau kennen, die mich aufklärte. »Nichts erreichen Sie hier, und wenn Sie Gerechtigkeit fordern, wird man Ihren Container einfach aufs Feld stellen und plündern.« Also was tun? Wir schliefen die ganze Nacht nicht, packten alles aus ... Was hatten wir schon? Ein paar Klamotten, Matratzen, einen alten Kühlschrank, zwei Säcke Bücher. »Das sind sicher wertvolle Bücher?« Sie guckten rein. *Was tun?* von Tschernyschewski, Scholochows *Neuland unterm Pflug* ... Sie lachten. »Und wieviel Kühlschränke?« – »Einen, und der ist obendrein kaputt.« – »Warum sind keine Zollerklärungen ausgefüllt?« – »Woher sollten wir das wissen? Wir kommen zum erstenmal aus einem Krieg.«

Ich gehe gerne im Wald spazieren und denke nach. Derweil sitzt meine Familie vor dem Fernseher: Was ist da unten los? Wie ist es dort? Ich will das alles nicht wissen.

Es gab ein Leben ... Ein anderes Leben ... Ich war eine geachtete Person, ich habe einen Dienstgrad, ich bin Oberstleutnant der Eisenbahntruppen. Hier war ich zuerst arbeitslos, dann konnte ich als Reinemachefrau im Stadtsowjet anfangen. Ich wische Fußböden auf ... Mein Leben ist vorbei, und für ein zweites reicht meine Kraft nicht ... Die einen bedauern uns hier, andere schimpfen. »Die Flüchtlinge klauen Kartoffeln. Sie buddeln sie nachts aus.« Im vergangenen Krieg, erzählt meine Mutter, haben die Leute mehr zusammengehalten. Kürzlich wurde im Wald ein verwildertes Pferd gefunden. Tot. An anderer Stelle ein Hase. Sie waren nicht getötet worden, sondern sind einfach krepiert. Darüber haben sich alle aufgeregt. Aber als ein toter Obdachloser gefunden wurde, hat das kaum jemanden berührt. An Menschenleichen sind die Leute wohl überall gewohnt …

Lena M. stammt aus Kirgisien. Inmitten ihrer fünf Kinder und dem Kater Meteliza, den sie mitgebracht hatte, saß sie vor der Haustür, als würde sie für ein Foto posieren.

Wir kamen wie aus dem Krieg … Wir packten ein paar Sachen zusammen, der Kater lief uns bis zum Bahnhof nach, da haben wir ihn mitgenommen. Wir sind zwölf Tage mit dem Zug gefahren, die beiden letzten Tage hatten wir nur noch ein paar Büchsen Sauerkraut und etwas Trinkwasser. Mal hat einer mit der Brechstange, mal einer mit der Axt oder dem Hammer die Türen bewacht. Ich sage Ihnen … Eines Nachts wurden wir von Banditen überfallen. Sie hätten uns fast erschlagen. Heute wird man das schon wegen eines Fernsehers oder eines Kühlschranks. Wir kamen wie aus dem Krieg, obwohl in Kirgisien nicht geschossen wird. Es hat eine sinnlose Metzelei gegeben, noch unter Gorbatschow, in der Stadt Osch … Kirgisen gegen Usbeken … Jetzt ist alles ziemlich ruhig … Aber irgendwas hängt noch in der Luft, in den Straßen … Ich sage Ihnen, es ist schlimm … Na ja, wir Russen, das ist verständlich, aber auch die Kirgisen leben in Angst … Lange Brotschlangen, und da schreien sie: »Haut ab, ihr Russen! Kirgisien den Kirgisen!« Und stoßen die Russen aus der Schlange. Und brüllen noch auf kirgisisch, daß sie selber nicht genug Brot hätten und daß sie uns mit durchfüttern müßten. Ich verstehe schlecht Kirgisisch, ich kann nur ein paar Brocken, um auf dem Basar zu feilschen und was einzukaufen.

Wir hatten eine Heimat, die gibt es nicht mehr. Was bin ich? Meine Mutter ist Ukrainerin, mein Vater Russe. Ich bin in Kirgisien geboren und aufgewachsen und habe einen Tataren geheiratet. Was sind meine Kinder? Welche Nationalität haben sie? Wir haben uns doch alle vermischt, unser Blut hat sich gemischt. Im Ausweis steht bei mir und den Kindern: Russen, aber wir sind keine Russen. Wir sind sowjetisch! Aber das Land, in dem ich geboren wurde, gibt es nicht mehr. Auch nicht den Ort, den wir Heimat genannt haben, und die sowjetische Zeit, die ebenfalls unsere Heimat war. Wir sind wie Fledermäuse. Ich habe fünf Kinder. Der älteste Sohn geht in die achte Klasse, die Jüngste in den Kindergarten. Ich habe sie alle hier. Unser Land gibt es nicht mehr, aber wir sind noch da.

Ich bin dort geboren und aufgewachsen. Ich habe eine Fabrik mit aufgebaut und dort gearbeitet. »Geh dahin, wo deine Erde ist, hier gehört uns alles.« Wir durften nichts mitnehmen, nur unsere Kinder. »Hier gehört uns alles.«

Und was gehört mir? Die Menschen fliehen. Ziehen weg. Alle Russen. Sowjetbürger. Nirgends werden sie gebraucht … Keiner will sie …

Aber ich war mal glücklich. Alle meine Kinder sind in Liebe gezeugt … In der Reihenfolge habe ich sie zur Welt gebracht: ein Junge, ein Junge, ein Junge, dann ein Mädchen, noch ein Mädchen … Ich will nicht weiterreden, sonst fange ich noch an zu weinen … (Fügt aber noch ein paar Worte hinzu.) Wir werden hier in Tschernobyl leben. Das ist jetzt unser Zuhause … Tschernobyl ist unser Zuhause, unsere Heimat … (Lächelt plötzlich.) Vögel sind hier wie überall. Auch ein Lenindenkmal gibt es noch … (Schon an der Pforte, beim Abschied.) Neulich morgens hämmerte es nebenan auf dem Grundstück, jemand löste die Bretter von den Fenstern. Ich begrüßte eine Frau. »Woher kommt ihr?« – »Aus Tschetschenien.« Sie sagte nichts weiter, sie weinte nur …

Die Leute fragen mich aus … Wundern sich … Einer hat mal direkt die Frage gestellt, ob ich meine Kinder dahin bringen würde, wo Pest und Cholera herrschen … Ja, Pest und Cholera! … Die Angst, von der hier die Rede ist, kenne ich nicht. Es gibt sie nicht in meinem Gedächtnis …

Monolog darüber, daß der Mensch nur im Bösen so raffiniert ist und wie einfach und verständlich er in den schlichten Worten der Liebe ist

Ich bin geflohen ... Geflohen vor der Welt ... Anfangs habe ich mich auf Bahnhöfen herumgedrückt, die Bahnhöfe gefielen mir, da sind viele Menschen, und du bist allein. Dann kam ich hierher. Hier ist man frei ...

Mein eigenes Leben habe ich vergessen ... Fragen Sie mich nicht danach ... Was ich in Büchern gelesen habe, daran kann ich mich erinnern, und an das, was andere Menschen mir erzählt haben, auch, aber mein eigenes Leben habe ich vergessen. Es ist in jungen Jahren passiert ... Ich habe Sünde auf mich geladen ... Aber es gibt keine Sünde, die Gott nicht verzeiht, wenn man aufrichtig bereut ...

Der Mensch kann nicht glücklich sein. Darf es nicht. Der liebe Gott sah den einsamen Adam und gab ihm Eva zur Seite. Zum Glücklichsein und nicht zum Sündigen. Aber der Mensch schafft es nicht, glücklich zu sein ... Ich mag zum Beispiel keine Dämmerung ... Keine Dunkelheit ... Dieser Übergang, wie jetzt ... Vom Tag zur Nacht ... Ich begreife bis heute nicht, wo ich war ... So ist das ... Es ist mir gleich: Ich kann leben, muß es aber nicht. Das Leben des Menschen ist wie das Gras, es blüht, verdorrt und löst sich in Flammen auf. Ich habe Gefallen daran gefunden nachzudenken ... Hier kann man ebenso durch ein Tier wie durch die Kälte umkommen. Über Dutzende von Kilometern trifft man hier keinen Menschen. Den Teufel treibt man durch Beten und Fasten aus. Das Fasten ist für den Leib, das Beten für die Seele. Aber ich bin nie einsam, ein gläubiger Mensch ist nicht einsam. Ich fahre durch die Dörfer ... Früher war ich immer auf der Suche nach Makkaroni, Mehl ... Öl, Konserven ... Heute suche ich mir etwas auf den Friedhöfen. Den Toten wird ja genug zu essen und zu trinken dagelassen. Die brauchen das nicht. Sie sind mir nicht böse deswegen … Auf den Feldern wächst wildes Getreide. Im Wald gibt es Pilze und Beeren. Hier ist man frei …

In Büchern habe ich das gelesen. Bei Vater Sergej Bulgakow. Daß Gott sicher die Welt geschaffen hat, deshalb kann es nicht sein, daß sie mißlungen ist, und daß man mutig und bis zum Schluß Geschichte erdulden muß. So ist das … Und bei einem anderen … Den Namen habe ich vergessen … Ich weiß es nur noch sinngemäß. Das Böse ist letztlich keine Substanz, sondern das Fehlen von Gutem, genau wie das Dunkel nichts anderes ist als die Abwesenheit von Licht. Bücher findet man hier ganz leicht. Einen leeren Tonkrug schon nicht mehr, auch keine Löffel oder Gabeln, aber Bücher liegen überall herum. Kürzlich habe ich Puschkin gefunden … Einen Band … »Und der Gedanke an den Tod ist meiner Seele lieb …« Das habe ich behalten. So ist das … »Und der Gedanke an den Tod …« Ich bin hier allein. Ich denke über den Tod nach. Ich habe Gefallen daran gefunden nachzudenken. Die Stille hilft, mich vorzubereiten … Der Mensch lebt inmitten des Todes, aber er weiß nicht, was Tod ist. Und ich bin hier allein … Gestern habe ich eine Wölfin mit ihren Jungen aus der Schule vertrieben, die haben da gehaust.

Eine Frage: Ist die Welt, die in Worten festgehalten ist, wahrhaftig? Das Wort … Es steht zwischen dem Menschen und der Seele … So ist das …

Und das will ich noch sagen: Vögel, Bäume, Ameisen. Sie stehen mir heute näher als früher. Ich denke auch über sie nach. Der Mensch ist schrecklich … Und ungewöhnlich … Aber hier möchte man niemanden töten … Ich fange Fische, ich habe eine Angel. So ist das … Aber auf wilde Tiere schieße ich nicht. Ich stelle auch keine Fallen auf … Hier möchte man einfach niemanden töten …

Fürst Myschkin fragte, ob man einen Baum sehen könne, ohne glücklich zu sein. So ist das … Ich denke gerne nach. Der Mensch aber klagt meistens und denkt nicht nach …

Wozu das Böse betrachten? Es beunruhigt natürlich ... Sünde – das ist auch keine Physik ... Man muß das Nichtexistierende annehmen. In der Bibel heißt es, daß es dem Geweihten gegeben ist, das Geheimnis des Reiches Gottes zu wissen, daß denen draußen aber alles durch Gleichnisse widerfährt ... Nimmt man den Vogel ... Oder eine andere Kreatur ... Wir verstehen sie nicht, weil sie für sich leben und nicht für andere. So ist das ... Alles um uns herum fließt, um es kurz zu sagen ...

Jede Kreatur ringsum läuft auf vier Beinen, schaut zur Erde, strebt zur Erde. Allein der Mensch steht auf zwei Beinen auf der Erde und richtet die Arme und den Kopf gen Himmel. Zum Gebet ... Zu Gott ... Eine alte Frau betet in der Kirche: »Alles geschieht uns nach unseren Sünden ...« Aber kein Wissenschaftler, kein Ingenieur und kein Armeeangehöriger gibt das zu. Sie denken: Ich habe nichts zu bereuen. Warum soll ich bereuen? So ist das ...

Ich bete ganz einfach ... Lese für mich ... Herr, ich rufe zu dir. Erhöre mich! Nur im Bösen ist der Mensch so raffiniert, und wie einfach und verständlich ist er in den schlichten Worten der Liebe. Sogar bei den Philosophen entspricht das Wort nur annähernd dem Gedanken, den sie tief empfunden haben. Allein im Gebet, im Gedanken des Gebets entspricht das Wort absolut dem, was in der Seele vor sich geht. Ich spüre das körperlich. Herr, ich rufe zu dir. Erhöre mich!

Und auch du, Mensch ...

Ich fürchte den Menschen. Aber ich möchte ihm immer wieder begegnen. Dem guten Menschen. So ist das ... Hier leben entweder nur Banditen, die sich verstecken, oder so einer wie ich ... Ein Märtyrer ...

Wie ich heiße? Ich habe keinen Ausweis. Den hat mir die Miliz abgenommen ... Sie hat mich geschlagen. »Was treibst du dich hier herum?« – »Ich treibe mich nicht herum, ich tue Buße.« Sie schlugen noch mehr auf mich ein. Schlugen mir auf den Kopf ... Also schreiben Sie: Gottesknecht Nikolai ... Und jetzt ein freier Mensch ...

Soldatenchor

Artjom Bachtijarow, Soldat, Oleg Leontjewitsch Worobej, Liquidator, Wassili Jossifowitsch Gussinowitsch, Kraftfahrer und Aufklärer, Gennadi Viktorowitsch Demenew, Milizionär, Vitali Borissowitsch Karbalewitsch, Liquidator, Valentin Komkow, Armeekraftfahrer, Soldat, Eduard Borissowitsch Korotkow, Hubschrauberpilot, Igor Litwin, Liquidator, Iwan Alexandrowitsch Lukaschuk, Soldat, Alexander Iwanowitsch Michalewitsch, Strahlenmeßtechniker, Oleg Leonidowitsch Pawlow, Major, Hubschrauberpilot, Anatoli Borissowitsch Rybak, Kommandeur eines Wachzuges, Viktor Sanko, Soldat, Grigori Nikolajewitsch Chworost, Liquidator, Alexander Wassiljewitsch Schinkewitsch, Milizionär, Wladimir Petrowitsch Schwed, Hauptmann, Alexander Michailowitsch Jassinski, Milizionär.

Unser Regiment wurde alarmiert. Erst auf dem Belorussischen Bahnhof in Moskau wurde uns mitgeteilt, wohin wir gebracht werden. Einer, ich glaube, er war aus Leningrad, protestierte. Man drohte ihm mit Militärgericht. Der Kommandeur sagte vor der Truppe: »Du landest im Gefängnis oder wirst erschossen.« Ich hatte andere Gefühle. Umgekehrt: Ich wollte Heldentaten vollbringen. War das eine kindliche Aufwallung? Aber solche wie mich gab es mehrere, bei uns dienten Jungs aus der ganzen Sowjetunion: Russen, Ukrainer, Kasachen, Armenier ... Alles war aufregend und irgendwie lustig.

Also, man brachte uns hin ... Direkt ins Atomkraftwerk. Jeder bekam einen weißen Kittel, eine weiße Mütze, einen Mundschutz aus Mull. Wir säuberten das Gelände. Einen Tag lang schrubbten und kratzten wir unten, einen Tag lang oben, auf dem Dach des Reaktors. Überall mit Schaufeln. Die oben arbeiteten, wurden »Störche« genannt. Roboter machten nicht mit, die Technik spielte verrückt. Aber wir arbeiteten. Und wir waren sehr stolz darauf …

Wir fuhren rein … Da war das Schild »Sperrzone«. Ich habe noch keinen Krieg erlebt, aber ich hatte das Gefühl von etwas Bekanntem … Eine Erinnerung von irgendwoher … Aber woher? Etwas, was mit Tod zu tun hatte …

Unterwegs stießen wir immer wieder auf streunende Hunde und Katzen. Sie benahmen sich manchmal sehr seltsam, erkannten die Menschen nicht, rannten vor uns weg. Ich wußte nicht, was mit ihnen los war, bis man uns anwies, sie zu erschießen … Die Häuser waren versiegelt, die ganze landwirtschaftliche Technik lag ungenutzt herum … Ein interessanter Anblick. Keiner da, nur wir, die Miliz, patrouillieren. Du kommst in ein Haus: Fotos hängen an der Wand, aber kein Mensch ist zu sehen. Überall liegen Papiere: Komsomolmitgliedsbücher, Zeugnisse, Belobigungsurkunden … Aus einem Haus holten wir uns einen Fernseher, leihweise, aber daß jemand irgend etwas für sich mitgenommen hat, habe ich nicht bemerkt. Erstens hatte man das Gefühl, daß die Leute jeden Moment zurückkommen … Zweitens, dieses … was mit Tod zu tun hatte …

Die Jungs fuhren zum Block, direkt an den Reaktor heran, um zu fotografieren … Man wollte doch zu Hause etwas vorzeigen. Angst war da, aber gleichzeitig auch unbezähmbare Neugierde: Was ist das alles? Ich hatte es abgelehnt mitzufahren, ich habe eine junge Frau, wollte nichts riskieren, doch die Jungs haben jeder 200 Gramm Wodka getrunken und sind hingefahren …

Ein verlassenes Haus. Abgeschlossen. Ein Kätzchen am Fenster. Zuerst dachte ich, daß sie aus Ton ist, gehe heran: eine lebende Katze. Sie hatte alle Blumen in den Töpfen abgefressen. Geranien. Wie war sie ins Haus gelangt? Hatte man sie vergessen?

An der Tür hing ein Zettel: »Lieber guter Mensch, such bei uns keine Wertgegenstände. Wir haben keine. Du kannst alles benutzen, aber bitte nicht plündern! Wir kommen zurück.« An anderen Häusern sah ich Aufschriften unterschiedlicher Art: »Verzeih uns, Haus!« Man verabschiedete sich vom Haus wie von einem Menschen. Sie schrieben: »Wir fahren heute morgen.« Oder: »Wir fahren heute abend«, dazu das Datum, sogar mit Stunde und Minuten. Mitteilungen auf Schulheftseiten ... »Nicht die Katze prügeln, sonst fressen die Ratten alles auf.« In Kinderschrift: »Töte nicht unsere Schulka. Sie ist eine Gute ...«

Wir wurden einberufen. Der Dienst bestand darin, keine Bewohner in die ausgesiedelten Dörfer hineinzulassen. Wir standen auf Sicherungsposten an den Straßen, bauten Erdhütten, Beobachtungstürme. Man nannte uns seltsamerweise »Partisanen«. Friedenszeiten ... Wir aber stehen auf Posten ... Sind kriegsmäßig gekleidet ... Die Bauern verstanden nicht, warum sie zum Beispiel keine Eimer, Krüge, Sägen oder Äxte von ihren Höfen mitnehmen durften. Warum sie ihre Beete nicht jäten durften. Wie sollte man ihnen das erklären? Die Wirklichkeit: Auf einer Seite der Straße stehen Soldaten, lassen niemanden herein, auf der anderen werden Kühe gehütet, dröhnen Erntemaschinen und wird Korn eingefahren. Frauen versammeln sich und jammern: »Laßt uns rein, Jungs ... Es ist doch unsere Erde ... Es sind unsere Häuser ...« Sie bringen Eier, Speck, selbstgebrannten Schnaps ...

Ich bin ein Armeemensch: Man befiehlt mir – ich habe zu gehorchen ... Aber so ein Hauch von Heldenhaftigkeit war auch dabei. Das wurde uns suggeriert. Politfunktionäre traten auf. Radio, Fernsehen. Unterschiedliche Leute reagierten auf unterschiedliche Weise: Einige wollten interviewt werden, in die Zeitung kommen, andere betrachteten das Ganze als Arbeit, wieder andere ... Ich habe sie erlebt, sie waren überzeugt, daß sie eine Heldentat vollbringen. Wir wurden gut bezahlt, aber es war eigentlich keine Frage des Geldes. Ich verdiente sonst 400 Rubel, dort bekam ich 1 000. Später hielt man uns vor: »Hier habt ihr Geld gescheffelt, und zu Hause habt ihr obendrein Autos, Möbelgarnituren ohne Wartezeit gefordert.« Das kränkte natürlich, weil ja auch die Idee von Heldentum da war …

Bevor wir losfuhren, kam Angst auf. Nur kurz. Dort verlor sie sich. Wenn ich diese Angst hätte sehen können … Befehl. Arbeit. Aufgabe. Ich hätte gern den Reaktor von oben, vom Hubschrauber aus betrachtet: Was ist wirklich passiert, wie sieht es da aus? Aber das war verboten. In mein medizinisches Blatt wurden 21 Röntgen eingetragen, ich bin nicht sicher, ob das der Wahrheit entsprach. Das Prinzip war ganz einfach: Man flog in die Kreisstadt Tschernobyl (es ist übrigens eine Kleinstadt und nichts Grandioses, wie ich mir vorgestellt hatte), dort saß ein Strahlenmeßtechniker, zehn bis fünfzehn Kilometer vom Kraftwerk entfernt, und maß die radioaktive Strahlung. Die Meßergebnisse wurden dann mit der Zahl der Stunden multipliziert, die wir am Tag flogen. Ich bin von dort aufgestiegen und mit dem Hubschrauber zum Reaktor geflogen: hin und zurück, heute waren es 80 Röntgen, am nächsten Tag 120 … Nachts kreiste ich zwei Stunden über dem Reaktor … Wir machten Aufnahmen mit Hilfe von Infrarotstrahlen, die verstreuten Graphitbrocken waren auf dem Film schwarz abgebildet … Am Tage konnte man sie nicht sehen …

Wir sprachen mit Wissenschaftlern. Einer sagte: »Ich kann euren Hubschrauber mit der Zunge ablecken, und mir passiert nichts.« Ein anderer: »Jungs, was, ihr fliegt ohne Schutzanzüge? Seid ihr lebensmüde? Vermummt euch! Panzert euch!« Wir legten die Sitze mit Bleiplatten aus, schnitten uns Brustpanzer aus Blei zurecht, aber es stellte sich heraus, daß sie nur vor bestimmten Strahlen schützen, vor anderen wiederum nicht. Wir flogen von morgens bis in die Nacht. Wir haben nichts Phantastisches vollbracht. Arbeit … Schwerstarbeit … Nachts saßen wir vor dem Fernseher, damals lief gerade die Fußballweltmeisterschaft. Gespräche … Natürlich über Fußball …

Nachzudenken begannen wir, ich will es nicht leugnen, wohl erst drei Jahre später ... Als einer krank wurde, ein zweiter ... Einer starb ... Wurde wahnsinnig ... Beging Selbstmord ... Da fingen wir an nachzudenken ... Aber verstehen werden wir wohl erst in 20, 30 Jahren. Bei mir sind Afghanistan (ich war zwei Jahre dort) und Tschernobyl (da war ich drei Monate) die prägendsten Momente meines Lebens ...

Meinen Eltern habe ich nicht gesagt, daß ich in Tschernobyl war. Mein Bruder kaufte zufällig die *Iswestija*, fand dort ein Foto von mir und zeigte es meiner Mutter. »Hier, sieh mal, was für ein Held!« Meine Mutter weinte ...

Als wir fuhren, wissen Sie, was ich da gesehen habe? Am Straßenrand ... In der Sonne ... So ein feines Glitzern ... Etwas Kristallenes blinkte ... Winzige Teilchen ... Wir fuhren in Richtung Kalinkowitschi, durch Mosyr. Es schillerte ... Wir sprachen darüber. In den Dörfern, in denen wir arbeiteten, entdeckten wir auf den Blättern sofort kleine Löcher, Brandstellen ähnlich, besonders an Kirschbäumen. Wir pflückten Gurken, Tomaten und fanden ebensolche Löcher auf den Blättern. Wir fluchten und aßen das Gemüse.

Ich bin dort gewesen ... Obwohl ich nicht hätte fahren müssen. Ich habe mich freiwillig gemeldet. In den ersten Tagen habe ich dort keine gleichgültigen Gesichter gesehen, die Leere in den Blicken kam erst später, als wir uns an alles gewöhnt hatten. Einen Orden an Land ziehen? Vergünstigungen? Unsinn! Ich persönlich brauchte nichts. Wohnung, Auto ... Was noch? Ah, das Wochenendhäuschen ... Ich hatte alles. Männliche Abenteuerlust spielte eine Rolle ... Echte Männer nehmen sich einer echten Sache an. Und die anderen? Sollen sie am Rockzipfel der Weiber hängen! ... Bei dem einen sollte die Frau entbinden, ein anderer hatte ein kleines Kind ... Ein dritter Sodbrennen ... Wir fluchten und fuhren.

Wieder zu Hause, habe ich alle Sachen, die ich dort getragen hatte, in den Müllcontainer geworfen. Nur das Käppi habe ich meinem kleinen Sohn geschenkt. Er wollte es so gerne haben. Er hat es ständig getragen. Zwei Jahre später wurde bei ihm ein Hirntumor festgestellt ... Alles andere können Sie selbst hinzufügen ... Ich will nicht weiterreden ...

Ich war gerade aus Afghanistan zurückgekommen. Ich wollte leben. Wollte heiraten. Sofort. Und da kommt der Gestellungsbefehl mit dem roten Streifen »Spezialübungen« – binnen einer Stunde hätte ich mich unter der angegebenen Adresse einzufinden. Meine Mutter brach gleich in Tränen aus. Sie glaubte, ich müßte wieder in den Krieg.

Wohin geht es? Und warum? Völlige Ungewißheit. In Sluzk wurden wir neu eingekleidet, und dann eröffnete man uns, daß wir in die Kreisstadt Choiniki fahren. Wir kamen dort an, die Einheimischen wußten noch gar nichts. Wir fuhren weiter, kamen in ein Dorf, dort wurde eine Hochzeit gefeiert: Das junge Paar küßt sich, Musik, Selbstgebrannter ... Wie es eben auf einer Hochzeit zugeht. Wir hatten Befehl, die oberste Bodenschicht abzutragen ...

Am 9. Mai, dem Tag des Sieges, kam ein General. Man ließ uns antreten, gratulierte uns zum Feiertag. Einer aus unserer Mitte nahm seinen Mut zusammen und fragte: »Warum wird uns die Höhe der radioaktiven Strahlung verheimlicht? Was für Dosen bekommen wir ab?« Nur einer zeigte Courage! Als der General weg war, ließ der Kommandeur der Einheit den Mann zu sich kommen und schnauzte ihn an: »Du willst hier provozieren! Du Panikmacher!« Ein paar Tage später wurden irgendwelche Gasmasken ausgegeben, aber keiner benutzte sie. Strahlenmeßgeräte zeigte man uns zweimal, aber keiner bekam sie in die Hand. Alle drei Monate durften wir für ein paar Tage nach Hause. Jeder bekam den Auftrag, Wodka zu kaufen. Ich schleppte zwei Rucksäcke voll Flaschen an. Die Jungs warfen mich vor Freude in die Luft.

Bevor wir nach Hause durften, rief uns ein KGB-Mann zusammen und gab uns den dringenden Rat, nirgends und niemandem davon zu erzählen, was wir gesehen hätten. Ich war aus Afghanistan zurückgekehrt, ich wußte – ich werde leben! Aber in Tschernobyl war es andersherum: Ich werde gerade dann abkratzen, wenn ich nach Hause zurückgekehrt bin …

Was habe ich behalten? Was hat sich mir ins Gedächtnis gegraben?

Den ganzen Tag kurve ich mit dem Auto durch die Dörfer … Mit Strahlenmeßtechnikern … Und keine Frau bietet mir einen Apfel an …

Zehn Jahre sind vergangen … Alles scheint schon gar nicht mehr wahr zu sein. Wenn ich nicht krank geworden wäre, hätte ich alles vergessen …

Man muß der Heimat dienen! Der Heimat zu dienen ist eine heilige Sache. Ich bekam Leibwäsche, Fußlappen, Stiefel, Schulterstücke, ein Käppi, Hosen, Uniformbluse, Koppel, Kleidersack. Auf geht's! Ich bekam einen Lastwagen. Ich habe Beton gefahren. Ach, ich riskier's eben! … Es wird schon gut gehen … Junge Leute. Unverheiratet. Atemschutzmasken hatten wir nie mit … Doch, einer, kann ich mich erinnern … Ein älterer Kraftfahrer … Der trug immer eine Maske … Wir nicht. Die Posten von der Verkehrsinspektion auch nicht. Wir saßen im Fahrerhaus am Steuer, während sie acht Stunden lang im radioaktiven Staub standen. Alle wurden gut bezahlt: drei Gehälter plus Spesen. Es wurde viel Alkohol konsumiert … Wodka sollte helfen, das wußten wir … Gegen Streß. Nicht umsonst wurden im Krieg die bekannten 100 Gramm vom Staat ausgegeben. Ein normales Bild: Betrunkener Milizionär bestraft betrunkenen Kraftfahrer …

Schreiben Sie nicht über die Wunder sowjetischen Heldentums. Es hat sie gegeben … Die Wunder! Aber zuerst – Schlamperei, Schluderei – und dann die Wunder! Die Schießluke schließen … Mit offener Brust dem Maschinengewehr entgegen … Aber daß es prinzipiell solch einen Befehl nicht geben durfte, darüber schreibt niemand. Man hat uns dorthin geschleudert, wie Sand auf den Reaktor ... Täglich wurde ein neues »Kampfblatt« ausgehängt: »... arbeiten tapfer und selbstlos«, »Wir werden durchhalten und siegen ...«

Ich habe für meine Heldentat eine Urkunde und 1 000 Rubel bekommen ...

Anfangs Befremden ... Das Gefühl, daß alles ein Spiel ist ... Aber es war echter Krieg. Ein Atomkrieg, den wir nicht kannten. Was ist schlimm und was nicht, was muß man fürchten und was nicht. Keiner wußte es ... Echte Evakuierung ... Auf den Bahnhöfen ... Was hat sich auf den Bahnhöfen abgespielt? Wir hoben Kinder durch die Wagenfenster hinein. Wir sorgten für Ordnung in den Menschenschlangen. Schlangen an den Fahrkartenschaltern, vor den Apotheken, nach Jod. In den Schlangen schimpften die Leute und prügelten sich. Sie schlugen Türen von Wein- und Spirituosenläden ein, Eisengitter vor den Fenstern wurden herausgebrochen. Umsiedler ... Sie wohnten in Klubs, Schulen, Kindergärten. Halbverhungert. Bald hatte keiner mehr Geld. Die Geschäfte waren leer gekauft ...

Ich werde die Frauen nicht vergessen, die unsere Wäsche wuschen. Es gab keine Waschmaschinen, daran wurde nicht gedacht, die wurden nicht angeschafft. Sie haben mit der Hand gewaschen – alles ältere Frauen. Ihre Hände waren grindig und voller Blasen ... Die Wäsche war nicht einfach schmutzig, sie speicherte Dutzende von Röntgen ... »Jungs, so eßt doch ...« – »Jungs, schlaft ein bißchen ...« – »Ach, ihr seid doch noch so jung ... Paßt auf euch auf ...« Sie bedauerten uns und weinten ...

Ob sie heute noch leben?

Jedes Jahr am 26. April treffen wir uns. Alle, die dort gewesen sind. Dann erinnern wir uns an die Zeit. Du warst Soldat im Krieg, du wurdest gebraucht. Das Schlimme vergaß sich mit der Zeit, aber das blieb – daß man auf dich angewiesen war ... Unser System, ein im wesentlichen militärisches System, funktioniert in Ausnahmesituationen hervorragend. Dort bist du endlich frei und wirst gebraucht. Die Freiheit! Und der Russe zeigt in solchen Augenblicken seine Größe! Seine Einzigartigkeit! Holländer oder Deutsche werden wir nie sein. Und wir werden auch keinen haltbaren Asphalt und keinen gepflegten Rasen haben. Aber Helden werden sich immer finden! ...

Man hat es mir gesagt – und ich bin gegangen! Es mußte sein! Ich war Mitglied der Partei. Vorwärts, Kommunisten! So war die Lage. Ich arbeitete bei der Miliz. War Obersergeant. Man versprach mir ein neues Sternchen. Das war im Juni 1986 ... Vorstellung bei der Ärztekommission war Pflicht, aber ich wurde ohne Untersuchung losgeschickt. Einer hatte gekniffen, hatte ein Attest gebracht, daß er ein Magengeschwür habe, und ich nahm seinen Platz ein. Ganz schnell.

Wir fuhren als Militärangehörige, man stellte uns aber fürs erste als Maurerbrigade zusammen. Wir bauten eine Apotheke. Ich hatte gleich zu Anfang Schwächeanfälle, war immer schläfrig. Ich ging zum Arzt. »Alles in Ordnung. Die Hitze ...« Die Kantine bekam aus der Kolchose Fleisch, Milch, saure Sahne geliefert, wir aßen alles. Der Arzt hat nichts davon angerührt. Das Essen wurde zubereitet, und er hielt im Kontrollbuch fest, daß alles normgerecht sei, hat aber selbst nie Proben genommen. Das haben wir bemerkt. So war die Lage. Wir waren Draufgänger. Die Erdbeeren wurden reif. Die Bienenstöcke waren voller Honig ...

Schon kamen die ersten Diebe. Wir vernagelten Fenster und Türen. Läden wurden geplündert, Gitter vor den Fenstern rausgebrochen, Mehl, Zucker lagen verstreut auf dem Fußboden, Bonbons, Pralinen ... Konservenbüchsen ... Aus dem einen Dorf waren die Leute ausgesiedelt worden, fünf bis zehn Kilometer weiter wohnten sie noch. Sachen aus dem verlassenen Dorf wanderten hinüber zu ihnen. Wir bewachten das Dorf. Eines Tages kommt der ehemalige Kolchosenvorsitzende mit Einheimischen. Die wohnten alle woanders, hatten Häuser bekommen, aber sie kehrten zurück, um das Getreide einzubringen, neu zu säen. Sie fuhren Heu in Ballen raus. In den Ballen fanden wir dann Nähmaschinen und Motorräder. Schwunghafter Tauschhandel: Sie geben dir eine Flasche Selbstgebrannten für die Erlaubnis, einen Fernseher rauszuschaffen. Traktoren, Sämaschinen wurden verkauft und getauscht. Eine Flasche ... Zehn Flaschen ... Geld interessierte keinen ... (Lacht.) Wie im Kommunismus ... Für alles gab es Tarife: ein Kanister Benzin – ein halber Liter Schnaps, ein Persianermantel – zwei Liter, ein Motorrad – je nachdem, was man aushandelt ... Ich konnte nach einem halben Jahr gehen, laut Stellenplan. Dann wurde Ersatz geschickt. Wir mußten etwas länger bleiben, weil welche aus dem Baltikum sich geweigert hatten. So war die Lage. Aber ich weiß, daß geklaut und rausgeschafft wurde, was nicht niet- und nagelfest war. Die Zone wurde bis hierher ausgedehnt ... Sie brauchen nur auf Märkten, in Kommissionsgeschäften, auf Datschen zu suchen ... Hinter dem Drahtzaun blieb nur der Boden zurück ... Und die Gräber ...

Wir trafen am Bestimmungsort ein. Wurden eingekleidet. »Die Havarie ist längst vorbei«, beruhigte uns der Hauptmann. »Vor drei Monaten passiert. Ist nicht mehr schlimm.« Der Sergeant: »Alles in Ordnung, wascht euch nur die Hände vor dem Essen.«

Ich war als Strahlenmeßtechniker eingesetzt. Wenn es dunkel wurde, kamen junge Kerle mit Autos zu unserem Meßwagen. Mit Geld, Zigaretten, Wodka ... Wir sollten sie nur in dem beschlagnahmten Zeug kramen lassen. Sie packten die Taschen voll. Wohin sie die Sachen brachten? Sicher nach Kiew ... Nach Minsk ... Auf die Trödelmärkte ... Was blieb, haben wir vergraben. Kleider, Stiefel, Stühle, Akkordeons, Nähmaschinen ... Wir schütteten das Zeug in Gruben, die »Massengräber« genannt wurden.

Ich kam nach Hause zurück. Ging tanzen. Ein Mädchen gefiel mir.

»Ich möchte dich näher kennenlernen.«

»Wozu? Du warst in Tschernobyl. Von dir hätte ich Angst, ein Kind zu bekommen!«

Ich habe meine eigenen Erinnerungen ... Meine offizielle Dienststellung dort war Führer des Bewachungszuges ... Das ist so was wie der Direktor der Apokalypsenzone. (Lacht.) Können Sie ruhig schreiben.

Wir halten einen Laster aus Pripjat an. Die Stadt ist schon evakuiert, alle Leute sind weg. »Die Papiere bitte.« Der Fahrer hat keine. Die heben die Plane an: 20 Teeservice, ich erinnere mich genau, eine Schrankwand, Polstermöbel, ein Fernseher, Teppiche, Fahrräder ...

Ich nehme es zu Protokoll.

Man bringt uns Fleisch, das in den »Mogilnik«* soll. Bei den Rindern fehlen die Keulen, die Lendenstücke.

Ich nehme es zu Protokoll.

In den leeren Dörfern liefen verwilderte Schweine umher. An den Kolchosenbüros und Dorfklubs hingen Plakate: »Korn für die Heimat!« – »Ruhm dem sowjetischen Werktätigen der Landwirtschaft!« – »Die Heldentaten des Volkes sind unsterblich.«

Ein verlassener Soldatenfriedhof. Ein geborstener Stein mit Inschrift: Hauptmann Borodin, Oberleutnant ... Soldaten ... Disteln, Brennesseln, Huflattich.

Ein bestelltes kleines Feld. Hinter dem Pflug geht der Besitzer. Als er uns sieht, ruft er: »Nicht schimpfen, Jungs. Wir haben schon unterschrieben. Im Frühjahr gehen wir.«

»Und warum pflügen Sie dann noch?«

»Das sind doch die Herbstarbeiten ...«

Ich verstehe, aber ich muß es zu Protokoll nehmen ...

* Besondere Lagerstätten für durch radioaktive Strahlung verseuchte Objekte, wie z. B. Häuser, Autos, Hausrat, Tierkadaver, in Form von Hügeln oder Gruben

Meine Frau hat das Kind genommen und ist gegangen. Diese Schlampe! Aber ich hänge mich deswegen nicht auf wie Wanka Kotow ... Und ich stürze mich auch nicht aus dem siebten Stock! Schlampe! Aber als ich mit einem Koffer voll Geld von dort zurückkam ... Wir haben uns ein Auto gekauft. Diese ... Mit einer Schlampe habe ich gelebt! Da hat sie keine Angst gehabt. (Singt unerwartet.)

»Nicht mal 1 000 Röntgen, schrumm, hauen Russenschwänze um ...«

Hübsches Liedchen! Von da. Wollen Sie einen Witz hören? (Er erzählt sofort.) Ein Mann kommt nach Hause zurück. Vom Reaktor. Die Frau fragt den Arzt: »Was soll ich mit meinem Mann machen?« – »Waschen, umarmen, inaktivieren.« Schlampe! Sie hat Angst vor mir ... Sie hat das Kind genommen ... (Plötzlich ernst.) Die Soldaten haben gearbeitet ... Am Reaktor ... Ich habe sie immer zur Schicht gefahren und wieder abgeholt. Um den Hals hatte ich, wie alle, ein Meßgerät, das die Daten speicherte. Nach der Schicht habe ich alle eingesammelt und in die 1. Abteilung gebracht ... Geheim ... Da wurden die Daten rausgezogen, in unsere Kartei wurde etwas eingetragen, aber wieviel Röntgen jeder abgekriegt hat, war Militärgeheimnis. Diese Hunde! Einige Zeit später sagen sie zu dir: »Stop! Mehr nicht!« Das war die ganze medizinische Information ... Nicht mal bei der Entlassung wurde uns gesagt, wieviel. Diese Hunde! Und jetzt kämpfen sie um die Macht ... Um Posten ... Es finden doch Wahlen statt.

Wie sollen wir medizinisch behandelt werden? Wir haben doch keinerlei Papiere mitbekommen. Die werden immer noch einbehalten oder sind aufgrund besonderer Geheimhaltung vernichtet worden. Wie sollen wir unseren Ärzten helfen? Wenn ich jetzt irgendeine Bescheinigung hätte, wieviel ich dort abgekriegt habe! Ich würde es meiner Schlampe zeigen ... Ich werd's ihr noch beweisen, daß wir unter allen Umständen überleben und heiraten und Kinder in die Welt setzen können.

Ach, ihr könnt mich alle mal ...

Wir mußten unterschreiben, daß wir Stillschweigen bewahren werden … Ich habe geschwiegen … Gleich nach der Armee wurde ich Invalide zweiter Klasse. Mit 22 Jahren. Ich habe mein Fett abbekommen … Wir haben eimerweise Graphit geschleppt … 10 000 Röntgen … Wir haben mit gewöhnlichen Schaufeln gearbeitet, wir haben in einer Schicht bis zu 30mal den Mundschutz aus Mull gewechselt, im Volksmund hieß der »Maulkorb«. Wir haben den Sarkophag aufgeschüttet. Ein gigantisches Grab, in dem ein Mensch begraben liegt: der Chef-Anlagenfahrer Waleri Chodemtschuk; er ist gleich in den ersten Minuten der Explosion verschüttet worden. Eine Pyramide des 20. Jahrhunderts …

Wir hatten noch drei Monate zu dienen. Wenn wir in die Einheit zurückkehrten, zogen wir uns nicht mal um, sondern liefen in denselben Uniformblusen und Stiefeln herum, die wir am Reaktor trugen. Bis zur Entlassung …

Wenn ich etwas hätte sagen können, wem hätte ich es sagen sollen? Ich arbeitete in einer Fabrik. Der Abteilungsleiter warnte mich: »Wenn du immerzu krank bist, müssen wir dich entlassen.« Sie entließen mich. Ich ging zum Direktor. »Ihr habt nicht das Recht dazu! Ich war in Tschernobyl. Ich habe euch gerettet. Euch geschützt!« – »Wir haben dich nicht hingeschickt.«

Nachts wache ich von der Stimme meiner Mutter auf. »Warum sagst du nichts, mein Junge. Du schläfst doch nicht, du liegst mit offenen Augen … Und das Licht brennt …« Ich schweige. Keiner spricht mich so an, daß ich mich öffnen kann. In meiner Sprache antworten … Keiner begreift, woher ich komme … Und ich kann nichts erzählen …

Ich habe keine Angst mehr vor dem Tod. Dem konkreten Tod … Aber ich weiß nicht, wie ich sterben werde … Ein Freund ist gestorben … Er wurde immer dicker, schwoll an. Wie ein Faß … Und ein Nachbar … Der war auch dort gewesen. Als Kranfahrer. Er wurde ganz schwarz, wie Kohle, und ist bis auf Kindesgröße zusammengeschrumpft. Ich weiß nicht, wie ich sterben werde … Nur eins weiß ich genau: Mit meiner Diagnose lebe ich nicht lange. Wenn ich nur spüren würde, wann es soweit ist … Eine Kugel in den Kopf … Ich war auch in Afghanistan … Da ist es leichter … Mit der Kugel …

Ich habe einen Zeitungsausschnitt aufbewahrt … Über den Anlagenfahrer Leonid Toptunow. Er hatte in der Nacht im Kraftwerk Dienst gehabt und wenige Minuten vor der Explosion auf den roten Havarieschutzknopf gedrückt. Der hat aber gar nicht funktioniert … Man behandelte den Mann in Moskau. »Um etwas tun zu können, braucht man einen Körper«, sagten die Ärzte. Aber nur ein einziger sauberer, nicht verstrahlter Fleck auf dem Rücken war geblieben. Toptunow wurde, wie die anderen, auf dem Friedhof in Mitino begraben. Der Sarg wurde innen mit Plastikfolie ausgelegt. Über dem Sarg anderthalb Meter Betonplatten, mit Bleiverkleidung. Der Vater kam … Stand am Grab und weinte … Leute gingen vorbei: »Dein Hundesohn hat das Kraftwerk in die Luft gesprengt!«

Wir sind einsam. Fremde. Wir werden sogar gesondert beigesetzt, nicht so wie alle anderen. Wie Außerirdische … Von irgendwoher aus dem Kosmos … Wäre ich bloß in Afghanistan gefallen! Ehrlich, manchmal kommen mir solche Gedanken. Dort war der Tod eine ganz normale Sache … Etwas Verständliches …

Von oben … Vom Hubschrauber … Als ich ganz niedrig am Reaktor vorbeiflog, habe ich sie beobachtet … Rehe, Wildschweine … Mager, träge … Sie bewegten sich wie im Zeitlupentempo. Sie fraßen Gras, das dort wuchs, und hatten ja keine Ahnung … Sie wußten ja nicht, daß sie hätten weggehen müssen … Zusammen mit den Menschen …

Fahren oder nicht fahren? Fliegen oder nicht fliegen? Ich bin Kommunist, wie konnte ich nein sagen? Zwei Piloten haben sich geweigert, sie hätten junge Frauen, noch keine Kinder, man belachte sie, bestrafte sie. Die Karriere war im Eimer! Die männliche Ehre spielt ja auch noch eine Rolle! Das Ehrengericht! Es war auch Trotz dabei, verstehen Sie – er konnte nicht, aber ich gehe! Heute denke ich anders darüber … Nach neun Operationen und zwei Infarkten ... Ich verurteile sie nicht, ich verstehe sie. Junge Kerle. Aber ich wäre trotzdem geflogen ... Das steht fest. Er konnte nicht, aber ich gehe! Ich bin ein Mann!

Aus der Höhe hat mich die viele Technik überrascht: schwere Hubschrauber, mittlere Hubschrauber ... MI-24, das ist ein Kampfhubschrauber ... Was konnte man damit in Tschernobyl ausrichten? Oder mit einem Jagdbomber MI-2? Die Piloten ... Junge Kerle ... Alle aus Afghanistan ... Das hätte gereicht, sie hatten genug gekämpft. Dementsprechend war die Stimmung. Sie standen im Wald dicht beim Reaktor, bekamen ihre Dosen ab. Befehl! Man hätte nicht so viele Menschen dorthin schicken und der Strahlung aussetzen dürfen ... Wozu das? Spezialisten wären nötig gewesen, kein Menschenmaterial. Ein zerstörtes Gebäude, Berge von Gerümpel ... Und eine gigantische Zahl von kleinen Menschenfiguren. Da stand ein Kran aus der BRD, aber tot, er war hingeschafft worden und stand nun still. Die Roboter starben ... Unsere Roboter, von Akademiemitglied Lukatschow geschaffen für Forschungsarbeiten auf dem Mars ... Japanische Roboter. Durch die hohe Strahlung sind wohl die ganzen Innereien verschmort. Und die Soldaten liefen in Gummianzügen, in Gummihandschuhen umher ...

Vor der Abreise wurden wir darauf hingewiesen, daß es im staatlichen Interesse läge, sich nicht über das auszulassen, was wir gesehen haben. Aber außer uns weiß keiner, was dort passiert ist. Wir haben nicht alles begriffen, aber wir haben alles gesehen ...

II. Kapitel

Die Krone der Schöpfung

Monolog über alte Prophezeiungen

Meine Kleine ... Sie ist anders ... Wenn sie größer wird, wird sie mich fragen: »Warum bin ich nicht so wie alle anderen?«

Als sie zur Welt kam ... Das war kein Baby, sondern ein lebendes Bündelchen, von allen Seiten zugenäht, kein Spalt zu sehen, nur die Äuglein waren geöffnet. Auf dem Krankenblatt steht: Mädchen, geboren mit einer vielfältigen komplexen Pathologie: Aplasie des Anus, Aplasie der Vagina, Aplasie der linken Niere ... So klingt das in wissenschaftlicher Sprache, in normaler Sprache heißt das: keine Scheide, kein Popo, nur eine Niere ... Ich brachte sie am zweiten Tag zur Operation, an ihrem zweiten Lebenstag ... Sie schlug die Äuglein auf, schien zu lächeln, ich dachte zuerst, sie wolle weinen ... O Gott, sie lächelte! Solche wie sie leben nicht, die sterben sofort. Sie starb nicht, weil ich sie liebe. In vier Jahren vier Operationen! Sie ist das einzige Kind in Weißrußland, das mit einer so komplexen Pathologie überlebt hat. Ich liebe mein Kind sehr. (Hält inne.) Ich kann keine Kinder mehr bekommen. Ich wage es nicht. Ich wurde aus der Entbindungsklinik nach Hause entlassen. Mein Mann küßte mich in der Nacht, und ich zitterte am ganzen Leibe ... Wir dürfen nicht ... Sünde ... Angst ... Ich hatte gehört, wie die Ärzte unter sich sagten: »Das Mädchen ist nicht im Hemd, sondern in einem Panzer geboren. Würde man sie im Fernsehen zeigen, würde keine Frau mehr entbinden wollen.« Und das über unser Mädchen! ... Wie sollten wir einander danach noch lieben können?

Ich ging in die Kirche und erzählte alles dem Priester. Er sagte, daß ich für meine Sünden Abbitte leisten müsse. Aber in unserer Sippe hat niemand jemanden getötet ... Woran sollte ich schuld sein? Zuerst wollten sie unseren Ort evakuieren, dann wurden wir aus der Liste gestrichen: Der Staat hatte nicht genug Geld dafür. Ich habe mich in dieser Zeit verliebt. Habe geheiratet. Ich wußte nicht, daß wir uns hier nicht lieben dürfen ... Vor vielen Jahren hatte meine Großmutter in der Bibel gelesen, daß auf Erden eine Zeit anbrechen wird, da alles im Überfluß vorhanden sein, alles blühen und gedeihen wird, die Flüsse voller Fische und die Wälder voller Wild sein werden, daß der Mensch das aber alles nicht nutzen kann. Er wird auch keine Nachkommen zeugen und sich nicht die Unsterblichkeit sichern können. Ich habe die alten Prophezeiungen wie ein böses Märchen gehört, ich habe nicht daran geglaubt. Erzählen Sie allen von meinem Mädchen. Schreiben Sie darüber. Mit vier Jahren singt sie, tanzt sie, sagt Gedichte auswendig auf. Sie ist geistig normal entwickelt, sie unterscheidet sich durch nichts von anderen Kindern, sie spielt nur andere Spiele. Sie spielt nicht »einkaufen« oder »Schule«, sie spielt mit ihren Puppen »Krankenhaus«. Sie gibt ihnen Spritzen, steckt ihnen ein Thermometer unter die Achsel, ordnet einen Tropf an, und wenn die Puppe stirbt, deckt sie sie mit einem weißen Tuch zu. Seit vier Jahren lebe ich mit ihr im Krankenhaus, ich darf sie dort nicht allein lassen, und sie weiß gar nicht, daß man eigentlich zu Hause wohnen muß. Wenn ich sie für einen oder zwei Monate mit nach Hause nehme, fragt sie immer: »Gehen wir bald wieder ins Krankenhaus?« Dort hat sie Freunde, die leben dort auch, wachsen heran. Man hat ihr einen Popo geformt ... Eine Scheide ... Nach der letzten Operation konnte sie kein Wasser mehr lassen, ein Katheter konnte nicht angelegt werden – mehrere Operationen sind noch notwendig. Man empfiehlt uns, sie im Ausland operieren zu lassen. Aber woher sollen wir Tausende von Dollar nehmen, wenn mein Mann nur 120 Dollar im Monat verdient? Ein Professor riet mir insgeheim: »Mit so einer Pathologie ist Ihr Kind für die Wissenschaft von großem Interesse. Schreiben Sie Kliniken im Ausland an. Es müßte sie interessieren.« Und ich schreibe ... (Sie hält mit Mühe die Tränen zurück.) Ich schreibe, daß alle halbe Stunde der Harn mit Händen ausgedrückt werden muß, daß er durch winzige Öffnungen im Bereich der Scheide dringt. Wenn man das nicht tut, versagt die einzige Niere. Wo in der Welt gibt es noch ein Kind, dem man alle halbe Stunde den Harn mit Händen ausdrücken muß? Und wie lange kann man so etwas durchhalten? Niemand kennt die Wirkung von kleinen Strahlendosen auf den Menschen, auf einen kindlichen Organismus. Nehmt meine Kleine, und sei es für Versuche ... Ich will nicht, daß sie stirbt ... Ich bin damit einverstanden, daß mein Kind zum Versuchskaninchen wird, wenn es nur am Leben bleibt! (Weint.) Ich habe schon Dutzende von Briefen geschrieben ... O Gott!

Noch versteht sie nichts, aber einmal wird sie uns fragen: Warum bin ich nicht so wie alle anderen? Warum kann mich kein Mann lieben? Warum darf ich kein Kind zur Welt bringen? Warum wird mit mir nie sein, was mit Schmetterlingen, mit Vögeln geschieht ... Mit allen, nur nicht mit ihr ... Ich wollte ... Ich mußte beweisen ... Um ... Ich wollte etwas Schriftliches haben ... Damit sie, wenn sie groß ist, erfährt, daß nicht mein Mann und ich schuld sind ... Nicht unsere Liebe ... (Bemüht sich wieder, die Tränen zurückzuhalten.) Vier Jahre lang habe ich gekämpft ... Mit Ärzten, mit der Bürokratie ... Ich bin bis in die höchsten Gremien gegangen ... Erst jetzt, nach vier Jahren, hat man mir eine ärztliche Bescheinigung ausgestellt, die den Zusammenhang zwischen ionisierender Strahlung (in kleinen Dosen) und ihrer schrecklichen Pathologie bestätigt. Vier Jahre lang hat man mir das verweigert, hat immer wieder behauptet: »Ihr Mädchen ist Invalide von Kindheit an.« Wieso Invalide von Kindheit an? Sie ist Tschernobyl-Invalide. Ich habe meinen Stammbaum durchforscht: In unserer Familie ist so etwas noch nicht vorgekommen, alle sind 80 oder 90 Jahre alt geworden, mein Großvater sogar 94. Die Ärzte versuchten sich zu rechtfertigen. »Wir haben unsere Anweisungen. Solche Fälle müssen wir vorerst als Allgemeinerkrankung einordnen. In 20, 30 Jahren, wenn es eine Tschernobyl-Datenbank geben wird, werden wir die Krankheiten mit der ionisierenden Strahlung in Verbindung bringen. Vorerst ist der Medizin und der Wissenschaft wenig darüber bekannt.« Aber ich kann nicht 20, 30 Jahre warten. Ich wollte die Ärzte verklagen ... Den Staat ... Man hat mich für verrückt erklärt, hat mich ausgelacht, solche Kinder seien schon bei den alten Griechen geboren worden. Ein Bürokrat hat mich angeschrien: »Sie wollen doch nur Vergünstigungen für Tschernobyl! Tschernobyl-Geld!« Daß ich in seinem Büro nicht ohnmächtig geworden bin! ...

Sie konnten eins nicht begreifen ... Wollten es nicht ... Ich mußte nur wissen, daß nicht mein Mann und ich schuld sind ... Nicht unsere Liebe ... (Sie kann sich nicht mehr beherrschen. Weint.)

Mein Mädchen wächst heran ... Trotz allem ein Mädchen ... Ich möchte nicht, daß Sie meinen Namen nennen ... Unsere Nachbarn ... Sie wissen auch nicht alles. Ich ziehe ihr ein Kleidchen an, flechte ihr ein Zöpfchen ... »Ihre Katenka ist aber ein hübsches Mädchen«, sagen sie. Ich selbst beobachte schwangere Frauen immer ganz genau ... Sehe sie wie aus großer Distanz ... Aus den Augenwinkeln ... Ich belauere sie geradezu ... Mit sehr gemischten Gefühlen: Staunen und Entsetzen, Freude und Neid, ja sogar Rachsucht. Ich habe mich sogar dabei ertappt, daß ich mit den gleichen Gefühlen die tragende Nachbarhündin betrachte ... Die Störchin im Nest ...

Mein Mädchen ...

Larissa S.,
Mutter

Monolog über eine Mondlandschaft

Ich hatte plötzlich Zweifel, was besser ist: vergessen oder im Gedächtnis bewahren? Ich fragte Bekannte, wie es bei ihnen sei. Die einen haben vergessen, andere wollen sich nicht erinnern, weil wir ja doch nichts ändern können, wir können ja nicht mal von hier weggehen …

Was habe ich behalten? … Gleich in den ersten Tagen nach dem Unglück verschwanden alle Bücher über radioaktive Strahlung, über Hiroshima und Nagasaki, sogar über Röntgenologie aus den Bibliotheken. Auf Anweisung von oben, hieß es. Damit keine Panik entsteht. Es kursierte sogar ein Witz: Wäre Tschernobyl bei den Papuas passiert, wäre die ganze Welt aufgeschreckt – mit Ausnahme der Papuas. Es gab keinerlei medizinische Empfehlungen, keinerlei Informationen. Wer konnte, besorgte sich Kaliumjodid-Tabletten (in unseren Apotheken konnte man sie nur durch gute Beziehungen kaufen). Manche sollen eine ganze Handvoll in sich reingestopft und mit einem Glas Schnaps nachgespült haben. Ihnen mußte dann vom Notarzt der Magen ausgepumpt werden.

Später gab es eine Regel, nach der sich alle richteten: Solange es in einer Stadt oder einem Dorf Spatzen und Tauben gibt, kann dort auch der Mensch leben. Ich fuhr mal im Taxi, und der Fahrer war erstaunt darüber, daß Vögel wie blind gegen die Scheiben taumelten und herunterfielen. Völlig unnormal … Fast wie Selbstmord …

Ich weiß noch, einmal kam ich von einer Dienstreise zurück. Eine richtige Mondlandschaft … Bis zum Horizont zogen sich zu beiden Seiten der Straße Felder hin, die mit weißem Dolomit überzogen waren. Die oberste Bodenschicht war abgetragen und vergraben und darüber Dolomit geschüttet worden. Es hatte was Unirdisches … Ich habe dieses Bild lange in mir herumgetragen und versucht, eine Erzählung darüber zu schreiben. Ich stellte mir vor, wie es hier in hundert Jahren aussehen könnte: Ein Mensch oder so etwas Ähnliches trabt auf allen vieren über die Erde, die langen Hinterbeine gestreckt, nachts sieht das Wesen mit einem dritten Auge, und mit dem einzigen Ohr am Kopf hört es sogar die Ameisen rennen. Nur Ameisen sind übriggeblieben, alles andere auf der Erde und am Himmel ist tot …

Ich schickte die Erzählung an eine Zeitschriftenredaktion. Man antwortete mir, das sei kein literarisches Werk, sondern eine Horrorvision. Natürlich habe ich nicht genug Talent zum Schreiben. Aber ich vermute, es gibt noch einen anderen Grund. Warum wird Tschernobyl totgeschwiegen, warum schreiben unsere Schriftsteller so wenig darüber, warum schreiben sie weiterhin über Krieg, über Lager, aber nicht über Tschernobyl? Glauben Sie, daß das ein Zufall ist? Hätten wir in Tschernobyl gesiegt, wäre mehr darüber gesprochen und geschrieben worden. Oder wenn wir es verstanden hätten. Wir wissen nicht, wie wir dieses ganze Grauen deuten sollen. Wir sind dazu nicht fähig. Tschernobyl ist weder mit unserer menschlichen Erfahrung noch mit unserer menschlichen Zeit zu messen …

Also, was ist besser: vergessen oder im Gedächtnis bewahren?

Jewgeni Alexandrowitsch Browkin,
Lehrbeauftragter an der Staatlichen Universität Gomel

Monolog eines Zeugen, der gerade Zahnschmerzen hatte, als er sah, wie Jesus Christus zusammenbrach und schrie

Damals hatte ich ganz andere Dinge im Kopf ... Es mag Ihnen merkwürdig scheinen ... Aber meine Frau hatte mich verlassen ...

Sie kamen überraschend, reichten mir den Gestellungsbefehl und sagten, unten warte schon das Auto. So ein spezielles ... Eine »Krähe«. Wie 1937 ... Die Leute wurden nachts geholt. Aus dem warmen Bett. Später hat diese Methode nicht mehr funktioniert: Die Ehefrauen haben einfach nicht aufgemacht oder gelogen, ihre Männer seien auf Dienstreise, zur Kur oder im Dorf bei den Eltern. Man wollte ihnen die Befehle aushändigen, sie haben sie nicht angenommen. Dann holten sie die Leute von der Arbeit, von der Straße weg, in der Mittagspause aus der Betriebskantine. Wie 1937 ... Und ich war damals wie von Sinnen ... Meine Frau hatte mich betrogen, alles andere war unwichtig. Ich stieg in die »Krähe« ... Zwei in Zivil, aber mit militärischem Auftreten, nahmen mich in die Mitte, sie hatten wohl Angst, ich würde weglaufen. Als ich einstieg, mußte ich komischerweise an die amerikanischen Astronauten denken, die zum Mond geflogen sind. Der eine ist später Prediger geworden, der zweite soll wahnsinnig geworden sein. Ich habe gelesen, daß sie dort oben Städte gesehen haben wollen, menschliche Spuren. Mir fielen Zeitungsmeldungen ein: Unsere Atomkraftwerke sind absolut sicher, man könnte sie auf dem Roten Platz bauen. Sicherer als ein Samowar. Mich aber hatte meine Frau verlassen ... Ich konnte nur noch daran denken ... Ich habe mehrmals versucht, mir das Leben zu nehmen ... Wir sind in einen Kindergarten gegangen, in eine Schule, haben am selben Institut studiert ... (Schweigt. Zündet sich eine Zigarette an.)

Ich habe Sie gewarnt ... Nichts Heldenhaftes, nichts für die Feder eines Schriftstellers. Ich hatte den Gedanken, daß doch jetzt keine Kriegszeit ist, warum soll ich mich einsetzen, während ein anderer mit meiner Frau schläft? Warum ich, warum nicht er? Um ehrlich zu sein, ich habe dort keine Helden gesehen. Verrückte ja, denen war das eigene Leben egal. Und Tollkühne, aber die waren da fehl am Platz. Ich habe auch Urkunden und Dankesschreiben ... Aber nur deshalb, weil ich keine Angst vor dem Sterben hatte. Absolut keine! Es war sogar ein Ausweg. So hätte ich ein Ehrenbegräbnis bekommen ... Und auf staatliche Kosten ...

Dort war man sofort in einer phantastischen Welt, wo das Ende der Welt und das Steinzeitalter aufeinandertrafen.

Aber in mir war alles aufgewühlt ... Bloßgelegt ... Wir wohnten im Wald. In Zelten. 20 Kilometer vom Reaktor entfernt. Wir machten auf »Partisanen«. So werden die genannt, die zu Reservistenlehrgängen geholt werden. Alter: von 25 bis 40 Jahren, viele mit Hoch- und Fachschulbildung, ich bin übrigens Geschichtslehrer. Statt Maschinenpistolen bekamen wir Spaten. Wir gruben Müllhalden und Gärten um. Die Frauen im Dorf schauten zu und bekreuzigten sich. Wir trugen Handschuhe, Atemschutzmasken, Tarnumhänge ... Die Sonne brannte ... Wir erschienen in den Gärten wie Teufel. Die Frauen begriffen nicht, warum wir ihre Beete umgruben, ihren Knoblauch und Kohl herausrissen, wo das doch ganz normaler Knoblauch und ganz normaler Kohl war! Sie bekreuzigten sich und jammerten: »Ihr Soldaten, ist das Ende der Welt da?«

Im Haus brennt Feuer im Ofen, in der Pfanne brutzelt Speck. Du hältst den Geigerzähler ran: kein Ofen, sondern ein kleiner Reaktor. »Setzt euch, Jungs! Kommt zu Tisch!« lädt man uns ein. Wir lehnen ab. »Ein Schluck findet sich noch!« heißt es. »Setzt euch. Erzählt!« Was sollen wir erzählen? Daß direkt am Reaktor die Feuerwehrleute über weichen Brennstoff getrampelt sind, daß er leuchtete und sie nicht wußten, was das ist? Was sollten wir da wissen?

Wir marschieren im Trupp. Ein Strahlenmeßgerät für alle. Und an unterschiedlichen Stellen unterschiedliche Dosen: Einer von uns arbeitet dort, wo zwei Röntgen angezeigt werden, ein anderer mit zehn Röntgen. Einerseits Willkür wie bei Häftlingen, andererseits Angst. Aber ich hatte keine Angst. Ich habe alles wie ein Außenstehender betrachtet …

Eines Tages landete ein Hubschrauber mit einer Gruppe von Wissenschaftlern bei uns: gummierte Schutzkleidung, hohe Stiefel, Schutzbrillen … Als wollten sie zum Mond … Eine alte Frau trat auf einen von ihnen zu. »Was bist du?« – »Ich bin Wissenschaftler.« – »Ach so, Wissenschaftler! Schau an, wie er sich rausgeputzt und maskiert hat! Und wir?« Sie hob den Stock gegen ihn. Mehrmals kam mir der Gedanke, daß man eines Tages Wissenschaftler jagen wird, so wie man im Mittelalter Ärzte gejagt und ertränkt hat.

Ich habe einen Mann gesehen, dessen Haus vor seinen Augen eingeebnet, sozusagen »begraben« wurde … (Hält inne.) Begraben wurden Häuser, Brunnen, Bäume … Erde wurde begraben … Sie wurde abgetragen und in großen Lagen zusammengerollt. Ich habe Sie gewarnt … Da ist nichts Heldenhaftes …

Einmal kommen wir spätabends zurück … Wir arbeiteten immer zwölf Stunden am Tag. Ohne freie Tage. Zum Ausruhen blieb nur die Nacht … Wir fahren also in unserem Schützenpanzerwagen. Jemand geht durch ein leeres Dorf. Wir kommen näher – ein junger Mann mit einem Teppich auf dem Rücken … In der Nähe ein Schiguli … Wir halten an. Der Kofferraum ist voll von Fernsehern und Telefonapparaten. Der Schützenpanzerwagen stößt zurück und drückt den Schiguli platt wie eine Konservenbüchse … Keiner sagte ein Wort …

Wir begruben den Wald. Wir sägten die Bäume bis auf anderthalb Meter ab, wickelten die Stämme in Plastikfolie und wälzten sie in einen »Mogilnik«. Ich konnte nachts nicht schlafen. Wenn ich die Augen zumachte, sah ich, wie sich etwas Schwarzes bewegte, drehte … Wie lebendig … Lebende Erdschichten … Mit Käfern, Spinnen, Würmern drin … Ich kannte ihre Namen nicht, ich wußte nicht, wie sie heißen ... Einfach Käfer und Spinnen. Ameisen. Kleine und große, gelbe und schwarze. So bunte. Bei einem Lyriker habe ich mal gelesen, daß Tiere ein Völkchen für sich sind. Ich habe sie zu Dutzenden, zu Hunderten, zu Tausenden umgebracht, ohne ihre Namen zu kennen. Ich habe ihre Behausungen zerstört. Ihre Geheimnisse. Habe begraben ... begraben ...

Bei Leonid Andrejew, den ich sehr liebe, gibt es das Gleichnis von Lazarus, der hinter die Grenze des Verbotenen geschaut hat. Er ist schon fremd, er wird nie mehr ganz zu den Menschen gehören, obwohl Christus ihn wieder zum Leben erweckt hat ...

Vielleicht reicht das? Für Sie ist das natürlich interessant, für alle, die nicht dort gewesen sind, ist das sehr interessant. Und das war die gleiche menschliche Welt. Man kann nicht ständig in Angst leben, das hält der Mensch nicht aus, nach einer gewissen Zeit lebt er normal weiter. (Er sinnt nach und fährt fort.) Die Männer haben Wodka getrunken. Karten gespielt. Waren hinter Frauen her. Haben Kinder gezeugt. Haben viel über Geld gesprochen. Aber für Geld wurde dort nicht gearbeitet. Kaum einer machte es nur für Geld. Gearbeitet wurde, weil es sein mußte. Man sagte uns: Arbeitet! Fragen wurden nicht gestellt. Wir träumten von Beförderungen. Wir tricksten. Klauten. Hofften auf versprochene Vergünstigungen: auf eine Wohnung außerhalb der Warteschlange, um aus der Baracke rauszukommen, auf einen Kindergartenplatz, ein Auto. Einer von uns war feige, der hatte Angst, das Zelt zu verlassen, und schlief sogar im Gummianzug. So ein Feigling! Er wurde aus der Partei ausgeschlossen. Er rief: »Ich will leben!« Alles bunt durcheinander ... Ich habe Frauen kennengelernt, die freiwillig dort hingegangen sind. Die sich darum gerissen haben. Man wollte sie nicht nehmen und sagte ihnen, daß Kraftfahrer gebraucht werden, Schlosser, Feuerwehrleute – sie kamen trotzdem. Alles bunt durcheinander ... Tausende von Freiwilligen und eine »Krähe«, die nachts die Reservisten bewachte ... Studentenabteilungen, Geldüberweisungen an Hilfsfonds ... Hunderte von Leuten, die uneigennützig Blut und Knochenmark spenden wollten ... Und gleichzeitig konnte man für eine Flasche Wodka alles kaufen: eine Ehrenurkunde, Urlaub ... Ein Kolchosenvorsitzender brachte den Leuten von der Strahlenmeßabteilung eine Kiste mit Wodkaflaschen, damit seine Kolchose ausgesiedelt wurde. Ihm war eine Dreizimmerwohnung in Minsk versprochen worden. Die Strahlenmessungen prüfte keiner. Normales russisches Chaos. So leben wir! ... Etwas wurde abgeschrieben, verkauft ... Einerseits widerlich, andererseits ... Schert euch alle zum Teufel!

Studenten wurden zu uns geschickt. Sie rupften Melde auf den Feldern. Harkten Heu. Ganz junge Pärchen waren dabei. Mann und Frau. Sie hielten noch Händchen. Man konnte es gar nicht mit ansehen.

Jeden Tag wurden Zeitungen gebracht. Ich habe nur immer die Schlagzeilen überflogen. »Tschernobyl – Stätte der Heldentaten!«, »Reaktor besiegt!«, »Das Leben geht weiter.« Wir hatten Politstellvertreter da, sie haben Diskussionen mit uns geführt. Sie sagten uns, wir müßten siegen. Wen besiegen? Das Atom? Die Physik? Den Kosmos? Der Sieg ist bei uns kein Ereignis, sondern ein Prozeß. Leben ist Kampf. Überwindung. Daher diese Liebe zu Überschwemmungen, Bränden, Naturkatastrophen. Wir brauchen Handlungsraum, um »Heldenmut und Tapferkeit zu beweisen«. Und um die Fahne zu hissen. Der Politstellvertreter las uns Zeitungsnotizen vor über »das hohe Bewußtsein und die hervorragende Organisation«, darüber, daß wenige Tage nach der Katastrophe schon die rote Fahne über dem vierten Reaktor flatterte. Einen Monat später war sie von der hohen Strahlung zerfressen. Eine neue Fahne wurde gehißt. Einen Monat später die nächste ... Ich versuchte mir vorzustellen, wie die Soldaten aufs Dach geklettert waren ... Todeskandidaten ... Sie sagen vielleicht: sowjetisches Heidentum? Opferungen? Aber Fakt ist, daß ich auch raufgeklettert wäre, wenn man mir eine Fahne in die Hand gedrückt hätte. Warum? Weiß ich nicht. Ich hatte damals keine Angst zu sterben ... Meine Frau hat mir kein einziges Mal dorthin geschrieben ... In dem ganzen halben Jahr kein einziger Brief ... (Hält inne.)

Soll ich Ihnen einen Witz erzählen? Ein Häftling ist aus einem Gefängnis ausgebrochen und hält sich in der 30-Kilometer-Zone versteckt. Er wird geschnappt, und als die Strahlung bei ihm gemessen wird, »leuchtet« er so, daß man ihn weder ins Gefängnis noch ins Krankenhaus noch überhaupt unter Menschen lassen kann ... Warum lachen Sie nicht? (Lacht.)

Ich kam hin, als die Vögel brüteten, und bin abgefahren, als die Äpfel im Schnee lagen ... Alles haben wir nicht begraben können ... Wir haben Erde in der Erde begraben ... Zusammen mit Käfern, Spinnen, Larven ... Dieses ganz eigene Völkchen ... Diese eigene Welt ... Das war mein stärkstes Erlebnis dort.

Nichts habe ich Ihnen erzählt ... Nur Bruchstücke ... Bei Leonid Andrejew gibt es eine Erzählung: Ein Bewohner Jerusalems, an dessen Haus Jesus Christus vorbeigeführt wurde, sah und hörte alles, aber er hatte gerade Zahnschmerzen. Vor seinen Augen brach Christus unter dem Kreuz zusammen und schrie, und der Mann sah das alles, aber sein Zahn tat weh, und er rannte nicht auf die Straße. Zwei Tage später, als die Zahnschmerzen weg waren, erzählte man ihm von Christus' Auferstehung, und da dachte er: Das hätte ich alles selber sehen können, wenn ich nicht die Zahnschmerzen gehabt hätte.

Ist das immer so? Mein Vater hat 1942 Moskau verteidigt. Daß er an einem großen Ereignis teilgenommen hatte, begriff er erst Jahre später aus Büchern und Filmen. Er selbst erinnerte sich: »Ich habe im Schützengraben gesessen. Habe geschossen. Dann wurde ich durch eine Explosion verschüttet, und Sanitäter holten mich halbtot raus.« Das war's ...

Und mich hatte damals meine Frau verlassen ...

Arkadi Filin,
Liquidator

Drei Monologe über »wandelnden Staub« und »sprechende Erde«

Der Vorsitzende der freiwilligen Jäger- und Anglergesellschaft von Choiniki, Viktor Jossifowitsch Werschikowski, und zwei Jäger, Andrej und Wladimir, die ihre Nachnamen nicht nennen wollten.

»Beim ersten Mal habe ich einen Fuchs getötet ... Als Kind ... Beim zweiten Mal eine Elchkuh ... Elchkühe werde ich nie mehr töten, das habe ich mir geschworen. Sie haben so ausdrucksvolle Augen ...«

»Wir Menschen verstehen einiges, die Tiere leben einfach. Auch die Vögel.«

»Im Herbst sind Rehe sehr wachsam. Wenn ihnen der Wind die Witterung des Menschen zuträgt, reicht das schon – sie lassen niemanden heran ... Und der Fuchs ist schlau ...«

»Hier soll ein Mann umhergestrichen sein. Er hat getrunken und allen Vorträge gehalten. Er hat Philosophie studiert und später im Gefängnis gesessen. Wenn man in der Zone einem Menschen begegnet, erzählt er dir nie die Wahrheit. Ganz selten. Der war ein kluger Kopf ... Tschernobyl, hat er gesagt, ist da, um Philosophen hervorzubringen ... Die Tiere hat er ›wandelnden Staub‹ genannt und den Menschen ›sprechende Erde‹. Weil wir Erde essen, das heißt, aus Erde gemacht sind ...«

»Die Zone zieht einen an, kann ich nur sagen. Wer einmal dort war, den zieht es immer wieder hin ...«

»Also, Jungs, eins nach dem anderen ...«

»Na los, Vorsitzender. Wir rauchen inzwischen eine.«

»Also, das war so ... Ich werde ins Kreiskomitee geladen. Hör zu, Chefjäger, heißt es, in der Zone sind viele Haustiere zurückgeblieben, Katzen, Hunde ... Die müssen abgeschossen werden, um Seuchen zu verhüten. Also, an die Arbeit! ... Gleich am nächsten Tag rief ich alle Jäger zusammen. Erkläre, so und so ... Niemand wollte fahren, weil keinerlei Schutzmittel zur Verfügung standen. Ich wandte mich an die Zivilverteidigung, die hatten auch nichts. Keine Atemschutzmasken, nichts. Wir mußten ins Zementwerk fahren und uns dort Staubmasken holen. So aus ganz dünnem Stoff ... Gegen den Zementstaub ... Aber Atemschutzmasken bekamen wir nicht.«

»Wir trafen dort Soldaten. Mit Masken, Handschuhen, auf Schützenpanzerwagen, während wir nur Hemden trugen und Binden vor der Nase hatten. In denselben Hemden und Stiefeln sind wir nach Hause zurückgekehrt. Zu unseren Familien.«

»Ich stellte in aller Eile zwei Brigaden zusammen ... Zwei Brigaden ... Zu je 20 Mann ... Jede bekam einen Veterinärmediziner und einen Mann von der Hygiene und Epidemieverhütung zugeteilt. Es gab noch einen Traktor mit Baggerschaufel und einen Lastwagen. Es war schlimm, daß wir keine Schutzmittel hatten, an die Menschen wurde nicht gedacht ...«

»Dafür haben sie Prämien gezahlt – 30 Rubel für jeden. Eine Flasche Wodka kostete damals drei Rubel. Wir wurden entseucht ... Irgendwelche Rezepte tauchten auf: ein Löffel Gänsemist auf eine Flasche Wodka. Zwei Tage lang stehenlassen und trinken. Damit ... Ich meine, von wegen der Potenz ... Auch Scherzlieder kamen auf, erinnert ihr euch? Massenhaft. ›Der Saporoschez ist kein Auto, und der Ukrainer ist kein Mann. Willst du Vater werden, zieh deinen Eiern Bleihosen an ...‹ Hahaha ...«

»Wir fuhren zwei Monate lang durch die Zone, in unserem Kreis war die Hälfte der Dörfer evakuiert worden. Dutzende von Dörfern: Babtschin, Tulgowitschi ... Als wir das erstemal kamen, rannten noch Hunde um die Häuser. Bewachten sie. Warteten auf die Menschen. Sie freuten sich über uns, liefen auf uns zu, folgten der menschlichen Stimme ... Wir erschossen sie im Haus, im Stall, im Garten. Schleppten sie auf die Straße und warfen sie auf Lkws. Das war natürlich unangenehm. Sie verstanden nicht, warum wir sie töteten. Es war so leicht ... Haustiere ... Sie hatten keine Angst vor Waffen, keine Angst vor Menschen ... Sie folgten der menschlichen Stimme ...«

»Eine Schildkröte kam angekrochen ... Mein Gott! Vor einem leeren Haus. Aquarien standen noch in den Wohnungen ... Mit Fischen drin ...«

»Aber Schildkröten haben wir nicht getötet. Ihr Panzer hält es aus, wenn man mit dem Vorderrad eines Jeeps darüberfährt. Der kracht nicht ... Im besoffenen Zustand natürlich, das mit dem Vorderrad ... In den Höfen standen die Kaninchenboxen weit offen ... Die Kaninchen liefen frei herum ... Die Nutrias waren eingeschlossen, die haben wir rausgelassen, wenn in der Nähe Wasser war, ein See oder ein Bach ... Die sind dann weggeschwommen. Alles war in aller Eile verlassen worden ... Nur vorübergehend ... Wie war das? Die Anweisung lautete: für drei Tage. Die kleinen Kinder wurden beschwindelt: Wir fahren in den Zirkus. Sie weinten. Und die Leute glaubten, daß sie zurückkehren werden ... Ich sage Ihnen, es war wie im Krieg. Die Katzen guckten dir in die Augen, die Hunde winselten, drängten in die Busse. Mischlinge, Schäferhunde ... Die Soldaten zogen sie wieder heraus. Stießen sie mit Füßen. Sie rannten lange hinter den Bussen her ... Evakuierung ... Ich wünsche das keinem!«

»Also, das ist so ... Die Japaner hatten ihr Hiroshima, die stehen jetzt ganz vorne. An erster Stelle in der Welt. Also ...«

»Die Möglichkeit zu schießen, dazu auf ein lebendes Objekt, ein laufendes Objekt. Instinkt. Jagdfieber. Wir tranken uns einen an – und los ging's. Im Betrieb wurde mir das als Arbeitstag angerechnet, ich bekam dafür Gehalt. Man hätte natürlich für solche Arbeit was drauflegen können. Eine Prämie gab's – 30 Rubel ... Alte ... Wie bei den Kommunisten ...«

»So war das ... Zuerst waren die Häuser noch versiegelt, mit Plomben versehen. Die Plomben rührten wir nicht an. Sitzt da eine Katze im Fenster – wie soll man die treffen? Die haben wir am Leben gelassen. Dann kamen Plünderer. Sie schlugen die Türen ein, zertrümmerten die Fenster. Plünderten die Häuser. Als erstes verschwanden Kassettenrecorder, Fernseher … Pelzware … Später wurde alles rausgeholt … Nur noch Aluminiumlöffel lagen am Boden rum … Und Hunde, die am Leben geblieben waren, ließen sich in den Häusern nieder … Du kommst rein – und einer stürzt sich auf dich … Sie trauten den Menschen nicht mehr … Ich komme rein, da liegt eine Hündin mitten in der Stube und um sie herum die Welpen. Hat es mir leid getan? Natürlich war es unangenehm … Ich hab so verglichen … Eigentlich war es wie im Krieg, wir haben gearbeitet wie Strafkommandos. Nach dem gleichen Schema … Es war wie eine militärische Operation … Wir kommen an, umzingeln das Dorf, und die Hunde flüchten, kaum daß sie den ersten Schuß gehört haben. Sie rennen in den Wald. Die Katzen sind schlauer, die können sich verstecken. Ein Kätzchen war in einen Tontopf geklettert … Ich hab es rausgeschüttelt … Wir zogen die Katzen hinter dem Ofen vor … Ein unangenehmes Gefühl … Du kommst ins Haus, die Katze schießt an dir vorbei, und du läufst mit dem Gewehr hinterher. Dünn waren sie und schmutzig. Das Fell war ganz verklumpt. In der ersten Zeit gab es viele Eier, die Hühner waren ja geblieben. Hunde und Katzen fraßen Eier, und als die zu Ende waren, fraßen sie die Hühner. Auch die Füchse holten sich die Hühner, sie lebten schon mit den Hunden zusammen im Dorf. Und als keine Hühner mehr da waren, fraßen die Hunde die Katzen. Manchmal fanden wir auch Schweine in den Ställen … Wir ließen sie frei … In den Kellern gab es massenhaft Vorräte: Gurken, Tomaten … Wir haben die Gläser aufgemacht und das Eingeweckte in die Futtertröge geschüttet. Schweine haben wir nicht abgeschossen …«

»Eine alte Frau … Ein bißchen durcheinander … Allein im Dorf … Sie hatte sich im Haus eingeschlossen – mitsamt fünf Katzen und drei Hunden … Sie ließ uns nicht … Sie hat uns verflucht. Wir haben ihr die Tiere mit Gewalt weggenommen. Einen Kater und einen Hund haben wir ihr gelassen. Sie hat uns verflucht. Hat uns beschimpft: »Banditen! Kriminelle!«

»Leere Dörfer ... Nur die Öfen stehen noch. Wie in Chatyn! Mitten in Chatyn sitzen zwei alte Frauen. Sie haben keine Angst. Ein anderer wäre verrückt geworden!«

»Haha ... ›Am Berg rattert laut ein Traktor, auf dem Berg steht ein Reaktor. Hätten's die Schweden nicht konstatiert, wärn wir bis heute nicht informiert.‹ Haha ...«

»Also, so war das ... Die Gerüche ... Ich konnte immer nicht verstehen, woher der Geruch im Dorf kam. Sechs Kilometer vom Reaktor entfernt ... Das Dorf Massaly ... Wie in einer Röntgenabteilung. Es roch nach Jod ... Nach irgendeiner Säure ... Wir mußten aus nächster Nähe schießen ... Die Hündin lag mitten in der Stube und die Welpen um sie herum ... Sie stürzte sich auf mich – eine Kugel in den Kopf ... Die Welpen leckten uns die Hände, wollten gestreichelt werden. Wollten spielen ... Wir mußten aus nächster Nähe schießen ... Einen kleinen Hund ... Ein schwarzer Pudel ... Er tut mir heute noch leid. Wir warfen alle auf einen Lastwagen, bis obenhin. Brachten sie zum ›Mogilnik‹ ... Um ehrlich zu sein, das war eine ganz gewöhnliche tiefe Grube, obwohl man so graben sollte, daß das Grundwasser nicht erreicht wurde, und am Boden sollte Plastikfolie ausgelegt werden. Man mußte eine erhöhte Stelle finden ... Aber, Sie wissen selbst, keiner hat sich daran gehalten. Plastikfolie gab es nicht, und nach einer passenden Stelle wurde auch nicht lange gesucht ... Wenn sie nicht ganz erledigt, sondern nur verwundet waren, winselten sie, heulten sie ... Wir kippten sie in die Grube, aber dieser kleine Pudel krabbelte wieder heraus. Keiner hatte eine Patrone übrig, um ihn zu erledigen ... Keine Patrone ... Wir schubsten ihn zurück und schütteten Erde darüber. Er tut mir heute noch leid.

Katzen gab es viel weniger als Hunde. Vielleicht sind sie den Menschen nachgelaufen? Oder hatten sich versteckt? Der kleine Pudel war ein Schoßhündchen ... So verwöhnt ...«

»Besser ist es, wenn man aus der Entfernung tötet, damit man nicht die Augen des Tieres sehen muß.«

»Man muß lernen, genau zu treffen, damit man nicht noch den Gnadenschuß geben muß.«

»Wir Menschen verstehen wohl einiges, aber sie leben einfach. ›Wandelnder Staub‹ ...«

»Es stimmt nicht, daß Tiere kein Bewußtsein haben und auch nicht denken können. Das verwundete Reh ... Es liegt da ... Es möchte verschont werden, aber du knallst es ab. Im letzten Augenblick hat es einen ganz bewußten, fast menschlichen Blick. Es haßt dich. Oder fleht dich an: Laß mich leben! Ich will leben!«

»Was heißt lernen! Ich sage euch, den Gnadenschuß zu geben ist unangenehmer als zu töten. Die Jagd ist ein Sport. Keiner schimpft über die Angler, aber über die Jäger schimpfen alle. Das ist ungerecht!«

»Jagd und Krieg sind die wichtigsten Betätigungen für einen Mann. Für einen echten Mann ...«

»Ich konnte es meinem Sohn nicht sagen ... Er ist noch ein Kind. Wo ich war ... Was ich gemacht habe ... Er glaubt bis heute, daß sein Papa dort jemanden verteidigt hat. Daß er auf Kampfposten gestanden hat! Im Fernsehen wurden Soldaten, Kriegsgerät gezeigt. Viele Soldaten. Mein Sohn fragte: ›Papa, warst du da als Soldat?‹«

»Der Kameramann vom Fernsehen, der mitfuhr ... Erinnert ihr euch? Er hat geweint. Ein Mann ... Und weint! ... Am liebsten hätte er wohl einen Eber mit drei Köpfen gesehen ...«

»Haha ... Ein Fuchs sieht Kolobok* durch den Wald rollen. ›Kolobok, wo rollst du hin?‹ – ›Ich bin nicht Kolobok, ich bin ein Tschernobyl-Igel.‹ Haha ... Wie heißt es doch? ›Ein friedliches Atom in jedes Haus!‹«

»Ich sage euch, der Mensch stirbt genau wie das Tier. Ich habe es gesehen ... Viele Male ... In Afghanistan ... Ich hatte eine

* Märchenfigur: Ein kleiner Brotlaib

Bauchverletzung, lag in der Sonne. Unerträgliche Hitze. Trinken! Na, denke ich, du krepierst wie ein Stück Vieh ... Ich sage euch, auch das Blut fließt genauso ... Wie bei ihnen ... Und es tut ihnen genauso weh ...«

»Der Milizionär, der uns begleitet hat ... Der war nicht ganz richtig. Er hat Siamkatzen nicht erschießen wollen, die sind teuer auf dem Markt, hat er gesagt. Und sie sind so hübsch ... Der Junge ... Der war nicht ganz richtig ...«

»Kam eine Kuh mit einem Kalb an. Die haben wir nicht abgeschossen. Auch Pferde nicht. Die hatten Angst vor Wölfen, aber nicht vor Menschen. Ein Pferd kann sich besser verteidigen. Als erste sind Kühe von den Wölfen gerissen worden. Nach dem Gesetz des Dschungels.«

»Man hat Vieh aus Weißrußland rausgebracht und in Rußland verkauft. Die Färsen hatten Leukämie. Dafür gingen sie billig weg.«

»Am meisten taten mir die alten Leute leid ... Sie kamen ans Auto. ›Guck doch mal öfter nach dem Haus, mein Junge.‹ Sie gaben uns ihre Schlüssel. ›Hol mir meinen Anzug raus. Meine Pelzmütze.‹ Sie wollten uns Geld geben ... ›Was macht mein Hund?‹

Der Hund ist erschossen, das Haus geplündert! Und sie werden nie wieder zurückkehren! Was soll ich ihnen denn sagen? Ich habe die Schlüssel nicht genommen. Ich wollte sie nicht anlügen. Andere haben sie genommen. ›Wo hast du Selbstgebrannten aufbewahrt? An welcher Stelle?‹ Und der Alte sagt es ... Ganze Kannen voll, große Milchkannen wurden gefunden ...«

»Mal sollten wir für eine Hochzeit ein Wildschwein erlegen. Eine Bestellung! Die Leber zerbröselt dir in der Hand ... Trotzdem wollten sie einen Eber ... Für eine Hochzeit ... Für eine Taufe ...«

»Wir schießen auch für wissenschaftliche Zwecke. Einmal im Quartal: zwei Hasen, zwei Füchse, zwei Rehe. Alle verstrahlt. Trotzdem schießen wir auch für uns, und wir essen das Fleisch.

Zuerst hatten wir Angst, jetzt haben wir uns daran gewöhnt. Irgend etwas muß man ja essen, und auf den Mond passen wir doch nicht alle. Oder auf einen anderen Planeten.«

»Jemand kaufte sich auf dem Basar eine Fuchsfellmütze ... Der hat eine Glatze gekriegt. Und ein Armenier kaufte billig eine Maschinenpistole aus einem ›Mogilnik‹ – der ist gestorben. So jagen sie sich untereinander Schrecken ein ...«

»Bei mir ist weder was in der Seele noch im Kopf abgelaufen ... Miezen und Köter ... Ich hab einfach geschossen ... Arbeit ...«

»Ich habe mit einem Fahrer gesprochen, der von dort ganze Häuser rausgeschafft hat. Ganze Häuser! Obwohl das keine Schule, kein Haus und kein Kindergarten mehr war, sondern jeweils nur ein numeriertes Objekt zur Dekontaminierung. Ganze Häuser! Ich habe ihn in der Sauna kennengelernt oder an einem Bierstand, ich weiß es nicht mehr genau, jedenfalls erzählte er: Sie kommen mit einem Lkw, demontieren das Haus in drei Stunden, und vor der Stadt lauern schon die Kunden und reißen sich regelrecht um die Teile. Die Zone ist schon verramscht für Datschengrundstücke. Sie kriegen Geld dafür und werden obendrein beköstigt.«

»Unter uns gibt es auch Raubtiere ... Raubtier-Jäger ... Andere gehen einfach gern durch den Wald und machen Jagd auf Kleintiere. Auf Vögel ...«

»Ich sage euch ... So viele Menschen haben gelitten, aber keiner übernimmt dafür die Verantwortung. Der Direktor des Atomkraftwerkes wurde eingesperrt und bald darauf wieder freigelassen. In diesem System ist es sehr schwer zu sagen, wer schuld ist. Wenn man von oben gesagt bekommt, was zu tun ist ... Sie haben da was getestet. Ich habe in der Zeitung gelesen, daß die Armee Plutonium hergestellt hat ... Für Atombomben ... Deshalb hat es da gekracht ... Grob gesagt, lautet die Frage so: Warum Tschernobyl? Warum bei uns und nicht bei den Franzosen oder bei den Deutschen?«

»Es geht mir nicht aus dem Kopf ... Diese Sache ... Schade,

daß keiner damals eine Patrone übrig hatte, um den kleinen Pudel zu erschießen … 20 Mann … Keine einzige Patrone am Ende des Tages … Keine einzige …«

Monolog darüber, daß wir ohne Tschechow und Tolstoi nicht leben können

Worum ich bete? Sie werden mich fragen, worum ich bete? Ich bete in keiner Kirche. Ich bete nur für mich ... Ich möchte lieben! Ich liebe! Ich bete um meine Liebe! Aber ich ... (Sie unterbricht sich mitten im Satz. Ich sehe, daß sie nicht sprechen möchte.) Mich erinnern? Vielleicht sollte ich das für alle Fälle verdrängen ... Von mir wegschieben ... Bücher darüber habe ich noch nicht gelesen ... Auch nichts darüber im Kino gesehen ... Aus dem Kino kenne ich den Krieg. Meine Großeltern erzählen, daß sie keine Kindheit hatten, damals war Krieg. Ihre Kindheit ist der Krieg, meine ist Tschernobyl. Ich komme von dort ... Schreiben Sie nur, daß kein einziges Buch mir bisher geholfen hat, mir etwas erklärt hat. Kein Theaterstück, kein Film. Ich versuche, so klarzukommen. Alleine. Wir erleben alles alleine, wir wissen nicht, was wir damit anfangen sollen. Mit dem Verstand ist das nicht zu begreifen. Besonders meine Mutter ist ganz verwirrt, sie unterrichtet Russisch in der Schule und hat mich immer gelehrt, nach Büchern zu leben. Und nun gibt es auf einmal keine Bücher dafür ... Mama ist ganz verwirrt ... Sie kann ohne Bücher nicht leben ... Ohne Tschechow und Tolstoi.

Mich erinnern? Ich möchte es und möchte wiederum nicht ... (Sie lauscht in sich hinein oder ist mit sich selbst im Widerstreit.) Wenn Wissenschaftler nichts wissen, wenn Schriftsteller nichts wissen, dann helfen wir ihnen eben mit unserem Leben und unserem Sterben. So meint meine Mama ... Aber ich möchte darüber nicht nachdenken, ich möchte glücklich sein. Warum kann ich nicht glücklich sein?

Wir wohnten in Pripjat, neben dem Atomkraftwerk, dort bin ich geboren und aufgewachsen. In einem großen Plattenbau, im fünften Stock, die Fenster zum Kraftwerk raus. Der 26. April ... Es waren zwei Tage, die letzten beiden Tage in unserer Stadt. Die Stadt gibt es nicht mehr. Was geblieben ist, ist nicht mehr unsere Stadt. An dem Tag saß unser Nachbar mit dem Feldstecher auf dem Balkon und beobachtete das Feuer. Und wir ... Mädchen und Jungen ... Wir sind mit den Rädern zum Kraftwerk gerast, wer keins hatte, hat uns beneidet. Keiner hat uns ausgeschimpft. Keiner! Weder die Eltern noch die Lehrer. Gegen Mittag saßen keine Angler mehr am Fluß, sie kamen ganz schwarzgebrannt nach Hause zurück, so dunkel wird man nicht mal nach einem Monat in Sotschi. Radioaktive Bräune! Der Rauch über dem Atomkraftwerk war nicht schwarz, nicht gelb, sondern blau. Aber keiner hat uns ausgeschimpft ... Die Erziehung war wohl so, daß Gefahren nur aus dem Krieg kommen konnten: links eine Detonation, rechts eine Detonation ... Und hier gab es nur ein gewöhnliches Feuer, das von gewöhnlichen Feuerwehrleuten gelöscht wurde ... Die Jungs machten Witze: Stellt euch in langen Schlangen vor dem Friedhof auf. Wer am größten ist, stirbt als erster ... Ich bin klein. Ich erinnere mich nicht an Ängste, ich erinnere mich an viele merkwürdige Dinge. Eine Freundin erzählte mir, daß sie und ihre Mutter nachts Geld und Goldschmuck im Hof vergraben hätten und fürchteten, die Stelle zu vergessen. Als meine Oma in Rente ging, hatte sie einen Samowar aus Tula geschenkt bekommen, um diesen Samowar und um Opas Medaillen sorgte sie sich am meisten. Und um ihre alte »Singer«-Nähmaschine. Das Wort »Evakuierung« brachte mein Papa von der Arbeit mit. »Wir werden evakuiert« ... Wie in Büchern über den Krieg ... Wir saßen schon im Bus, da erinnerte sich mein Papa, daß er etwas vergessen hatte. Er lief nach Hause und kam mit seinen beiden neuen Hemden an ... Auf Bügeln ... Das war komisch. Die Soldaten ähnelten Außerirdischen, sie gingen in weißen Tarnmänteln und Atemschutzmasken durch die Stadt. »Was wird aus uns?« fragten die Leute. »Woher sollen wir das wissen?« bellten sie zurück. »Fragt die Chefs da! In den weißen Wolgas!«

Wir fuhren mit Bussen, der Himmel war tiefblau. Wohin fuhren wir? In Taschen und Netzen waren Osterbrote, gefärbte Eier. Wenn das Krieg ist, dachte ich, dann habe ich ihn mir aus Büchern anders vorgestellt. Links eine Detonation, rechts eine Detonation ... Bombenangriffe ... Wir kamen nur langsam voran. Viehherden blockierten immer wieder die Straßen. Kühe und Pferde wurden die Straße entlanggetrieben ... Es roch nach Staub und Milch ... Die Fahrer fluchten und schrien auf die Hirten ein. »Warum müßt ihr das Vieh die Straße langtreiben, verdammt noch mal? Ihr wirbelt bloß radioaktiven Staub auf! Geht doch über Äcker und Wiesen.« Die Hirten fluchten zurück und rechtfertigten sich, es sei zu schade, das junge Getreide und Gras zu zertrampeln. Keiner hätte geglaubt, daß wir nie mehr zurückkehren würden. So etwas hatte es noch nicht gegeben. Mir war ein bißchen schwindlig, und im Hals kratzte es. Die alten Frauen weinten nicht, nur die jungen. Meine Mutter hat auch geweint ...

Wir fuhren nach Minsk ... Platzkarten bekamen wir bei der Zugbegleiterin für den dreifachen Preis. Sie brachte allen Tee, zu uns aber sagte sie: »Gebt mir eure Becher oder Gläser!« Zuerst verstanden wir nicht ... Reichten die Gläser nicht? Nein! Sie hatten Angst vor uns! ... »Woher kommt ihr?« – »Aus Tschernobyl.« Ein Mann zwängte sich seitlich an unserem Abteil vorbei, Kinder durften nicht in den Gang, damit sie nicht bei uns vorbeiliefen. Wir fuhren nach Minsk, zur Freundin meiner Mutter. Meiner Mutter ist es heute noch peinlich, daß wir damals in unseren »schmutzigen« Sachen und Schuhen nachts in die Wohnung hineinplatzten. Aber wir wurden aufgenommen, bekamen zu essen. Man zeigte Mitgefühl. Nachbarn schauten herein. »Ihr habt Besuch? Woher?« – »Aus Tschernobyl.« Auch sie machten einen Bogen um uns.

Einen Monat später durften meine Eltern nach Pripjat in unsere Wohnung fahren. Sie holten eine warme Bettdecke, meinen Herbstmantel und die vollständige Sammlung der Tschechow-Briefe, Mamas Lieblingslektüre. Oma ... Unsere Oma ...

Ihr war es unbegreiflich, warum meine Eltern nicht ein paar Gläser Erdbeerkonfitüre mitgebracht hatten, die ich so gerne mochte, sie sei doch in Gläsern, mit Deckeln verschlossen … Auf der Bettdecke wurde ein »Fleck« entdeckt … Mama wusch die Decke, versuchte es mit einem Staubsauger, nichts half. Wir gaben sie in die Reinigung … Er »leuchtete« … Der »Fleck« … Bis wir ihn mit der Schere herausschnitten. Alles war so vertraut, so bekannt: die Decke, der Mantel … Und ich durfte nicht mehr unter der Decke schlafen … Den Mantel anziehen … Wir hatten kein Geld, um neue Sachen zu kaufen, aber ich durfte nicht … Ich habe diese Sachen so gehaßt! Diesen Mantel! Nicht gefürchtet, verstehen Sie, sondern gehaßt! All das konnte Tod für mich bedeuten! Dieses feindselige Gefühl … Mit dem Verstand ist das nicht zu begreifen … Überall wurde vom Reaktorunfall gesprochen: zu Hause, in der Schule, im Bus, auf der Straße. Man verglich ihn mit Hiroshima. Aber keiner glaubte daran. Wie sollte man an etwas glauben, was unverständlich ist? Wie sehr man sich auch bemühte zu begreifen, es blieb unverständlich. Ich erinnere mich: Als wir abfuhren, war der Himmel tiefblau …

Meine Oma … Sie konnte sich am neuen Ort nicht einleben. Sie hatte solches Heimweh! Bevor sie starb, bat sie: »Ich möchte so gerne Sauerampfer essen!« Der durfte mehrere Jahre lang nicht gegessen werden, er speichert mit am meisten Radioaktivität. Wir haben sie in ihrem Heimatdorf Dubrowniki beerdigt. Das war schon in der Zone, mit Stacheldraht drum herum. Soldaten standen dort mit Maschinenpistolen. Hinter den Stacheldrahtzaun durften nur Erwachsene … Papa, Mama … Verwandte … Ich durfte nicht hinein. Ich begriff, daß ich nie meine Oma besuchen dürfte … Ich begriff es … Wo kann man über so etwas nachlesen? Wo hat es das schon mal gegeben? Mama gab zu: »Weißt du, ich hasse Blumen und Bäume.« Sie erschrak vor sich selbst … Auf dem Friedhof … Im Gras … Sie legten eine Tischdecke aus, breiteten Essen aus, einen Imbiß, Wodka … Die Soldaten maßen alles mit dem Strahlenmeßgerät und warfen die Lebensmittel weg ... Gras, Blumen ... Alles klickte ... Wohin hatten wir unsere Großmutter gebracht?

Ich habe Angst ... Ich habe Angst vor der Liebe ... Ich bin verlobt, mein Verlobter und ich haben das Aufgebot bestellt. Haben Sie mal von den Hiroshima-Hibakusha gehört? Das sind die Menschen, die Hiroshima überlebt haben ... Sie können nur an eine Heirat untereinander denken. Bei uns wird darüber nichts geschrieben, man spricht darüber nicht. Es gibt uns aber ... Die Tschernobyl-Hibakusha ... Mein Verlobter nahm mich mit nach Hause, stellte mich seiner Mutter vor ... Seiner netten Mutter! ... Sie ist Betriebswirtschaftlerin und gesellschaftlich sehr aktiv. Sie besucht alle antikommunistischen Veranstaltungen. Diese nette Mutter also fragte erstaunt, als sie erfuhr, daß ich aus einer Tschernobyl-Familie stamme und daß wir umgesiedelt wurden: »Liebste, dürfen Sie denn überhaupt Kinder bekommen?«

Wir haben das Aufgebot bestellt ... Er hat mir versprochen: »Ich geh von zu Hause weg. Wir mieten uns eine Wohnung.« Aber mir klingt es in den Ohren: »Liebste, für einige ist es Sünde, Kinder in die Welt zu setzen.« Eine Sünde zu lieben ...

Vor ihm hatte ich einen anderen Freund. Einen Kunstmaler. Wir wollten auch heiraten. Alles war gut, bis folgendes geschah. Ich kam in sein Atelier und hörte, wie er am Telefon rief: »Hast du aber Glück! Du weißt ja gar nicht, was für ein Glück du hast!« Er war sonst sehr ruhig, fast phlegmatisch, auch beim Sprechen hob er kaum die Stimme. Und nun das! Was war geschehen? Sein Freund wohnte im Studentenheim. Er schaute ins Nachbarzimmer, da hing das Mädchen von nebenan. Mit einem Strumpf erhängt. Am Fensterrahmen. Der Freund holte sie herunter ... Und meiner verhaspelte sich fast vor Aufregung: »Du kannst dir nicht vorstellen, was er gesehen hat! Was er erlebt hat! Er hat sie auf seinen Armen rausgetragen ... Hat ihr Gesicht berührt ... Sie hatte weißen Schaum auf den Lippen ... Komm, wir fahren hin, vielleicht sehen wir noch was ...« Von dem toten Mädchen keine Rede, kein Wort des Mitgefühls. Er wollte nur sehen, sich alles einprägen ... Und dann zeichnen ... Mir fiel gleich ein, wie er mich ausgefragt hatte, welche Farbe das Feuer im Atomkraftwerk gehabt habe, ob ich abgeschossene Katzen und Hunde gesehen hätte, wie sie auf den Straßen gelegen hätten. Wie Leute geweint hätten ... Ob ich gesehen hätte, wie jemand gestorben ist...

Danach ... Ich konnte nicht mehr mit ihm zusammensein ... Seine Gefühle erwidern ... (Nach einigem Schweigen.) Ich weiß nicht, ob ich Sie noch einmal treffen möchte. Mir scheint, Sie betrachten mich genauso wie er. Sie beobachten nur. Sie wollen sich alles einprägen. Wie bei einem Experiment ... Ich werde dieses Gefühl nicht los ... Ich werde es einfach nicht los ...

Wissen Sie nicht, auf wen diese Sünde fällt? Die Sünde, Kinder in die Welt zu setzen? ... Ich habe solche Worte überhaupt noch nie gehört ...

Katja P.

Monolog darüber, wie der heilige Franziskus den Vögeln predigte

Das ist mein Geheimnis. Niemand weiß etwas davon. Nur mit meinem Freund habe ich darüber gesprochen …

Ich bin Kameramann. Als ich hinfuhr, dachte ich daran, was man uns beigebracht hatte: Ein echter Schriftsteller wird man im Krieg und all das Zeug. Mein Lieblingsschriftsteller ist Hemingway, und *In einem anderen Land* mag ich am liebsten. Ich komme also in die Sperrzone. Die Leute buddeln in ihren Gärten, über die Felder rattern Traktoren, Sämaschinen. Was soll ich filmen? Nirgendwo detoniert was …

Die ersten Aufnahmen. Ein Dorfklub. Man hatte einen Fernseher auf die Bühne gestellt und die Leute zusammengeholt. Sie hörten Gorbatschow: Alles ist gut, wir haben alles im Griff. In dem Dorf, in dem wir drehten, waren gerade Entseuchungsmaßnahmen im Gange. Die Dächer wurden abgewaschen. Aber wie kann ein Dach abgewaschen werden, wenn es bei der alten Frau darunter durchtropft? Erdreich mußte ein Spatenblatt tief abgetragen werden, die ganze fruchtbare Schicht mußte weg – und darunter ist doch bei uns nur gelber Sand! Da gibt sich also die alte Frau Mühe, die Anweisungen des Dorfsowjets zu befolgen, wirft Erde mit dem Spaten beiseite – aber den Mist kratzt sie vorher raus! Schade, das habe ich nicht gefilmt … Wohin wir kamen, hieß es: »Ah, Filmleute! Wir besorgen euch gleich ein paar Helden!« Helden – das sind der alte Mann und sein Enkel, die zwei Tage lang Kolchosenkühe von Tschernobyl weggetrieben haben. Nach den Aufnahmearbeiten brachte mich der Viehzüchter zu einem riesigen Graben. Dort wurden die Kühe gerade mit einer Planierraupe reingeschoben. Aber ich kam nicht auf die Idee, das zu filmen. Ich stellte mich mit dem Rücken zum

Graben und hielt in bewährter vaterländischer Dokumentarfilmtradition fest: Planierraupenfahrer lesen die *Prawda*, und in großen Schlagzeilen steht dort: »Das Land läßt keinen im Stich.« Und so ein Glück: Im gleichen Moment landet ein Storch auf dem Acker! Ein Symbol! Egal, was für Unheil über uns kommt, wir werden siegen! Das Leben geht weiter ...

Landstraßen. Staub. Mir war schon klar, daß das nicht einfach Staub ist, sondern daß er radioaktiv verseucht ist. Ich packte die Filmkamera weg, damit das Objektiv nicht verschmutzt. Es war ein ganz trockener Mai. Wieviel wir selber geschluckt haben, weiß ich nicht. Eine Woche später schwollen meine Lymphknoten an. Aber Film sparten wir wie Munition: Sljunkow, der Erste Sekretär des ZK, sollte kommen. Wo genau er erscheinen sollte, konnte uns keiner sagen, aber das haben wir dann selbst herausgefunden: Am Tag zuvor waren wir noch in einer großen Staubwolke eine Straße langgefahren, am nächsten Tag wurde sie asphaltiert, und das sogar in zwei, drei Schichten! Alles klar: Von dort waren die Oberen zu erwarten! Später habe ich sie alle gefilmt. Sie gingen ganz genau auf dem neuen Asphaltstreifen entlang, keiner trat auch nur einen Schritt zur Seite. Das habe ich aufgenommen, aber nicht in den Beitrag mit hineingenommen ...

Keiner blickte durch, das war das Schlimme. Die Strahlenmeßtechniker nannten Zahlen, die Zeitungen druckten andere. Aha, langsam dämmerte es mir: Du hast zu Hause ein kleines Kind, eine Frau, die du liebst ... Du mußt blöd gewesen sein hierherzufahren! Na gut, du wirst mit einer Medaille ausgezeichnet ... Aber die Frau rennt dir weg ... Da kann man sich nur in den Galgenhumor retten. Witze machten die Runde. In einem verlassenen Dorf hat ein Obdachloser Unterschlupf gefunden, vier Weiblein sind auch dort geblieben. »Na, wie ist euer Kerl?« werden sie gefragt. »Ach, der Bock kriegt nicht genug, der rennt noch ins nächste Dorf.« Wenn man versucht, ehrlich bis ins letzte zu sein ... Tschernobyl ... Aber eine Straße verliert sich in der Ferne ... Ein Bach fließt dahin, plätschert einfach so dahin ... Und Tschernobyl ist passiert ... Ich habe Ähnliches empfunden, als jemand starb, der mir sehr nahe stand. Die Sonne schien ... Vögel flogen in der Luft ... Schwalben ... Es regnete ... Aber er war tot ... Verstehen Sie? Ich möchte damit eine andere Dimension einfangen. Ich möchte herüberbringen, was damals in mir vorgegangen ist ...

Ich sah einen blühenden Apfelbaum und filmte ihn ... Hummeln summten, die bräutlich-weiße Baumkrone ... Und wieder – die Leute arbeiten, die Gärten blühen ... Ich habe die Kamera in der Hand, aber ich begreife nicht ... Irgendwas stimmt nicht! Die Belichtung ist normal, das Motiv ist schön, aber irgendwas stimmt da nicht! Auf einmal hab ich's: Ich rieche nichts. Der Garten blüht, aber nichts duftet! Erst später habe ich erfahren, daß das eine Reaktion auf zu hohe Strahlung ist, manche Organe sind blockiert. Meine Mutter war 74 Jahre, und ich erinnerte mich, daß auch sie geklagt hatte, sie rieche nichts. Na, denke ich, jetzt ist es mit dir soweit. Ich frage meine Leute, wir waren zu dritt: »Sagt mal, wie duftet der Apfelbaum?« – »Der duftet überhaupt nicht.« Etwas war mit uns geschehen ... Der Flieder duftete nicht ... Der Flieder! ... Ich hatte auf einmal das Gefühl, daß alles ringsum so unwirklich ist, daß ich mitten in einer Kulisse stehe ... Und ich begreife das nicht, ich bin dazu unfähig. Ich habe auch nirgendwo darüber gelesen ...

Etwas aus meiner Kindheit ... Eine Nachbarin, eine ehemalige Partisanin, erzählte, wie ihre Gruppe während des Krieges versuchte, aus einer Belagerung herauszukommen. Sie hatte ein Baby im Arm, erst einen Monat alt, sie gingen durch ein Sumpfgebiet, ringsum Vergeltungskommandos ... Das Kind schrie ... Es hätte sie verraten können, die ganze Abteilung hätte entdeckt werden können. Und sie hat es erwürgt. Sie sprach ganz unbeteiligt davon, als wäre nicht sie das gewesen, sondern eine Fremde, und als wäre das Kind nicht ihr Kind. Warum sie sich daran erinnerte, habe ich vergessen. Ich weiß nur ganz genau, wie entsetzt ich war: Was hatte sie bloß getan? Wie konnte sie? Ich hatte geglaubt, daß die Partisanenabteilung um dieses Kindes willen aus dem Kessel herauswollte, um es zu retten. Aber nun war ein Kind erdrosselt worden, damit gesunde starke Männer am Leben blieben. Worin besteht dann der Sinn des Lebens? Danach wollte ich nicht weiterleben. Mir, einem kleinen Jungen, war es peinlich, diese Frau anzusehen, weil ich so etwas von ihr wußte ... Und wie war wohl ihr zumute, wenn sie mich sah? (Schweigt eine Weile.) Sehen Sie, darum möchte ich mich nicht an die Tage in der Zone erinnern ... Ich lege mir alle möglichen Erklärungen zurecht ... Ich möchte diese Tür nicht aufstoßen ... Ich hatte dort wissen wollen, wo ich wahrhaftig bin und wo nicht. Ich hatte schon Kinder. Einen Sohn. Als er geboren wurde, hatte ich keine Angst mehr vor dem Tod. Der Sinn meines Lebens hatte sich mir aufgetan ...

Nachts im Hotel. Ich wache auf vom monotonen Motorenlärm auf der Straße ... Seltsame blaue Lichtblitze. Ich ziehe die Vorhänge beiseite: Durch die Straße fahren Dutzende von Jeeps mit roten Kreuzen und Blaulicht. Mich überkam so etwas wie ein Schock. In der Erinnerung tauchten Szenen aus einem Film auf ... Aus der Kindheit ... Nachkriegskinder ... Wir mochten Kriegsfilme ... Na, und diese Bilder ... Das Gefühl ... All deine Angehörigen haben die Stadt verlassen, du bist ganz allein zurückgeblieben und mußt eine Entscheidung treffen. Was ist richtig? Dich tot stellen? Oder wie? Und wenn du etwas tun mußt, was?

Im Stadtzentrum von Choiniki hing eine Ehrentafel mit den Besten des Kreises. Aber in die verseuchte Zone hatte sich ein Kraftfahrer, ein Säufer, gewagt und Kinder aus einem Kindergarten rausgeholt ... Er war keiner von der Ehrentafel! Alle wurden zu dem, was sie wirklich sind. Und dann die Evakuierung. Zuerst werden die Kinder rausgebracht. Sie werden in große Ikarus-Busse verfrachtet. Ich ertappe mich dabei, daß ich filme, wie ich es in Kriegsfilmen gesehen habe. Und merke, daß es nicht nur mir so geht, daß auch die Leute, die an der ganzen Aktion beteiligt sind, sich ähnlich verhalten. Sie geben sich so wie die Leute damals, erinnern Sie sich, in dem Film *Die Krani-*

che ziehen, den wir alle so geliebt haben: Tränen in den Augen, kurze Abschiedsworte ... Letztlich haben wir alle versucht, eine Verhaltensform zu finden, die wir schon kannten. Wir bemühten uns, etwas Vertrautem zu entsprechen. Das ist in Erinnerung geblieben. Ein kleines Mädchen winkt seiner Mutter zu, alles sei in Ordnung, sie sei ganz tapfer. Wir werden siegen! ...

Ich dachte, du kommst nach Minsk zurück, und dort wird auch gerade evakuiert. Wie wirst du dich von Frau und Sohn verabschieden? Ich stellte mir auch so eine ähnliche Geste vor: Wir werden siegen! ... Wir sind Kriegsleute. Mein Vater hat, solange ich zurückdenken kann, immer nur Militärkleidung getragen, obwohl er nicht bei der Armee war. An Geld zu denken galt als spießig, über sein Leben nachzudenken als unpatriotisch. Hunger war ein Normalzustand. Unsere Eltern hatten schwere Zeiten erlebt, und wir sollten es auch, sonst würden keine wahren Menschen aus uns werden. Sie hatten uns beigebracht zu kämpfen und unter allen Umständen zu überleben. Mir selbst kam nach der Armeezeit das Zivilleben fade vor. Nachts sind wir immer durch die Stadt gestreift, um etwas Aufregendes zu erleben. Als Kind las ich die *Stiefelputzer*, ein großartiges Buch, den Verfasser habe ich vergessen, da wurden Saboteure und Spione gefangen. Dieses Jagdfieber! Da war was los! So sind wir: jeden Tag Arbeit und gutes Essen – das ist unerträglich, nicht auszuhalten!

Wir waren im Wohnheim in einer Berufsschule untergebracht. Zusammen mit Liquidatoren, ganz jungen Burschen. Man gab uns einen Koffer voll Wodkaflaschen – um die Radioaktivität auszutreiben. Auf einmal stellt sich heraus, daß im selben Haus eine Abteilung vom medizinischen Dienst untergebracht ist. Lauter Mädchen. »Na, da geht was ab!« sagten die Männer. Zwei zogen los und kamen mit solchen Augen wieder! Folgendes Bild: Durch den Flur gehen Mädchen ... Unter den Dienstblusen tragen sie lange Unterhosen, mit Bändern zugebunden, die über den Boden schleifen – keine genierte sich, so zu gehen. Alles war abgenutzt, zu groß, hing wie Säcke am Leib.

Eine in Pantoffeln, die andere in ausgetretenen Stiefeln. Über der Bluse gummierte Schutzkleidung, mit irgendeiner chemischen Lösung getränkt … Manche haben das Zeug sogar über Nacht anbehalten. Ein unheimlicher Anblick. Und es waren keine Krankenschwestern, man hatte sie aus einem Institut geholt, von einer militärischen Fakultät. Für zwei Tage, war ihnen versprochen worden – als wir eintrafen, waren sie schon einen Monat da. Sie erzählten, daß sie am Reaktor gewesen seien, da hätten sie Verbrennungen noch und noch gesehen, über Verbrennungen habe ich nur von ihnen gehört. Ich sehe sie immer noch vor mir, wie sie durch das Wohnheim wanken … Wie im Schlaf …

In den Zeitungen stand, der Wind habe zum Glück in die andere Richtung geweht … Nicht in Richtung Stadt … Nach Kiew … Noch wußte keiner was … Kam keiner darauf, daß er nach Weißrußland rübergeweht war … Zu mir und meinem Sohn Jurik. Wir waren an dem Tag gerade im Wald spazierengegangen und hatten Sauerklee gerupft. Mein Gott, warum hatte mich keiner gewarnt?

Ich war gerade von einer Expedition nach Minsk zurückgekehrt. Am Tag darauf fahre ich mit dem Bus zur Arbeit und schnappe ein paar Gesprächsbrocken auf. In Tschernobyl sei gefilmt worden, ein Kameramann sei noch vor Ort gestorben. Verbrannt. Na, denke ich, wer soll das sein? Und höre weiter: jung, zwei Kinder. Ein Name fällt: Witja Gurewitsch. So einen Kameramann gibt es bei uns, ein ganz Junger. Zwei Kinder? Warum hat er die bisher verschwiegen? Wir kommen zum Filmstudio, jemand verbessert: nicht Gurewitsch, sondern Gurin, und der Vorname sei Sergej … Mein Gott, das bin doch ich! Heute klingt das komisch, aber damals ging ich von der Metro ins Studio und hatte Angst, daß ich die Tür aufmache und … Absurder Gedanke: Woher haben sie ein Foto von mir? Aus der Personalabteilung? Wie kommt so ein Gerücht zustande? Die Unverhältnismäßigkeit von Geschehen und Opferzahlen. Zum Beispiel die Kursker Schlacht. Tausende von Gefallenen … Das ist verständlich. Aber hier … In den ersten Tagen angeblich nur sieben Feuerwehrmänner … Später noch ein paar Leute … Und dann zu abstrakte Definitionen für unser Bewußtsein: »Über mehrere Generationen«, »Ewigkeit«, »Nichts«. Gerüchte kamen auf: dreiköpfige Vögel flögen umher, Hühner griffen Füchse an, Igel ohne Stacheln …

Und dann … Dann sollte wieder jemand in die Zone fahren.

Ein Kameramann brachte ein Attest, er habe ein Magengeschwür, der zweite war in den Urlaub abgedampft … Man holte mich. »Es muß sein.« – »Aber ich war doch gerade erst da.« – »Na eben, weil du schon da warst! Für dich spielt das keine Rolle mehr. Und du hast schon Kinder. Die sind noch klein.« Verdammt, vielleicht will ich mal fünf oder sechs Kinder haben! Na, sie setzten mir zu, bald würde es Neueinstufungen geben, ich hätte alle Chancen, ein höheres Gehalt zu bekommen … Eine traurige und komische Geschichte zugleich. Ich habe sie ganz weit von mir weggeschoben …

Einmal habe ich Leute gefilmt, die im Konzentrationslager gewesen waren. Sie gehen einander aus dem Weg. Das verstehe ich. Es ist widernatürlich, sich zu treffen, um Erinnerungen an den Krieg auszutauschen. Menschen, die gemeinsam Erniedrigungen erfahren oder die erkannt haben, wie der Mensch sein kann, gehen einander unbewußt aus dem Weg. In Tschernobyl habe ich etwas erfahren und empfunden, worüber ich nicht sprechen mag. Darüber zum Beispiel, daß all unsere Vorstellungen von Humanität relativ sind … In einer Extremsituation ist der Mensch im Grunde genommen gar nicht der Mensch, über den in Büchern geschrieben wird. So ein Mensch, wie er in Büchern beschrieben wird, ist mir in der Realität bisher nicht begegnet. Umgekehrt, der Mensch ist kein Held. Wir alle sind Verkäufer der Apokalypse. Große und kleine. Bruchstückhafte Erinnerungen kommen auf … Bilder … Ein Kolchosenvorsitzender will in zwei Autos seine Familie mitsamt Hausrat und Möbeln rausschaffen, und der Parteigruppenorganisator bittet um ein Auto für sich. Er fordert Gerechtigkeit. Aber tagelang ist es nicht möglich, eine Krippengruppe aus dem Dorf zu bringen, ich kann das bezeugen. Es fehlt an Transportmöglichkeiten. Und da reichen zwei Autos nicht, um alles einzupacken – bis hin zu Dreilitergläsern mit Konfitüre und Salzgurken. Ich habe gesehen, wie sie einen Tag später verladen wurden. Auch das habe ich nicht gefilmt. (Lacht auf.) Wir kauften dort im Laden eine Wurst und Konserven, hatten aber Angst, davon zu essen, und schleppten die Netze die ganze Zeit mit uns herum. Zum Wegwerfen waren die Lebensmittel uns auch wieder zu schade. (Wieder ernst.) Der Mechanismus des Bösen wird auch in der Apokalypse wirksam sein. Das habe ich damals begriffen. Man wird genauso Klatsch verbreiten, vor den Oberen buckeln, seinen Fernseher und seinen Persianer retten wollen. Und vor dem Ende der Welt wird der Mensch genau der sein, der er jetzt ist. Für immer.

Mir ist direkt peinlich, daß ich für mein Aufnahmeteam keinerlei Vergünstigungen durchsetzen konnte. Ein junger Kollege brauchte eine Wohnung, ich ging zur Gewerkschaft: »Helft uns, wir haben ein halbes Jahr lang in der Zone gesessen. Uns stehen Sonderrechte zu.« – »Gut«, sagten sie. »Bringt Bescheinigungen. Aber mit Stempeln.« Wir kommen ins Kreiskomitee – und da geht nur noch Tante Nastja mit dem Schrubber durch den Flur. Alle abgehauen! Bei uns ist ein Regisseur, der hat stapelweise Bescheinigungen gesammelt: wo er war, was er aufgenommen hat. Der ist ein Held!

Ich habe einen Film im Kopf, einen großen, langen Film ... Mit mehreren Folgen ... (Schweigt.) Wir alle sind Verkäufer der Apokalypse ...

Wir gehen zusammen mit Soldaten in ein Haus, eine alte Frau lebt dort allein.

»Na, Oma, wir müssen hier raus.«

»Ja, Kinder, ich weiß.«

»Dann pack deine Sachen, Oma.«

Wir warten draußen. Rauchen. Die Frau kommt raus – in den Händen eine Ikone, eine Katze und ein Bündel. Alles.

»Oma, das geht nicht, die Katze muß hierbleiben. Ihr Fell ist verstrahlt.«

»Nein, Kinder, ohne meinen Kater gehe ich nicht. Wie kann ich den hierlassen? Er ist meine Familie.«

Das mit der Oma ... Mit dem blühenden Apfelbaum ... Damit hat alles angefangen ... Jetzt filme ich nur noch Tiere ... Ich sagte schon: Der Sinn meines Lebens hat sich mir aufgetan.

Einmal wollte ich meine Tschernobyl-Filme vor Kindern zeigen. Man machte mir Vorwürfe: Wozu? Solltest du nicht tun. Das ist nicht gut. Sie leben ohnehin in Angst und Schrecken, mit all diesen Gesprächen. Ihr Immunsystem ist gestört, ihr Blutbild hat sich verändert. Ich hoffte, daß wenigstens fünf oder sechs Kinder kämen – der Saal war brechend voll. Sie stellten die unterschiedlichsten Fragen, aber eine hat sich mir ins Gedächtnis gegraben. Mit hochrotem Kopf und stockender Stimme fragte ein Junge, wohl einer von den Stillen, Wortkargen: »Warum hat man nicht den Tieren geholfen, die dageblieben sind?« Ich fand keine Antwort darauf ... Unsere Kunst spiegelt nur das Leid und die Liebe des Menschen, nicht aber aller Lebewesen. Nur des Menschen! Wir lassen uns nicht zu ihnen herab, zu den Tieren, den Pflanzen ... In diese andere Welt ... Und mit Tschernobyl hat der Mensch gegen alles zum Schlag ausgeholt ...

Ich möchte einen Film drehen ... *Geiseln* ... Über Tiere. Erinnern Sie sich an das Lied *Es schwamm eine rote Insel im Ozean*? Ein Schiff sinkt, die Menschen retten sich in Boote. Aber die Pferde wissen nicht, daß es in den Booten keinen Platz für sie gibt ...

Eine moderne Parabel. Die Handlung spielt auf einem fernen Planeten. Ein Kosmonaut im Raumanzug. Er hört Lärm im Kopfhörer, sieht etwas Riesiges auf sich zurasen. Eine gigantische Masse. Ein Dinosaurier? Noch ohne zu wissen, was das ist, schießt er. Gleich darauf stürmt wieder etwas auf ihn zu. Er erledigt auch dieses Ungetüm. Dann stürmt eine ganze Herde heran. Er richtet ein Blutbad an. Und dann stellt sich heraus, daß ein Feuer ausgebrochen war, die Tiere sich retten wollten und genau den Pfad entlanggerannt waren, auf dem der Kosmonaut stand. Ein Mensch! Mir ist dort etwas Seltsames passiert. Ich bin den Tieren nähergekommen ... Den Bäumen ... Vögeln ... Sie sind mir heute näher als früher ... Die Distanz zwischen uns hat sich verringert ... Ich fahre in die Zone ... All die Jahre schon ... Aus einem verlassenen, halb verfallenen Haus rennt ein Wildschwein ... Eine Elchkuh tritt heraus ... Das habe ich gefilmt. Ich möchte einen Film drehen ... Ich möchte darin alles mit den Augen der Tiere sehen ... »Was drehst du da?« sagt man mir. »Sieh dich um ... In Tschetschenien herrscht Krieg« ... Aber der heilige Franziskus hat den Vögeln gepredigt. Er hat mit ihnen gesprochen wie mit seinesgleichen. Doch vielleicht haben ja auch die Vögel mit ihm in ihrer Sprache gesprochen, und nicht er hat sich zu ihnen herabgelassen. Er verstand ihre geheime Sprache. Erinnern Sie sich, bei Dostojewski gibt es eine Stelle, wo ein Mann mit der Peitsche über die sanften Augen eines Pferdes schlägt. Ein Wahnsinniger! Nicht über die Kruppe, sondern über die sanften Augen des Pferdes ...

Sergej Gurin,
Kameramann

Monolog ohne Bezeichnung – ein Aufschrei …

Laßt uns in Ruhe, liebe Leute! Wir müssen hier leben! Ihr habt geredet und fahrt wieder ab, aber wir müssen hier leben!

Da liegen die Karteikarten … Vor mir … Jeden Tag … Ich nehme sie in die Hand … Jeden Tag!

Anja Budai – geb. 1985, 380 Rem
Witja Grinkewitsch – geb. 1986, 785 Rem
Nastja Schablowskaja – geb. 1986, 570 Rem
Aljoscha Plenin – geb. 1985, 570 Rem
Andrej Kotschenko – geb. 1987, 450 Rem

Das kann nicht sein, heißt es. Und wie leben sie mit so einer Schilddrüse? Aber hat es denn irgendwo ein ähnliches Experiment gegeben? Ich lese … Sehe … Jeden Tag … Könnt ihr helfen? Nein! Warum kommt ihr dann? Fragt uns aus? Stört uns? Ich möchte nicht mit ihrem Unglück handeln. Oder darüber philosophieren! Laßt uns in Ruhe, liebe Leute! Wir müssen hier leben …

Arkadi Pawlowitsch Bogdankewitsch,
Dorf-Arzthelfer

Monolog für zwei Stimmen – eine männliche und eine weibliche

Nina Konstantinowna Scharkowa und Nikolai Prochorowitsch Scharkow, beide Lehrer, sie ist Philologin, er unterrichtet Arbeitslehre.

Sie: Ich höre so oft vom Tod, daß ich seinen Anblick meide. Haben Sie nie Gespräche von Kindern über das Sterben miterlebt? In der siebten Klasse streiten und diskutieren sie: Ist das schlimm oder nicht schlimm? Wenn Kinder noch vor kurzem wissen wollten, woher sie kommen, woher überhaupt Kinder kommen, so beunruhigt sie jetzt, was nach einem Atomkrieg sein wird. Sie mögen keine klassische Literatur mehr, wenn ich Puschkin auswendig zitiere, sind ihre Blicke kalt und abwesend. Die Welt um sie herum ist schon eine andere … Sie lesen Science-fiction, die begeistert sie – wo der Mensch sich von der Erde löst, mit der kosmischen Zeit, mit anderen Welten umgeht. Sie können keine solche Angst vor dem Tod haben wie die Erwachsenen, wie ich zum Beispiel, der Tod berührt sie als etwas Phantastisches …

Ich grüble … Ich denke nach … Das Sterben ringsum zwingt einen zum Nachdenken. Ich unterrichte russische Literatur vor Kindern, die anders sind als die Kinder vor zehn Jahren. Vor ihren Augen wird ständig etwas oder jemand begraben … In der Erde vergraben … Häuser und Bäume … Alles wird begraben … Beim Appell werden diese Kinder ohnmächtig, wenn sie 15 oder 20 Minuten lang stehen, haben Nasenbluten. Nichts erstaunt sie, und nichts freut sie. Sie sind immer müde, immer schläfrig. Ihre Gesichter sind blaß und grau. Sie spielen nicht, sie toben nicht herum. Und wenn sie sich prügeln und versehentlich eine

Fensterscheibe einschlagen, freuen sich die Lehrer sogar darüber. Sie tadeln sie nicht, weil sie nicht so wie normale Kinder sind. Und sie entwickeln sich nur langsam. Wenn man im Unterricht ein Kind bittet, etwas zu wiederholen, kann es passieren, daß man den Satz Wort für Wort vorsprechen muß, damit es ihn nachsagt – das Kind kann ihn sich nicht merken. »Wo bist du mit deinen Gedanken? Wo?« bohrt man. Ich denke nach … Ich denke viel nach … Ich zeichne gleichsam mit Wasser auf Glas, nur ich weiß, daß ich zeichne, keiner sieht es, keiner vermutet es, keiner hat eine Ahnung davon …

Unser Leben dreht sich um Tschernobyl … Rund um Tschernobyl … Wo warst du damals, wie weit entfernt hast du vom Reaktor gelebt? Was hast du gesehen? Wer ist gestorben? Wer ist weggezogen? Wohin? In den ersten Monaten, erinnere ich mich, waren die Restaurants wieder voll, amüsierte man sich auf Parties … »Wir leben nur einmal …« – »Wenn schon sterben, dann mit Musik …« Soldaten, Offiziere kamen in Massen … Tschernobyl ist heute jeden Tag mit uns … Eine junge schwangere Frau starb. Ganz plötzlich. Ohne Diagnose, der Pathologe konnte keine Diagnose stellen. Ein kleines Mädchen erhängte sich. Fünfte Klasse. Einfach so, aus heiterem Himmel. Ein kleines Mädchen … Für alles gibt es nur eine Diagnose: Tschernobyl – was auch passiert, immer heißt es: Tschernobyl. Man wirft uns vor: »Ihr seid krank, weil ihr Angst habt. Vor Angst krank. Radiophobie.« Aber warum werden kleine Kinder krank und sterben? Sie kennen keine Angst, sie verstehen sie noch nicht.

Ich erinnere mich an diese Tage … Die Kehle brannte mir, Schwere, so eine Schwere im ganzen Körper … »Sie sind zu wehleidig«, sagte die Ärztin. »Sie sind wehleidig geworden, weil Tschernobyl passiert ist.« – »Wieso wehleidig? Ich habe Schmerzen, und ich habe keine Kraft.« Mein Mann und ich wollten es uns erst nicht eingestehen, aber unsere Beine trugen uns kaum noch. Alle ringsum klagten darüber, unsere Freunde, alle; du gehst, und dir ist, als würden dir die Beine wegknicken. Schüler legten sich auf die Bänke, wurden während des Unterrichts ohnmächtig. Und alle waren so traurig, so düster, den ganzen Tag sah man kein gutes Gesicht oder daß einer dem anderen zulächelte. Von acht Uhr morgens bis neun Uhr abends waren die Kinder in der Schule, und ihnen war streng verboten, auf der Straße zu spielen oder herumzulaufen. Sie bekamen Schulkleidung: die Mädchen Röcke und Jacken, die Jungen Anzüge; aber sie gingen in diesen Sachen nach Hause, und was dann damit geschah, wußten wir nicht. Die Mütter hatten Anweisung, die Kleidung täglich zu waschen, damit die Kinder wieder in ganz sauberen Sachen in der Schule erschienen. Aber erstens bekamen sie nur einen Satz, zum Beispiel eine Jacke und einen Rock, keine Wechselgarnitur, und zweitens waren die Mütter mit Hausarbeit überlastet, Hühner, eine Kuh, ein Ferkel, und sie verstanden auch nicht, warum sie die Sachen jeden Tag waschen sollten.

Schmutz war für sie Tinte, Erde, Fettflecke und nicht die Wirkung von irgendwelchen kurzlebigen Isotopen. Als ich den Eltern meiner Schüler etwas erklären wollte, begriffen sie, glaube ich, nicht mehr, als wenn ein Medizinmann aus einem afrikanischen Stamm vor ihnen gesprochen hätte. »Was ist das – Radioaktivität? Nicht zu hören, nicht zu sehen ... Ach was ... Bei mir reicht das Geld von einem Gehaltstag zum anderen nicht. Die letzten drei Tage leben wir nur von Milch und Kartoffeln. Ach was ...« Die Mutter winkt ab. Und Milch darf man auch nicht trinken ... Auch keine Kartoffeln essen. Im Geschäft gab es chinesisches Schmorfleisch in Büchsen und Buchweizengrütze, aber wovon sollen sie das bezahlen? Die Anweisungen sind für den gebildeten Menschen gedacht, für eine gewisse Alltagskultur. Die gibt es aber nicht! Das Volk, für das die Anweisungen bestimmt sind, gibt es bei uns nicht. Außerdem ist es nicht so einfach zu erklären, worin der Unterschied zwischen Rem und Röntgen besteht ... Meiner Meinung nach ... Ich würde von Fatalismus sprechen, einem leichten Fatalismus. Im ersten Jahr durften zum Beispiel keine Gartenfrüchte verwendet werden – sie wurden trotzdem gegessen, sogar Vorräte wurden angelegt.

Die Ernte war ja auch so gut! Versuche da einer zu erklären, daß man die Gurken und Tomaten nicht essen darf ... Was soll das heißen? Die schmecken doch ganz normal ... Und der Mensch ißt sie, und sein Magen tut davon nicht weh ... Und im Dunkeln »leuchtet« auch niemand ... Unsere Nachbarn legten in dem Jahr neue Fußböden aus einheimischem Holz. Man maß nach: Die radioaktive Strahlung war 100mal höher als zulässig. Keiner hat den Fußboden wieder herausgerissen, sie wohnen immer noch damit, nach dem Motto: Es wird schon irgendwie gehen, alles löst sich von selbst. Ja, es löste sich von selbst, ohne sie, ohne ihr Zutun. In der ersten Zeit wurden diverse Lebensmittel zu den Strahlenmeßtechnikern gebracht. Die Prüfung ergab: das Vielfache der Norm ... Später gab man es auf. »Nicht zu hören, nicht zu sehen! Ach, was die Wissenschaftler sich ausdenken!« Alles ging seinen Gang: Pflügen, Säen, Ernten ... Etwas Unvorstellbares war geschehen, aber die Leute lebten, wie sie immer gelebt hatten. Und der Verzicht auf Gurken aus dem eigenen Garten war wichtiger als Tschernobyl. Die Kinder mußten den ganzen Sommer über in der Schule bleiben, Soldaten wuschen das Gebäude mit Seifenpulver ab, trugen ringsum Erde ab ... Und im Herbst? Im Herbst wurden die Schüler in die Ernte geschickt. Auch Studenten und Berufsschüler wurden eingesetzt. Alles wurde mobilisiert. Tschernobyl – das ist nicht so schlimm, als wenn man Kartoffeln ungerodet im Acker läßt ...

Wer ist schuld? Nun, wer ist schon schuld außer wir selbst!

Früher haben wir die Welt um uns herum nicht bemerkt, sie war wie der Himmel, wie die Luft, so als hätte sie uns jemand für alle Ewigkeit gegeben, und sie hing nicht von uns ab. Sie würde immer dasein. Früher lag ich gerne im Wald, im Gras und schaute in den Himmel, da war mir wohl, da vergaß ich fast, wie ich heiße. Und jetzt? Der Wald ist schön, voller Blaubeeren, aber keiner pflückt sie. Im herbstlichen Wald hört man nur noch selten eine menschliche Stimme. Angst in den Empfindungen, im Unterbewußtsein ... Uns sind der Fernseher und die Bücher geblieben ... Die Phantasie ... Die Kinder wachsen in den Häusern auf … Ohne Wald und ohne Fluß … Sie können sie nur anschauen. Es sind ganz andere Kinder. Und ich komme zu ihnen in den Unterricht: »Du trübe Zeit … O welch Bezauberung …« Immer noch mit demselben Puschkin, der mir unvergänglich schien. Manchmal kommt mir ein lästerlicher Gedanke: Und wenn unsere ganze Kultur eine Truhe mit alten Manuskripten ist? Mit alldem, was ich liebe …

Er: Wissen Sie, wir sind ja militärisch erzogen worden … Man hat uns auf Abwehr und Beseitigung eines atomaren Angriffs orientiert. Wir sollten chemischen, biologischen und atomaren Kriegen widerstehen. Und nicht Radionuklide aus dem Organismus ausführen … Mit Krieg ist das nicht zu vergleichen, der Vergleich stimmt nicht, aber alle tun es. Ich habe als Kind die Leningrader Blockade überlebt. Das ist mit nichts zu vergleichen. Dort haben wir gelebt wie an einer Front, unter endlosem Beschuß. Und mit Hunger, mehrere Jahre Hunger, während der Mensch zu tierischen Instinkten herabsank. Aber hier, bitte schön, geht man hinaus in den Garten – und alles wächst! Es ist unvergleichbar. Aber ich wollte etwas anderes sagen … Ich habe den Faden verloren … Weg ist er … Ach ja … Wenn Beschuß einsetzt, Gott bewahre uns davor, kann man sofort, jeden Moment sterben. Im Winter war es der Hunger. Wir verbrannten Möbel, alles Holz in der Wohnung, alle Bücher, ich glaube, wir haben sogar alte Lumpen verheizt … Ein Mensch geht die Straße entlang und setzt sich nieder, am nächsten Tag geht man vorbei, er sitzt immer noch da, das heißt, er ist erfroren, eine Woche sitzt er so oder bis zum Frühling. Bis es warm wird. Keiner hatte die Kraft, ihn aus dem Eis herauszuhauen, nur in seltenen Fällen ist jemand, wenn einer auf der Straße umfiel, hingegangen, um zu helfen. Alle haben sich daran vorbeigeschleppt. Ich erinnere mich, daß die Leute nicht gegangen sind, sondern sich mühsam dahingeschleppt haben, ganz, ganz langsam. Das ist mit nichts zu vergleichen!

Als der Reaktor explodierte, wohnte noch meine Mutter bei

uns, die sagte immer wieder: »Mein Junge, das Schlimmste haben wir hinter uns. Wir haben die Blockade überstanden. Etwas Schlimmeres gibt es nicht.«

Wir haben uns auf einen Krieg vorbereitet, auf einen atomaren Krieg, wir haben Atomschutzbunker gebaut. Wir wollten uns vor dem Atom verstecken wie vor Granatsplittern. Aber das Atom ist überall ... Im Brot, im Salz ... Wir atmen Radioaktivität ein, wir essen Radioaktivität ... Daß es kein Brot und kein Salz geben mag, daß man alles essen kann bis hin zum Ledergürtel, den man in Wasser kocht, wegen des Geruchs, um sich am Geruch satt zu essen – das konnte ich alles verstehen. Aber dies hier nicht ... Alles ist vergiftet? Heute muß man sich klar darüber werden, wie man leben soll. In den ersten Monaten gab es die Angst, besonders bei Ärzten, Lehrern, kurz, bei der Intelligenz, den gebildeteren Leuten; die ließen alles stehen und liegen und reisten ab. Hals über Kopf. Aber die militärische Disziplin ... Das Parteimitgliedsbuch auf den Tisch ... Keiner wurde herausgelassen ... Wer ist schuld? Um auf die Frage zu antworten, wie man leben soll, muß man wissen: Wer ist schuld? Wer? Die Wissenschaftler oder das Personal des Atomkraftwerkes? Der Direktor? Die diensthabenden Reaktorfahrer? Aber warum, sagen Sie mir, bekämpfen wir nicht das Auto als eine Schöpfung des menschlichen Geistes, sondern den Reaktor? Fordern, alle Atomkraftwerke zu schließen und das Reaktorpersonal vor Gericht zu bringen? Wir verfluchen sie! Das Wissen, das Wissen selbst wird nicht als Verbrechen angesehen. Die Wissenschaftler sind heute auch Opfer von Tschernobyl. Ich möchte nach Tschernobyl leben und nicht nach Tschernobyl sterben. Ich möchte verstehen ...

Die Reaktionen der Menschen sind heute unterschiedlich, immerhin sind zehn Jahre vergangen, und sie nehmen den Krieg immer noch als Maßstab. Der Krieg hat vier Jahre gedauert ... Schon zwei Kriege, kann man sagen ... Ich zähle Ihnen mal auf, was es für Reaktionen gibt: »Alles ist längst vorbei.« – »Es wird schon irgendwie gutgehen.« – »Zehn Jahre sind vergangen. Es ist nicht mehr schlimm.« – »Wir werden alle sterben! Wir werden alle bald sterben!« – »Ich möchte ins Ausland gehen.« – »Man muß uns helfen.« – »Ach, zum Teufel! Man muß einfach leben!« Das sind sie wohl alle ... Wir hören sie jeden Tag ... Aus meiner Sicht sind wir Material für wissenschaftliche Forschungen ... Ein internationales Laboratorium. Wir sind zehn Millionen Weißrussen, über zwei Millionen leben auf radioaktiv verseuchtem Boden. Ein gigantisches teuflisches Labor ... Man braucht nur die Daten aufzuzeichnen, nur zu experimentieren. Von überallher kommen sie ... Sie verteidigen ihre Dissertationen ... Aus Moskau und Petersburg ... Aus Japan, Deutschland, Österreich ... Sie bereiten sich auf die Zukunft vor ... (Lange Pause im Gespräch.) Woran ich gedacht habe? Ich habe wieder verglichen ... Ich habe daran gedacht, daß ich über Tschernobyl, aber nicht über die Blockade reden kann. Ich hatte eine Einladung aus Leningrad bekommen, eine Einladung zu einem Treffen der »Kinder der Leningrader Blockade«. Ich fuhr hin, aber ich konnte dort kein Wort sagen. Einfach von der Angst erzählen? Das ist zuwenig ... Nur von der Angst ... Zu Hause haben wir nie über die Blockade geredet, Mama wollte nicht, daß wir uns daran erinnern. Aber über Tschernobyl reden wir ... Nein ... (Hält inne.)

Nicht, wenn wir unter uns sind, sondern nur, wenn Ausländer, Journalisten oder Verwandte, die nicht hier wohnen, zu uns kommen. Warum reden wir nicht über Tschernobyl? In der Schule? Mit den Schülern? Darüber wird mit ihnen in Österreich, Frankreich, Deutschland gesprochen, wenn sie dort zur Erholung sind. Ich frage die Kinder, worüber man mit ihnen spricht, was die Leute interessiert. Aber sie erinnern sich oft weder an Städte und Dörfer, nicht mal an die Namen der Leute, bei denen sie gewesen sind, sie zählen die Geschenke auf oder was sie Schönes gegessen haben. Der eine bekommt einen Kassettenrecorder geschenkt, der andere nicht. Sie kommen in Kleidern nach Hause, die weder ihre Eltern noch sie selbst verdient haben. Es ist, als wären sie irgendwo auf einer Ausstellung gewesen. In einem großen Kaufhaus ... Sie warten nur darauf, daß sie noch einmal fahren dürfen, daß man ihnen wieder etwas zeigt, wieder Geschenke macht. Sie haben sich schon daran gewöhnt. Es ist bereits ihre Art zu leben, ihre Vorstellung vom Leben. Nach diesem großen Kaufhaus, das sich Ausland nennt, nach so einer teuren Ausstellung müssen wir zu ihnen in die Klasse gehen. In den Unterricht. Und ich sehe, daß sie schon Beobachter sind ... Sie beobachten, sie leben nicht. Ich zeige ihnen meine Werkstatt, da stehen meine Holzskulpturen. Die gefallen ihnen. Ich sage: »Das alles kann man aus einem gewöhnlichen Stück Holz machen. Probiert es selbst.« Wacht auf! Mir hat es geholfen, die Blockade zu verarbeiten, es hat Jahre gedauert ...

Monolog darüber, wie eine völlig unbekannte Sache in dich eindringt und Besitz von dir ergreift

Ameisen krabbeln über den Stamm ... Ringsum dröhnt schweres Armeegerät. Soldaten. Geschrei. Schimpfen. Flüche. Hubschrauber knattern. Sie aber krabbeln ... Ich kam aus der Zone, und von allem, was ich an dem Tag gesehen hatte, ist mir nur das eine Bild deutlich in Erinnerung geblieben ... Wir hielten im Wald an, ich stand, an eine Birke gelehnt, und rauchte. Dicht vor meinen Augen krabbelten die Ameisen über den Stamm, ohne uns zu hören, ohne uns Beachtung zu schenken ... Wir würden verschwinden, und sie würden es gar nicht bemerken. Und ich? Ich hatte sie noch nie so nahe wahrgenommen ...

Zuerst sagten alle »Katastrophe«, dann »Atomkrieg«. Ich habe viel über Hiroshima und Nagasaki gelesen, Dokumentaraufnahmen gesehen. Schrecklich, aber verständlich: Atomkrieg, Explosionsradius ... Das konnte ich mir noch vorstellen. Aber was dort mit uns geschehen ist, kann das Bewußtsein nicht fassen. Wir schwinden dahin ... Du spürst, wie eine völlig unbekannte Sache deine ganze frühere Welt zerstört, in dich eindringt, Besitz von dir ergreift. Ich erinnere mich an ein Gespräch mit einem Wissenschaftler. »Es dauert über 1 000 Jahre«, erklärte er. »Die Halbwertzeit von Uran 238 beträgt über eine Milliarde Jahre. Und bei Thorium sind es sogar 14 Milliarden Jahre.« 50 ... 100 ... 200 Jahre ... Aber weiter? Weiter reichte mein Vorstellungsvermögen nicht. Ich begriff nicht mehr, was Zeit ist, wo ich war.

Darüber heute schreiben? Erst zehn Jahre sind vergangen ... Schreiben? Ich denke, das ist sinnlos! Man kann nichts verständlich machen, nichts begreifen. Wir werden doch nur auf etwas Ähnliches wie unser Leben zurückkommen ... Ich habe es probiert ... Es hat nicht geklappt ... Nach Tschernobyl ist der Mythos von Tschernobyl geblieben. Zeitungen und Zeitschriften wetteifern im Beschreiben schlimmer Dinge, besonders wer nicht dort gewesen ist, liebt die Schrecken. Alle lasen die Geschichte mit den Pilzen von der Größe eines menschlichen Kopfes, aber keiner hat je einen gefunden. Daher muß man nicht schreiben, sondern aufzeichnen. Dokumentieren. Nennen Sie mir einen phantastischen Roman über Tschernobyl ... Es gibt keinen! Die Realität ist viel phantastischer!

Ich habe ein spezielles Notizbuch ... Dort halte ich Gespräche, Gerüchte, Witze fest. Das ist viel interessanter, und es steht außerhalb der Zeit. Was ist vom alten Griechenland geblieben? Seine Mythen ...

Hier ist mein Notizbuch ...

Aus Gesprächen:

Im Radio heißt es schon seit drei Monaten: Die Lage stabilisiert sich ... Die Lage stabilisiert sich ... Die Lage stab...

Instrukteure aus dem ZK sind dagewesen. Ihre Route: mit dem Auto vom Hotel ins Gebietsparteikomitee, zurück ebenfalls mit dem Auto. Über die Lage informieren sie sich aus abgehefteten Lokalzeitungen. Beutel voller belegter Brote aus Minsk. Tee wird mit Mineralwasser gebrüht. Ebenfalls mitgebracht. Das hat die Etagenfrau des Hotels, in dem sie wohnten, erzählt. Die Leute schenken Zeitungen, Fernsehen und Rundfunk keinen Glauben, sie suchen Informationen im Verhalten der Obrigkeit. Die sind höchst zuverlässig.

Das bekannteste Märchen aus der Zone: Am besten hilft Stolitschnaja-Wodka gegen Strontium und Caesium.

Was soll ich mit dem Kind tun? Ich möchte es mir am liebsten schnappen und flüchten. Aber ich habe das Parteimitgliedsbuch in der Tasche. Ich kann nicht.

Überraschend tauchte Mangelware in den Dorfläden auf. Ich hörte, wie der Sekretär des Gebietskomitees sagte: »Wir schaffen euch ein Paradies, wenn ihr nur hier bleibt und arbeitet. Wir überschütten euch mit Wurst und Buchweizengrütze. Ihr werdet alles bekommen, was es in den besten Spezialgeschäften gibt.« Das heißt in den Läden der Gebietskomitees! Die Einstellung zum Volk: Für die sind Wodka und Wurst genug!
Aber Teufel noch eins! Ich habe nie gesehen, daß es in einem Dorfladen drei Sorten Wurst gibt. Ich selbst habe meiner Frau dort Import-Strumpfhosen gekauft ...

Strahlenmeßgeräte sind einen Monat lang verkauft worden, dann waren sie weg. Darüber darf man nicht schreiben. Wieviel und was für Radionuklide ausgetreten sind, auch nicht. Ebensowenig, daß nur noch Männer in den Dörfern geblieben sind. Frauen und Kinder sind rausgeschafft worden. Den ganzen Sommer über haben die Männer selbst gewaschen, haben die Kühe gemolken, die Gärten umgegraben. Und natürlich getrunken. Sich geprügelt. Eine Welt ohne Frauen ... Das wurde mir gestrichen. »Vergessen Sie nicht, daß wir Feinde haben. Viele Feinde in Übersee«, hat der Chefredakteur zu mir gesagt. Und deshalb ist alles bei uns gut und nichts schlecht. Aber irgendwo werden Sonderzüge bereitgestellt, und jemand hat die Oberen mit Koffern gesehen ...

Am Milizposten hielt mich eine alte Frau an. »Guck doch mal nach meinem Haus. Es wird Zeit, Kartoffeln zu buddeln, aber die Soldaten lassen mich nicht rein.« Sie sind umgesiedelt worden. Der Mensch im Vakuum, der Mensch im Nichts. Sie schleichen durch die militärischen Absperrungen hindurch in ihre Dörfer zurück ... Auf Waldwegen ... Durch Sümpfe ...

Nachts ... Sie werden verfolgt, eingefangen. Mit Autos und Hubschraubern. »Wie bei den Deutschen«, sagen die Alten.

Ich habe den ersten Plünderer gesehen. Ein junger Kerl, er trug zwei Pelzjacken übereinander. Der Militärpatrouille wollte er weismachen, daß er seinen Hexenschuß auskuriert. Als man ihn weich gemacht hatte, bekannte er: »Beim ersten Mal hatte ich ein bißchen Angst, aber dann war es ganz normal. Hab einen gehoben – und dann ging's los.« Er hat die Schwelle des Selbsterhaltungstriebs überschritten. Im normalen Zustand ist das unmöglich. So machen sich unsere Leute zu Heldentaten auf. Und auch – zu Verbrechen.

Kann uns geholfen werden? Und wenn ja, wie? Das Volk nach Österreich oder Kanada umsiedeln? Angeblich zirkulieren solche Gespräche von Zeit zu Zeit in höchsten Gremien.

Wenn man eine Kirche baute, bekam man die Stelle buchstäblich vom Himmel angezeigt. Kirchenleute hatten Visionen. Geheimnisvolle Rituale gingen dem Bau voraus. Das Atomkraftwerk dagegen wurde wie eine Fabrik gebaut. Wie ein Schweinestall. Das Dach wurde regelrecht asphaltiert. Und es ist geschmolzen.

Hast du das gelesen? Bei Tschernobyl ist ein Deserteur aus der Armee gefaßt worden. Er hatte sich eine Erdhütte gebaut und lebte dort nahe am Reaktor. Ernährt hat er sich dadurch, daß er die verlassenen Häuser abgraste. Mal fand er Speck, mal ein Glas eingelegte Gurken. Er stellte Tierfallen auf. Desertiert war er, weil die »Alten« ihn fast zu Tode geprügelt hatten. Seine Rettung war Tschernobyl ...

Wir sind Fatalisten. Wir unternehmen nichts, weil wir glauben, daß alles so kommen wird, wie es kommt. Unsere Geschichte? Jede Generation hat ihren Krieg erlebt ... Warum soll es uns anders ergehen? Wir sind Fatalisten ...

Die ersten Wolfshunde sind aufgetaucht. Sie stammen von Wölfen und Hunden ab, die in den Wald geflüchtet sind. Sie sind größer als Wölfe, beachten Treiblappen nicht, haben keine Angst vor Licht und Menschen und fallen auch nicht auf die Lockrufe der Jäger herein. Und verwilderte Katzen rotten sich schon zusammen und fallen Menschen an. Sie rächen sich an uns. Die Erinnerung daran, daß sie sich dem Menschen untergeordnet, ihm gedient haben, ist weg. Und bei uns verflüchtigt sich die Grenze zwischen Wirklichem und Unwirklichem ...

Gerüchte:

Hinter Tschernobyl werden Lager für verstrahlte Personen gebaut. Die werden dort gefangengehalten, beobachtet und bestattet.

Aus den nahe am Kraftwerk gelegenen Dörfern werden Leichen mit Bussen herausgeschafft und direkt auf einen Friedhof gebracht, wo sie zu Tausenden in Massengräbern verscharrt werden. Wie während der Leningrader Blockade ...

Einige Leute wollen am Abend vor der Explosion ein unerklärliches Leuchten am Himmel über dem Atomkraftwerk gesehen haben. Jemand hat es sogar fotografiert. Auf dem Film wurde entdeckt, daß ein überirdisches Wesen über dem Ganzen schwebt ...

In Minsk sind Personen- und Güterzüge abgewaschen worden. Die ganze Hauptstadt soll nach Sibirien ausgesiedelt werden. Dort werden bereits Baracken von alten Stalinlagern repariert. Als erste werden Frauen und Kinder abtransportiert. Ukrainer werden jetzt ausgesiedelt ...

Angler entdecken immer häufiger Amphibien, die im Wasser und auf dem Land leben können. Über Land gehen sie auf flossenähnlichen Pfoten.

Das war kein Unfall, sondern ein Erdbeben. In der Erdkruste ist etwas vor sich gegangen. Eine geologische Explosion. Geophysische und kosmophysische Kräfte waren am Werk. Das Militär wußte schon davon, es hätte warnen können, aber dort wird alles streng geheimgehalten.

In Flüssen und Seen sind verstärkt Hechte ohne Kopf und ohne Flossen gefangen worden. Nur der Bauch schwimmt im Wasser …

Ähnliches wird bald mit den Menschen geschehen. Die Weißrussen werden sich in Humanoide verwandeln.

Die Waldtiere haben die Strahlenkrankheit. Sie schleichen traurig umher und haben traurige Augen. Den Jägern ist das unheimlich, die Tiere tun ihnen leid, und sie schießen nicht mehr. Die Tiere verlieren die Angst vor den Menschen. Füchse und Wölfe kommen in die Dörfer und wollen mit den Kindern spielen.

Die Leute aus Tschernobyl bringen Kinder zur Welt, in denen statt Blut eine unbekannte gelbe Flüssigkeit fließt. Es gibt Wissenschaftler, die nachweisen, daß der Affe deshalb so klug geworden ist, weil er unter radioaktiver Strahlung gelebt hat. Aus Kindern, die drei oder vier Generationen später zur Welt kommen, werden lauter Einsteine. Es ist ein kosmisches Experiment am Menschen …

Anatoli Schimanski,
Journalist

Monolog über die Sehnsucht nach einer Rolle und einem Sujet

Dutzende von Büchern wurden schon geschrieben. Dicke Bände. Sie wurden kommentiert. Aber das Ereignis steht dennoch über jedem philosophischen Kommentar. Irgendwo habe ich gehört und gelesen, daß das Problem Tschernobyl hauptsächlich als Problem der Selbsterkenntnis vor uns steht. Dem konnte ich zustimmen, das deckte sich mit meinen Gefühlen ... Ich warte die ganze Zeit darauf, daß ein kluger Kopf mir alles erklärt. So wie man mich über Stalin, Lenin, den Bolschewismus belehrt und aufgeklärt hat. Oder ständig dröhnt: »Der Markt! Der Markt! Der freie Markt!« Und wir ... Wir Menschen, großgeworden in einer Welt ohne Tschernobyl, leben mit Tschernobyl.

Eigentlich bin ich Raketenexperte, Spezialist für Raketentreibstoff. Ich habe in Baikonur gedient. Die Programme »Kosmos«, »Interkosmos« sind ein wichtiger Abschnitt in meinem Leben. Eine herrliche Zeit! Wir erobern den Himmel! Wir erobern die Arktis! Wir erobern Neuland! Wir erobern den Kosmos! Zusammen mit Gagarin ist die ganze sowjetische Welt in den Kosmos geflogen, hat sich von der Erde gelöst ... Wir alle! Ich bin immer noch in ihn verliebt! Ein wunderbarer russischer Mensch! Mit so einem wunderbaren Lächeln! Sogar sein Tod war stimmig. Träume vom Schweben, vom Fliegen, von der Freiheit ... Es war eine herrliche Zeit! Aus familiären Gründen wurde ich nach Weißrußland versetzt, dort habe ich zu Ende gedient. Als ich dorthinkam ... Ich sank in diesen Tschernobyl-Raum ein, er hat meine Gefühle verändert. Man hätte sich etwas Ähnliches nicht einmal vorstellen können, obwohl ich immer mit modernster Technik, mit Raumtechnik zu tun hatte ... Es fällt mir immer noch schwer, das zu artikulieren ... Es überstieg die Einbildungskraft ... Etwas ... (Denkt nach.) Eben noch schien es mir, als hätte ich den Sinn erfaßt ... Vor einer Sekunde ... Es drängt mich zum Philosophieren. Mit wem man auch über Tschernobyl spricht, alle drängt es zum Philosophieren.

Aber ich erzähle Ihnen lieber etwas über meine Arbeit. Was wir nicht alles machen! Wir bauen eine Kirche ... Eine Tschernobyl-Kirche, zu Ehren des Muttergottesbildes *Auffindung der Verunglückten*. Wir sammeln Spenden, besuchen Kranke und Sterbende. Wir schreiben an einer Chronik. Wir schaffen ein Museum. Eine Zeitlang habe ich gedacht, daß ich mit meinem kranken Herzen gar nicht an so einem Platz arbeiten kann. Ich bekam den ersten Auftrag. »Hier ist Geld, teile es unter 35 Familien auf, 35 Witwen, deren Männer gestorben sind.« Alle waren Liquidatoren gewesen. Es mußte gerecht zugehen. Aber wie? Eine Witwe hat ein kleines Mädchen, es ist krank, die andere hat zwei Kinder, die dritte ist selbst krank, wieder eine andere wohnt zur Untermiete, die nächste hat vier Kinder. Nachts bin ich mit dem Gedanken aufgewacht: Was tun, um niemanden zu benachteiligen? Ich überlegte und rechnete, ich rechnete und überlegte. Und ich fand keine Lösung! Wir haben dann das Geld zu gleichen Teilen vergeben, nach einer Liste. Aber mein Werk ist das Museum. Ein Tschernobyl-Museum. (Schweigt.) Manchmal scheint es mir, als ob hier kein Museum entsteht, sondern ein Bestattungsbüro, daß ich in einem Bestattungstrupp diene! Heute morgen, ich bin noch nicht mal dazu gekommen, den Mantel auszuziehen, da geht die Tür auf, eine Frau steht auf der Schwelle und schluchzt, nein, schreit: »Hier, nehmt seine Medaille und alle Urkunden zurück! Alle Vergünstigungen! Gebt mir meinen Mann zurück!« Sie hat lange geschrien. Sie ließ die Medaille und die Urkunden da. Nun werden sie also im Museum liegen, unter Glas ... Man wird sie betrachten ... Aber das Schreien, ihr Schreien hat keiner außer mir gehört, und wenn ich die Urkunden in die Vitrine lege, werde ich mich daran erinnern.

Zur Zeit liegt Oberst Jaroschuk im Sterben ... Chemiker, Strahlenmeßtechniker. Er war ein bärenstarker Kerl, jetzt ist er gelähmt. Seine Frau dreht ihn um wie ein Kissen ... Füttert ihn mit dem Löffel ... Er hat Nierensteine, die Steine müßten zertrümmert werden, aber wir haben kein Geld, um die Operation zu bezahlen. Wir sind arm, wir existieren von dem, was gespendet wird. Und der Staat benimmt sich wie ein Schuft – er hat diese Menschen im Stich gelassen. Wenn Jaroschuk gestorben ist, wird eine Straße nach ihm benannt oder eine Schule oder ein Truppenteil, aber erst dann, wenn er gestorben ist ... Oberst Jaroschuk ... Er ist zu Fuß durch die Zone gegangen und hat die Grenzen für die maximal verseuchten Punkte festgelegt, das heißt, der Mann wurde im wahrsten Sinne des Wortes als Bioroboter benutzt. Er wußte das, und trotzdem ist er gegangen, vom Atomkraftwerk aus über die Abschnitte bis zum äußersten Radius. Zu Fuß. Mit Strahlenmeßgeräten in der Hand. Hatte er einen »Fleck« sondiert, bewegte er sich an den Grenzen des »Flecks« entlang, um ihn genau in die Karte einzutragen.

Und die Soldaten, die auf dem Dach des Reaktors gearbeitet haben? Allein zur Beseitigung der Unfallfolgen wurden 210 Truppenteile, also etwa 340 000 Armisten eingesetzt. Die Hölle haben jene erlebt, die das Dach gesäubert haben ... Sie erhielten Bleischürzen, aber die Strahlung kam von unten, und dort war der Mensch ungeschützt. Sie hatten nur ganz einfache Stiefel mit Tuchschäften an ... Anderthalb bis zwei Minuten pro Tag auf dem Dach ... Dann wurden sie aus der Armee entlassen, bekamen eine Urkunde und eine Prämie von 100 Rubel. Und sie verschwanden in den endlosen Weiten unserer Heimat. Auf dem Dach wurden Brennstoff und Reaktorgraphit, Betonsplitter und Armaturen eingesammelt ... 20 bis 30 Sekunden, um die Tragen zu beladen, und genausoviel, um den »Müll« vom Dach zu werfen. Allein die Spezialtragen wogen 40 Kilogramm. Also stellen Sie sich vor: eine Bleischürze, Masken, die Tragen und eine sagenhafte Geschwindigkeit ... Im Museum in Kiew liegt eine Graphitnachbildung von der Größe einer Mütze, wenn das

Stück echt wäre, heißt es, würde es 16 Kilogramm wiegen, so kompakt, so schwer ist es. Funkgesteuerte Manipulatoren weigerten sich oft, Befehle auszuführen, oder taten das Falsche, weil ihre elektronischen Schaltungen in den Hochfrequenzfeldern zusammengebrochen waren. Die zuverlässigsten »Roboter« waren Soldaten. Man nannte sie »grüne Roboter« – nach der Farbe ihrer Uniform. Über das Dach des zerstörten Reaktors sind 3 600 Soldaten gegangen. Sie schliefen auf der Erde, alle erzählen, daß sie in der ersten Zeit in den Zelten Stroh aufgeschüttet haben, das sie von Mieten nahe beim Reaktor holten.

Junge Männer ... Auch sie sterben heute nach und nach, aber sie wissen, was wäre, wenn sie das alles nicht getan hätten ...

Es gab einen Moment, da die Gefahr einer thermonuklearen Explosion bestand, und man mußte das schwere Wasser aus dem Reaktor ablassen, damit er nicht da hineinstürzte, und schweres Wasser ist eine direkte Komponente des Kerntreibstoffes. Können Sie sich das vorstellen? Die Aufgabe lautete: Wer taucht in das schwere Wasser und öffnet den Schieber des Ablaßventils? Man versprach Auto, Wohnung, Datsche und finanzielle Versorgung der Familie bis ans Lebensende. Man suchte Freiwillige. Und sie fanden sich! Die Jungs tauchten, tauchten mehrere Male, öffneten den Schieber, und die Truppe bekam 7 000 Rubel dafür. Von den versprochenen Autos und Wohnungen war keine Rede mehr. Aber sie waren auch nicht deswegen getaucht! Nicht wegen des materiellen Gewinns, am wenigsten deswegen! (Er ist in Erregung geraten.)

Die Männer leben heute nicht mehr ... Nur ihre Papiere sind in unserem Museum ... Die Namen ... Und wenn sie es nicht getan hätten? Unsere Bereitschaft zur Selbstaufopferung ... So was wie uns gibt es nicht noch einmal ...

Ich habe mich hier mit einem Mann gestritten ... Er wollte mir weismachen, es habe damit zu tun, daß ein Menschenleben bei uns sehr wenig wert ist. Das ist asiatischer Fatalismus. Ein Mensch, der sich selbst opfert, empfindet sich nicht als einmaliges, unnachahmliches Individuum. Es ist die Sehnsucht nach einer Rolle. Vorher war er ein Mensch ohne Text, ein Statist. Er hatte kein Sujet und diente nur als Hintergrund. Auf einmal wird er zur wichtigsten handelnden Person. Die Sehnsucht nach dem Sinn. Was macht unsere Propaganda aus? Unsere Ideologie? Man bietet dem Menschen den Tod an, dafür kann er aber auch einen Sinn erwerben. Man erhöht den Menschen. Gibt ihm eine Rolle! Der hohe Wert des Todes – denn hinter dem Tod steht die Ewigkeit. Das wollte er mir weismachen. Aber damit bin ich nicht einverstanden! Ganz und gar nicht! Ja, wir sind zu Soldaten erzogen worden. Das hat man uns beigebracht: immer mobil sein, immer bereit sein zu Unmöglichem. Als ich nach der Schule eine zivile Ausbildung anstrebte, war mein Vater erschüttert: »Ich bin Berufsoffizier, und du willst im Anzug rumlaufen? Das Vaterland muß man verteidigen!« Er redete monatelang nicht mit mir, bis ich die Bewerbung an einer Offiziersschule eingereicht hatte. Mein Vater hat den Krieg mitgemacht, er ist schon tot. Also, er hat kaum materiellen Besitz gehabt, wie seine ganze Generation. Er hat nichts hinterlassen: kein Haus, kein Auto, kein Land ... Was habe ich von ihm? Eine Kartentasche, die er vor dem Finnland-Feldzug bekommen hat, und darin seine Kriegsorden. Und in einer Plastiktüte 300 Briefe von der Front, angefangen 1941, meine Mutter hatte sie aufbewahrt. Das ist alles, was von meinem Vater geblieben ist ... Aber ich denke, daß das von unschätzbarem Wert ist!

Verstehen Sie jetzt, wie ich unser Museum sehe? In dem Glas da ist Erde aus Tschernobyl ... Eine Handvoll ... Und da ist ein Bergarbeiterhelm ... Auch aus Tschernobyl ... Landwirtschaftliches Gerät aus der Zone ... Hier darf kein Strahlenmeßtechniker herein!

Alles strahlt! Aber hier muß alles echt sein! Keine Nachbildungen! Wir müssen glaubwürdig sein. Die Leute glauben nur an Echtes, es gibt zuviel Lüge um Tschernobyl. Immer noch. Wir sind umgeben von lauter Hilfsfonds, kommerziellen Strukturen.

Da Sie so ein Buch schreiben, müssen Sie sich unser einzigartiges Videomaterial anschauen. Wir sammeln es stückweise. Man kann sagen, daß es keine Tschernobyl-Chronik gibt. Gefilmt werden durfte nicht, alles mußte geheimgehalten werden. Wenn einer etwas aufnehmen konnte, zogen die entsprechenden Organe die Filme ein und gaben sie entmagnetisiert zurück. Wir haben kein Material darüber, wie die Leute evakuiert wurden, wie Vieh hinausgeschafft wurde ... Tragödien durften nicht gefilmt werden, aber Heldentum! Tschernobyl-Bildbände sind heute immerhin erschienen, aber wie oft wurden Film- und Fernsehleuten die Kameras zerschlagen! Sie wurden durch Instanzen geschleppt ... Um wahrheitsgetreu über Tschernobyl zu berichten, brauchte man Mut, und er ist auch jetzt erforderlich. Glauben Sie mir! Aber Sie müssen sie sehen ... Diese Aufnahmen ... Die Gesichter der ersten Feuerwehrleute – schwarz wie Graphit. Und ihre Augen? Das sind bereits Augen von Menschen, die wissen, daß sie von uns gehen. In einem Ausschnitt sind die Beine einer Frau zu sehen, die am Morgen nach der Katastrophe im Garten dicht beim Atomkraftwerk gearbeitet hat. Sie ging durch Gras, Tau lag drauf ... Die Beine gleichen einem Sieb, alles ist voller Löcher bis an die Knie ... Das müssen Sie gesehen haben, wenn Sie so ein Buch schreiben ...

Ich komme nach Hause und kann meinen kleinen Sohn nicht auf den Arm nehmen. Ich muß erst 50 bis 100 Gramm Wodka trinken, um das Kind auf den Arm nehmen zu können ...

Eine ganze Abteilung im Museum ist den Hubschrauberpiloten gewidmet ... Oberst Wodolaschski ... Held Rußlands, begraben in weißrussischer Erde, im Dorf Schukow Lug. Als er sich die Überdosis einfing, hätte er gehen müssen, hätte er sofort evakuiert werden müssen, aber er blieb und hat noch 33 Besatzungen angeleitet. 120 Einsätze hat er geflogen und 200 bis 300 Tonnen Fracht abgeworfen. Vier bis fünf Flüge innerhalb von 24 Stunden, in einer Höhe von 300 Metern über dem Reaktor, Temperatur in der Kabine bis zu 60 Grad Celsius. Stellen Sie sich vor, was unten los war, als die Sandsäcke abgeworfen wurden ... Die freigewordene Energie erreichte 1 800 Röntgen pro Stunde. Den Piloten wurde in der Luft schlecht. Um das Ziel zu treffen, den Feuerschlund, steckten sie die Köpfe aus der Kabine und peilten mit dem Auge. Eine andere Möglichkeit gab es nicht ... Die Sitzungen der Regierungskommission ... Einfach und lakonisch wurde mitgeteilt: »Dafür müssen zwei bis drei Leben eingesetzt werden. Und dafür ein Leben.« Einfach und lakonisch ...

Oberst Wodolaschski ist tot. In der Kartei für die über dem Reaktor aufgenommenen Dosen trugen die Ärzte bei ihm ... sieben Rem ein. In Wirklichkeit waren es 600!

Und die 400 Grubenarbeiter, die einen Tag und eine Nacht lang den Tunnel unter den Reaktor getrieben haben? Der mußte gegraben werden, um flüssigen Stickstoff hineinzugießen und das Bodenpolster einzufrieren, wie die Ingenieure sagen. Andernfalls wäre der Reaktor ins Grundwasser abgesackt. Grubenarbeiter aus Moskau, Kiew, Dnepropetrowsk ... Ich habe nirgends darüber gelesen. Und sie haben mit nacktem Oberkörper bei Temperaturen von über 50 Grad auf allen vieren die Loren vor sich hergeschoben. Hunderte von Röntgen waren da unten ...

Die Leute sterben heute nach und nach ... Aber wenn sie das alles nicht getan hätten? Ich glaube, daß sie Helden und nicht Opfer eines Krieges sind, den es scheinbar nicht gegeben hat. Man nennt ihn Havarie, Katastrophe. Aber es war ein Krieg ... Tschernobyl-Denkmäler ähneln Kriegsdenkmälern.

Es gibt Dinge, über die man bei uns nicht spricht – slawische Prüderie ... Aber Sie sollten es wissen ... Wenn Sie so ein Buch schreiben ... Bei denen, die am Reaktor oder in unmittelbarer Nähe gearbeitet haben, ist in der Regel – ähnliches Symptom bei den Angehörigen der Raketentruppen – das Urogenitalsystem beeinträchtigt. Aber darüber wird bei uns nicht laut gesprochen ... Es ist nicht üblich ... Ich habe einmal einen englischen Journalisten begleitet, der sich sehr interessante Fragen zurechtgelegt hatte. Gerade zu diesem Thema, ihn interessierte die menschliche Seite des Problems. Was geschieht nach alledem mit dem Menschen – zu Hause, im Alltag, im Intimleben? Aber es kam kein offenes Gespräch zustande. Er hatte zum Beispiel um ein Treffen mit Hubschrauberpiloten gebeten. Um sozusagen von Mann zu Mann zu reden. Sie kamen, einige sind schon mit 35 bis 40 Jahren Rentner. Einer wurde mit einem gebrochenen Bein gebracht, er hatte eine Altersfraktur, das heißt, durch Einwirkung von Radioaktivität erweichen sich die Knochen. Er wurde also gebracht ... Der Engländer stellte seine Fragen: Wie klappt es bei euch jetzt in der Ehe, mit euren jungen Frauen? Die Piloten schwiegen, sie waren da, um zu berichten, wie sie fünf Flüge in 24 Stunden zu absolvieren hatten. Aber das hier? ... Über ihre Frauen? Darüber ... Er nahm sie sich einzeln vor ... Die Antworten waren alle gleich: Gesundheit normal, Anerkennung durch den Staat, in der Ehe nur Liebe ... Keiner ... Keiner von ihnen hat sich geöffnet! ... Sie gingen, und ich sah, daß der Engländer ganz frustriert war. »Verstehst du jetzt, warum euch keiner glaubt?« sagte er. »Weil ihr euch selbst betrügt.« Das Treffen hatte in einem Café stattgefunden, zwei hübsche Kellnerinnen bedienten und wollten schon abräumen, da bat der Engländer sie: »Würdet ihr mir ein paar Fragen beantworten?« Und die Mädchen packten aus. Er: »Wollt ihr heiraten?« – »Ja, aber nicht hier. Wir träumen alle davon, einen Ausländer zu heiraten, um ein gesundes Kind zur Welt zu bringen.« Der Engländer, schon mutiger: »Na, und ihr habt doch jede sicher einen Freund? Wie sind sie? Befriedigen sie euch?« – »Sie haben doch gerade mit den Jungs zusammengesessen«, sagten sie lachend. »Den Hubschrauberpiloten. Zwei Meter lang. Klimpernde Medaillen. Die sind fürs Präsidium gut, aber nicht fürs Bett.« Er fotografierte die Mädchen und wiederholte mir gegenüber den Satz: »Verstehst du jetzt, warum euch keiner glaubt? Ihr betrügt euch selbst.«

Wir fuhren zusammen in die Zone. Die Statistik ist bekannt: Rund um Tschernobyl gibt es 800 »Mogilniki«. Er hatte phantastische Ingenieurbauten erwartet – dabei sind es ganz gewöhnliche Gruben. Darin liegt »roter Wald«, abgeholzt rings um den Reaktor auf einer Fläche von 150 Hektar (in den Tagen nach dem Unfall wurden die Kiefern und Fichten zuerst rot, dann rostfarben). In den Gruben liegen Tausende Tonnen Metall und Stahl, mittlere Rohre, Arbeitsschutzbekleidung, Betonkonstruktionen ... Er zeigte mir ein Foto aus einer englischen Illustrierten. Ein Panoramafoto. Von oben aufgenommen ... Tausende Kraftfahrzeuge und Traktoren, Flugtechnik ... Feuerwehrwagen und Rettungswagen ... Der größte »Mogilnik« liegt neben dem Reaktor. Er wollte ihn fotografieren, jetzt, nach zehn Jahren. Man hatte ihm für das Foto viel Geld angeboten. Und so wirbeln wir umher, ein Vorgesetzter schickt uns zum nächsten ... Mal gibt es keine Karte, mal keine Erlaubnis. Wir strampelten uns ab, bis ich begriff: Diesen »Mogilnik« gibt es gar nicht! Er existiert nicht mehr, nur noch in Berichten, er ist längst auseinandergetragen, auf Märkten gelandet, als Ersatzteile in Kolchosen und auf eigenen Höfen! Alles geplündert, weggeschafft. Der Engländer konnte das gar nicht begreifen. Er hat es einfach nicht geglaubt! Als ich ihm die volle Wahrheit sagte, hat er mir nicht geglaubt! Und wenn ich jetzt auch den mutigsten Artikel lese, kreist im Unterbewußtsein stets der Gedanke: Und wenn das nun auch Lüge ist? Oder irgendein Märchen? Das Erinnern an die Tragödie wurde zur Phrase ... Zum gängigen Klischee! Zu einem Abschreckungsmittel! (Er schweigt verzweifelt.)

Ich trage alles ins Museum ... Trage alles zusammen ... Aber manchmal denke ich: Ach, du müßtest alles hinwerfen und abhauen! Wie soll man das bloß aushalten?

Ich hatte mal ein Gespräch mit einem jungen Priester ...

Wir standen am frischen Grab von Oberfeldwebel Sascha Gontscharow ... Einer von denen, die auf dem Dach des Reaktors gearbeitet hatten ... Schnee. Wind. Eisiges Wetter. Der Priester las die Totenmesse. Sprach ein Gebet. Alles mit unbedecktem Haupt. »Sie scheinen die Kälte gar nicht gespürt zu haben?« fragte ich ihn anschließend. »Nein«, sagte er. »In solchen Minuten bin ich allmächtig. Keine kirchliche Zeremonie gibt mir soviel Energie wie die Totenmesse.« Das habe ich behalten – die Worte eines Menschen, der immer nahe beim Tod steht. Immer wieder habe ich ausländische Journalisten, die zu uns kommen – viele schon mehrmals –, gefragt, warum sie um die Besuchsgenehmigung für die Zone bitten. Es wäre dumm zu glauben, daß sie es allein des Geldes oder der Karriere wegen tun. »Es gefällt uns bei euch«, geben sie zu. »Wir bekommen hier einen mächtigen Energieschub.« Eine überraschende Antwort, nicht? Für sie sind unsere Menschen, ihre Gefühle, ihre Welt etwas Unbekanntes, etwas Hypnotisierendes ... Aber ich habe noch nicht herausfinden können, was ihnen mehr gefällt: Wir selbst? Oder das, was sie über uns schreiben können? Und durch uns begreifen? Warum kreisen wir ständig um den Tod?

Tschernobyl ... Eine andere Welt wird es bei uns nicht mehr geben ... Am Anfang, als uns der Boden unter den Füßen weggerissen wurde, haben wir den Schmerz offen hinausgeschrien, aber jetzt ist uns bewußt geworden, daß es keine andere Welt gibt und daß man sich nirgendwohin retten kann ... Es ist das Gefühl einer tragischen Verwurzelung mit dieser Tschernobyl-Erde, ein ganz anderes Weltgefühl. Aus dem Krieg kehrte eine »verlorene« Generation zurück ... Erinnern wir uns an Remarque. Mit Tschernobyl dagegen lebt eine »verwirrte« Generation ... Wir sind alle verwirrt ... Unverändert ist nur das menschliche Leiden geblieben ... Unser einziges Kapital. Ein unschätzbares Kapital!

Ich komme nach Hause ... Nach alledem ... Meine Frau hört mir zu ... Dann sagt sie ganz leise: »Ich liebe dich, aber unseren Sohn bekommst du nicht. Den gebe ich niemandem. Nicht nach Tschernobyl, nicht nach Tschetschenien ... Niemand bekommt ihn!« Diese Angst hat sich bereits in ihr eingenistet ...

Sergej Wassiljewitsch Sobolew,
stellvertretender Vorsitzender des Vorstandes
der Republikanischen Vereinigung
Schild für Tschernobyl

Volkschor

Klawdija Grigorjewna Barsuk, Frau eines Liquidators, Tamara Wassiljewna Belookaja, Ärztin, Jekaterina Fjodorowna Bobrowa, Umsiedlerin aus der Stadt Pripjat, Andrej Burtys, Journalist, Iwan Naumowitsch Wergejtschik, Kinderarzt, Jelena Iljinitschna Woronko, Bewohnerin der Stadtsiedlung Bragin, Swetlana Gowor, Frau eines Liquidators, Natalja Maximowna Gontscharenko, Umsiedlerin, Tamara Iljinitschna Dubikowskaja, Bewohnerin der Stadtsiedlung Narowlja, Albert Nikolajewitsch Sarizki, Arzt, Alexandra Iwanowna Krawzowa, Ärztin, Eleonora Iwanowna Ladutenko, Radiologin, Irina Jurjewna Lukaschewitsch, Hebamme, Antonina Maximowna Lariwontschik, Umsiedlerin, Anatoli Iwanowitsch Polischtschuk, Hydrometeorologe, Maria Jakowlewna Saweljewa, Mutter, Nina Chanzewitsch, Frau eines Liquidators.

Ich sehe seit langem keine glücklichen schwangeren Frauen mehr ... Glückliche Mütter ...

Sie hat gerade erst entbunden. Kommt zu sich, ruft: »Herr Doktor, zeigen Sie mir das Kind! Bringen Sie es mir!« Sie berührt das Köpfchen, die Stirn, den Körper. Zählt die Fingerchen ... Die Zehen ... Sie will sichergehen. »Herr Doktor, habe ich ein normales Kind zur Welt gebracht? Ist alles in Ordnung?« Das Kind wird zum Stillen gebracht. Sie hat Angst. »Ich wohne nicht weit von Tschernobyl ... Ich war dort bei meiner Mutter ... Ich bin in den schwarzen Regen geraten ...«

Ich unterrichte Russisch in der Schule. Es war Anfang Juni, glaube ich, die Prüfungen waren gerade im Gange. Plötzlich ruft der

Direktor uns zusammen und verkündet: »Morgen haben alle mit Spaten zu erscheinen.« Dann stellt sich heraus: Wir sollen die oberste verseuchte Erdschicht rings um das Schulgebäude abtragen, danach sollen Soldaten das Ganze asphaltieren. Frage: Was für Schutzmittel werden ausgegeben? Bekommen wir Spezialbekleidung, Atemschutzmasken?« Nein, hieß es. »Bringt Spaten mit und grabt.« Nur zwei junge Lehrer weigerten sich, die übrigen gingen an die Arbeit. Niedergeschlagenheit und gleichzeitig das Gefühl, eine Pflicht erfüllt zu haben, das ist Teil von uns: dort zu sein, wo es schwer und gefährlich ist, die Heimat zu verteidigen. Habe ich meinen Schülern etwas anderes beigebracht? Doch nur das: sich ins Feuer zu werfen, zu verteidigen, Opfer zu bringen. Die Literatur, die ich unterrichtet habe, hat nichts mit Leben, nur mit Krieg zu tun. Scholochow, Serafimowitsch, Furmanow, Fadejew, Boris Polewoi ... Nur zwei junge Lehrer hatten sich geweigert. Aber das ist die neue Generation ... Das sind schon andere Menschen ...

Wir wühlten vom Morgen bis zum Abend in der Erde. Als wir nach Hause zurückkehrten, kam es uns seltsam vor, daß die Geschäfte der Stadt geöffnet hatten, daß Frauen Strümpfe, Parfüm kauften. In uns lebten schon Kriegsgefühle. Und es war viel verständlicher, als es auf einmal Schlangen nach Brot, Salz, Streichhölzern gab ... Alle machten sich daran, Brot zu trocknen ... Dieses Gebaren war irgendwie vertraut, obwohl ich erst nach dem Krieg geboren bin. Ich versuchte, meine Gefühle zu analysieren, und war überrascht, wie schnell sich meine Psyche umgestellt hatte, auf welche unerklärliche Weise mir Kriegserfahrung vertraut war. Ich konnte mir vorstellen, wie ich mein Haus verlasse, wie wir mit den Kindern weggehen, welche Sachen wir mitnehmen, was ich meiner Mutter schreibe, obwohl ringsum normales, friedliches Leben herrschte, im Fernsehen Lustspielfilme liefen. Aber wir haben immer in Angst und Schrecken gelebt, wir können nur in Angst und Schrecken leben, das ist unser Nährboden. Da sucht unser Volk seinesgleichen ...

Soldaten zogen in die Dörfer ein und evakuierten die Bevölkerung. Die Dorfstraßen waren voll von schwerem Gerät: Schützenpanzerwagen, Laster, mit grüner Plane bespannt, sogar Panzer. Die Leute verließen ihre Häuser im Beisein von Soldaten, das war bedrückend, besonders für diejenigen, die den Krieg erlebt hatten.

Ständig vergleichen wir mit dem Krieg. Aber das hier ist mehr ... Krieg kann man verstehen ... Aber das?

Mir ist, als sei ich gar nicht weggegangen ... Jeden Tag hänge ich meinen Erinnerungen nach. Ich gehe durch dieselben Straßen, an denselben Häusern vorbei. Es war so ein stiller, ruhiger Ort ...

Sonntag ... Ich liege in der Sonne, bräune mich. Da kommt meine Mutter angelaufen. »Kindchen, Tschernobyl ist explodiert, die Leute verlassen ihre Häuser nicht, und du liegst in der Sonne!« Ich habe sie ausgelacht: Von Tschernobyl bis nach Narowlja sind es 40 Kilometer.

Abends hielt ein Schiguli vor unserem Haus, eine Bekannte und ihr Mann kommen herein, sie in Kittelschürze, er im Trainingsanzug und in alten Hausschuhen. Sie waren durch den Wald, auf Feldwegen aus Pripjat geflüchtet ... Auf den Straßen patrouillierte Miliz, Militärposten, niemand wurde rausgelassen. Das erste, was sie mir zurief, war: »Wir müssen ganz schnell Milch und Wodka auftreiben! Ganz schnell!« Sie jammerte: »Und wir haben uns gerade neue Möbel gekauft, einen neuen Kühlschrank. Einen Pelzmantel habe ich mir nähen lassen. Ich habe alles dagelassen und in Plastikfolie gehüllt ... Wir haben die ganze Nacht nicht geschlafen ... Was soll bloß werden?« Ihr Mann versuchte, sie zu beruhigen. Tagelang haben wir vor dem Fernseher gesessen und gewartet, daß Gorbatschow spricht. Die da oben schwiegen sich aus ... Erst als die Feiertage vorüber waren, sprach Gorbatschow. »Keine Sorge, Genossen, wir haben die Situation im Griff ... Nichts Schlimmes ... Die Leute dort leben und arbeiten ...«

Das ganze Vieh wurde aus den umgesiedelten Dörfern zu uns in die Kreisstadt, zu den Sammelstellen getrieben. Kühe, Schafe und Ferkel rannten wie verrückt durch die Straßen ... Wer wollte, fing sich ein Tier. Vom Schlachthof fuhren Laster mit den ausgeweideten Tieren zum Bahnhof Kalinowitschi, von wo sie nach Moskau gebracht wurden. Moskau nahm nichts an. Und diese Güterwaggons, nun die reinsten Tierfriedhöfe, kamen zu uns zurück. Ganze Züge. Die Kadaver wurden sofort in der Erde verscharrt. Der Gestank von faulem Fleisch hat uns dann in den Nächten verfolgt ... Riecht so der Atomkrieg? dachte ich. Der Krieg, den ich kannte, hatte nach Rauch gerochen ...

In den ersten Tagen wurden unsere Kinder nachts weggebracht, damit weniger Leute es sahen. Das Unheil sollte geheimgehalten werden. Die Bevölkerung wußte trotzdem Bescheid. Die Leute brachten unterwegs Kannen mit Milch an die Busse, hatten Brötchen gebacken. Wie im Krieg ... Womit soll man es sonst vergleichen?

Eine Sitzung im Gebietsexekutivkomitee. Kriegssituation. Alle warten auf Informationen des Chefs der Zivilverteidigung, denn wenn jemand noch etwas über Strahlung wußte, waren das Bruchstücke aus dem Physiklehrbuch der zehnten Klasse. Er tritt ans Rednerpult und legt dar, was in Lexika und Lehrbüchern über den Atomkrieg steht: Hat ein Soldat 50 Röntgen abbekommen, muß er außer Gefecht gehen; wie man Deckungen baut; wie eine Gasmaske zu benutzen ist; über den Explosionsradius ...

In die radioaktiv verseuchte Zone flogen wir mit dem Hubschrauber. Ausstattung nach Vorschrift: keine Unterwäsche, Schutzanzug aus Baumwolle, wie bei Köchen, darüber eine Schutzhülle, Handschuhe, Mullmundschutz. Wir sind mit Geräten behängt. Wir landen außerhalb eines Dorfes, dort spielen Kinder im Sand, suhlen sich wie Spatzen ... Im Mund einen Stein oder einen Zweig ... Ohne Hosen ... Mit nacktem Po ... Wir aber haben Anweisung, mit der Bevölkerung nicht in Kontakt zu treten, keine Panik zu verursachen ... Nun muß ich damit leben ...

Im Fernseher liefen auf einmal Sendungen ... Eine Episode: Eine Frau melkt eine Kuh, gießt Milch in ein Glas, der Reporter führt ein militärisches Strahlenmeßgerät darüber ... Dazu der Kommentar: Sie sehen, alles ist völlig in der Norm, und bis zum Reaktor sind es nur zehn Kilometer. Der Fluß Pripjat wird gezeigt ... Leute baden, liegen in der Sonne ... In der Ferne der Reaktor und Rauchwolken darüber ... Kommentar: Westliche Stimmen machen Panik, verbreiten notorische Lügen über den Unfall. Und wieder fährt das Meßgerät über einen Teller Fischsuppe, über eine Tafel Schokolade, über Pfannkuchen in einem offenen Kiosk. Das war Betrug. Die militärischen Meßgeräte, die unserer Armee damals zur Verfügung standen, waren nicht auf die Kontrolle von Lebensmitteln geeicht, sie messen nur radioaktive Strahlung ...

Soviel unglaubliche Lügen, mit denen Tschernobyl in unserem Bewußtsein verbunden ist, gab es höchstens im Krieg ...

Wir erwarteten unser erstes Kind. Mein Mann wollte einen Jungen, ich ein Mädchen. Die Ärzte legten mir nahe abzutreiben, mein Mann sei doch in Tschernobyl gewesen. Er ist Kraftfahrer und wurde gleich in den ersten Tagen dort eingesetzt. Er hat Sand gefahren. Ich habe niemandem geglaubt.

Das Kind wurde tot geboren. Zwei Finger fehlten an der Hand. Ein Mädchen. Ich habe geweint. Wenn es wenigstens alle Finger gehabt hätte! Es ist doch ein Mädchen ...

Keiner begriff, was los war. Ich rief im Wehrkreisamt an, als Mediziner sind wir alle dienstverpflichtet, bot meine Hilfe an. Ich weiß den Namen nicht mehr, aber dem Dienstgrad nach war es ein Major, der mir sagte: »Wir brauchen junge Leute.« Ich versuchte, ihm klarzumachen: »Erstens sind junge Ärzte ungenügend vorbereitet, und zweitens sind sie gefährdeter, weil ein junger Organismus empfindlicher gegen Einwirkungen von radioaktiver Strahlung ist.« Er antwortete: »Wir haben Befehl, junge Leute zu nehmen.«

Bei Patienten heilten die Wunden schlechter. Ich erinnere mich an den ersten radioaktiven Regen. »Schwarzer Regen« sollte er später genannt werden ... Einerseits ist das Bewußtsein auf all so etwas nicht vorbereitet, andererseits sind wir doch aber die besten, die ungewöhnlichsten Menschen, und wir wohnen im großartigsten Land. Mein Mann, Ingenieur mit Hochschulabschluß, wollte mir ernsthaft weismachen, das Ganze sei ein Terrorakt, ein feindlicher Anschlag. Das haben damals viele gedacht. Und ich erinnerte mich, wie ich im Zug mit einem Wirtschaftsfachmann fuhr und er mir vom Bau des Smolensker Atomkraftwerkes erzählte, wieviel Zement, Holz, Nägel, Sand vom Objekt in die umliegenden Dörfer verschwunden seien. Für Geld, für eine Flasche Wodka ...

In den Dörfern, in den Betrieben sprachen Mitarbeiter der Kreisparteikomitees. Sie fuhren umher, suchten die Verbindung zum Volk. Aber keiner war in der Lage zu beantworten, was Dekontamination sei, wie man die Kinder schützen solle, wie hoch die Koeffizienten des Übergangs von Radionukliden in Nahrungsketten seien. Keiner wußte Bescheid über Alpha-, Beta- und Gammateilchen, über Radiobiologie, ionisierende Strahlung, ganz zu schweigen von Isotopen. Das waren für sie Dinge aus einer anderen Welt. Sie hielten Vorträge über das Heldentum der Sowjetmenschen, über die Symbole militärischer Tapferkeit, über die Machenschaften westlicher Geheimdienste ... Als ich einmal dazu auf einer Parteiversammlung eine Andeutung machte, Zweifel äußerte, sagte man mir, man würde mir das Parteibuch abnehmen ...

Es gab viele unerklärliche Todesfälle. Ganz unerwartet ... Meine Schwester hatte Herzbeschwerden ... Als sie von Tschernobyl hörte, spürte sie: »Ihr überlebt das, ich nicht.« Sie starb wenige Monate später ... Die Ärzte konnten sich das nicht erklären. Mit der von ihnen gestellten Diagnose hätte sie noch lange leben müssen …

Ich habe Angst, auf dieser Erde zu leben. Man hat mir ein Strahlenmeßgerät gegeben, aber was soll ich damit? Wenn ich Wäsche wasche, sie ist schneeweiß bei mir, klickt das Gerät nur so. Wenn ich Essen koche, einen Kuchen backe, klickt es. Wenn ich das Bett mache, klickt es. Was soll ich damit? Ich bereite meinen Kindern das Essen – und weine. »Warum weinst du, Mama?«

Zwei Kinder, zwei Jungen. Sie kennen weder Krippe noch Kindergarten, ich wandere mit ihnen von einem Krankenhaus zum anderen. Beim Ältesten weiß man erst nicht, ob es ein Junge oder ein Mädchen ist: Er ist kahl. Ständig renne ich mit ihm zu Ärzten, zu weisen Frauen oder Gesundbeterinnen, zum Besprechen. Er ist der Kleinste in der Klasse. Er darf nicht laufen, nicht spielen, wenn ihn jemand versehentlich schlägt und Blut fließt, kann er sterben. Eine Blutkrankheit, ich kann den Namen gar nicht aussprechen. Ich liege mit ihm im Krankenhaus und denke: Er wird mir sterben. Aber dann habe ich begriffen, daß ich so nicht denken darf. Ich habe in der Toilette geweint. Alle Mütter weinen in den Toiletten, im Bad, nicht in den Zimmern. Wenn ich zu ihm ins Zimmer zurückkehre, bin ich wieder fröhlich.

»Du hast ja schon ganz rote Wangen. Du wirst bald gesund.«

»Mamotschka, hol mich hier raus. Ich sterbe hier. Alle sterben hier.«

Wo soll ich weinen? In der Toilette? Da stehen sie Schlange … Alles solche Mütter wie ich …

Zur Totenfeier … Am Totengedenktag … Wir durften auf den Friedhof, zu unseren Gräbern. Aber auf die Höfe durften wir nicht, das hatte die Miliz verboten. Aber wir haben wenigstens von weitem unsere Häuser sehen können … Wir haben sie bekreuzigt …

Ich erzähle Ihnen, wie unsere Menschen sind. Ein Beispiel. In den »schmutzigen« Regionen … In den ersten Jahren waren die Geschäfte voll von Buchweizengrütze, chinesischem Büchsenfleisch, die Leute freuten sich, behaupteten, nun würde sie nichts von hier vertreiben, es ginge ihnen doch gut hier! Der Boden war ungleichmäßig verseucht, in einer Kolchose gibt es sowohl »saubere« als auch »schmutzige« Felder. Die, die auf »schmutzigen« Feldern arbeiten, bekommen mehr ausgezahlt, und alle wollen dahin … Auf den »sauberen« will keiner arbeiten …

Vor kurzem war mein Bruder aus dem Fernen Osten bei mir zu Besuch. »Ihr seid wie Black Boxes«, sagte er. »Menschliche Black Boxes.« … Das sind doch die Flugschreiber … Wir glauben, daß wir leben, reden, gehen, essen … Lieben … Dabei zeichnen wir nur Informationen auf!

Ich bin Kinderarzt. Bei Kindern ist alles anders als bei Erwachsenen. Sie haben zum Beispiel keine Vorstellung davon, daß Krebs Tod bedeutet. Dieses Bild kommt ihnen nicht. Sie wissen alles über sich: die Diagnose, die Art der Behandlung, die Medikamente. Sie wissen mehr als ihre Mütter. Aber wenn sie sterben, haben sie ganz erstaunte Mienen … Liegen mit ganz erstaunten Mienen da …

Die Ärzte klärten mich darüber auf, daß mein Mann sterben würde. Er habe Leukämie. Blutkrebs.

Er wurde krank, als er aus der Tschernobyl-Zone zurückkam. Zwei Monate später. Er war von seinem Betrieb dorthin geschickt worden. Er kam von der Nachtschicht.

»Ich fahre morgen hin.«

»Was werdet ihr dort tun?«

»In der Kolchose arbeiten.«

Sie fuhren in der 15-Kilometer-Zone Heu ein, ernteten Rüben, rodeten Kartoffeln.

Er kam zurück. Wir fuhren zu seinen Eltern. Er half seinem Vater beim Ofenverputzen. Und dabei fiel er dann einfach um.

Wir holten den Notarzt, er wurde ins Krankenhaus gebracht – tödliche Dosis Leukozyten. Er wurde gleich nach Moskau überwiesen.

Von dort kam er mit nur einem Gedanken zurück: »Ich werde sterben.« Er wurde immer schweigsamer. Ich versuchte, ihm Mut zu machen. Er glaubte meinen Worten nicht. Damit er mir glaubt, habe ich ihm eine Tochter geboren. Meine Träume habe ich damals nicht gedeutet. Mal wurde ich aufs Schafott gebracht, mal war ich ganz in Weiß gekleidet ... Morgens wachte ich auf, sah ihn an und dachte: Wie soll ich bloß ohne ihn leben? Ich darf nicht viel über den Tod nachdenken ... Ich verscheuche den Gedanken ... Wenn ich gewußt hätte, daß er krank wird, hätte ich alle Türen zugesperrt und mich in den Weg gestellt. Hätte ein Dutzend Schlösser vorgehängt ...

Schon das zweite Jahr pilgere ich mit meinem Jungen durch die Krankenhäuser. Ich mag nichts über Tschernobyl lesen und hören. Ich habe alles gesehen ...

Kleine Mädchen spielen in den Krankenzimmern mit ihren Puppen. Die Puppen machen die Augen zu, sie sterben.

»Warum sterben denn die Puppen?«

»Weil das unsere Kinder sind, und sie bleiben nicht am Leben. Sie kommen auf die Welt und sterben.«

Mein Artjomka ist sieben, vom Aussehen her wird er auf fünf Jahre geschätzt.

Einmal schließt er die Augen, ich denke, daß er eingeschlafen ist, und weine: Er sieht es ja nicht.

Da sagt er laut:

»Mama, sterbe ich schon?«

Er schläft ein und atmet kaum. Ich knie vor dem Bettchen nieder ...

»Artjomka, mach die Augen auf ... Sag was ...«

Er ist doch noch ganz warm, denke ich bei mir.

Er macht die Augen auf. Schläft wieder ein. Und es ist so still, als wäre er schon tot.

»Artjomka, mach die Augen auf.«
Ich lasse ihn nicht sterben …

Vor kurzem haben wir Neujahr gefeiert. Wir hatten eine festliche Tafel gedeckt, alles aus eigener Produktion: Geräuchertes, Speck, Fleisch, eingelegte Gurken, nur das Brot war aus dem Laden. Sogar den Wodka haben wir selbst gemacht. Alles echt Tschernobyl, wie man bei uns lästert: mit Caesium, Strontium als Beigabe. Wo soll man sonst etwas herkriegen? Die Regale in den Dorfläden sind leer, und wenn was reinkommt, können wir uns das mit unseren Gehältern und Renten nicht leisten.

Wir hatten Besuch: unsere jungen Nachbarn, gute Leute. Einer ist Lehrer, der andere Kolchosenmechaniker mit seiner Frau. Wir tranken, aßen dazu. Und dann sangen wir. Ohne uns abzusprechen, stimmten wir revolutionäre Lieder an. Lieder über den Krieg.

Der Morgen rötet mit weichem Licht die Wände des alten Kreml ist mein Lieblingslied. Es war ein schöner Abend. So wie früher.

Ich schrieb meinem Sohn einen Brief darüber. Er studiert in der Hauptstadt. Dann bekam ich Antwort von ihm. »Mama, ich habe mir das Bild vorgestellt … Wahnsinn … Tschernobyl-Erde … Unser Haus … Die Neujahrstanne funkelt … Und die Leute am Tisch singen Kriegslieder und Revolutionslieder … Als ob es für sie keinen Gulag und kein Tschernobyl gegeben hätte …«

Da bekam ich es mit der Angst zu tun – nicht um mich, sondern um meinen Sohn. Er hat nichts, wohin er zurückkehren kann …

III. Kapitel

Begeisterung an der Trauer

Monolog darüber, was wir nicht wußten: Der Tod kann so schön sein

In den ersten Tagen stellten wir uns immer wieder die Frage: Wer ist schuld? Als wir dann mehr erfuhren, überlegten wir: Was tun? Wie können wir uns in Sicherheit bringen? Heute, da wir uns damit abgefunden haben, daß das keine Sache von ein, zwei Jahren, sondern von mehreren Generationen ist, kehren wir in Gedanken nach und nach zurück, blättern Seite für Seite um ...

Es geschah in der Nacht von Freitag auf Sonnabend ... Morgens ahnte noch keiner etwas. Ich schickte meinen Sohn in die Schule, mein Mann ging zum Friseur. Ich bereitete das Mittagessen vor. Mein Mann kam bald zurück mit den Worten: »Im Atomkraftwerk hat es gebrannt. Wir sollen ständig das Radio eingeschaltet lassen.« Ich vergaß zu sagen, daß wir direkt in Pripjat wohnten, also dicht am Reaktor. Noch heute sehe ich den himbeerfarbenen Schein vor mir, der Reaktor leuchtete irgendwie von innen. Es war kein gewöhnliches Feuer, sondern so ein Glühen. Wunderschön. Ich hatte so etwas noch nie gesehen, nicht mal im Kino. Abends strömten die Leute auf die Balkons, wer keinen hatte, ging zu Freunden oder Bekannten. Wir wohnten im neunten Stock, hatten beste Sicht. Kleine Kinder wurden auf den Arm genommen. »Guck mal! Das mußt du gesehen haben!« Und das von Leuten, die im Atomkraftwerk beschäftigt waren! Ingenieure, Arbeiter ... Physiklehrer ... Wir standen im schwarzen Staub ... Redeten ... Atmeten ... Bewunderten das Schauspiel ... Einige waren von weit her gekommen, mit Autos, mit Fahrrädern, um sich das anzusehen. Wir wußten nicht, daß der Tod so schön sein kann. Aber ich würde nicht sagen, daß er ohne Geruch war. Es war kein frühlingshafter und auch kein herbstlicher Geruch, da war etwas anderes, es war auch kein Erdgeruch ... Es kratzte im Hals, und die Augen tränten. Die ganze Nacht konnte ich nicht schlafen und hörte, wie auch über uns die Nachbarn hin und her liefen. Sie schleppten etwas, hämmerten, packten wohl. Ich nahm Zitramon, weil ich Kopfschmerzen hatte. Als es gegen Morgen hell wurde, schaute ich mich um und spürte – ich denke mir das jetzt nicht aus, ich habe das damals tatsächlich gespürt: Etwas hat sich verändert ... Ist anders geworden ... Ganz anders ... Um acht Uhr früh zogen schon Soldaten in Gasmasken durch die Straßen. Als wir sie und das ganze Militärgerät in der Stadt sahen, erschraken wir nicht, sondern waren vielmehr beruhigt. Wenn die Armee zu Hilfe kam, würde sich alles normalisieren. In unser Bewußtsein war noch nicht eingedrungen, daß das friedliche Atom auch töten kann. Daß der Mensch hilflos ist vor den Gesetzen der Physik ...

Im Radio hieß es den ganzen Tag, wir sollten uns auf eine Evakuierung vorbereiten, nur für drei Tage, die Stadt solle durchgespült und überprüft werden. Die Kinder sollten unbedingt ihre Schulbücher mitnehmen. Mein Mann packte für alle Fälle unsere Papiere und Hochzeitsfotos in den Aktenkoffer. Das einzige, was mir einfiel, war ein leichtes Gazekopftuch für schlechtes Wetter ...

Seit den ersten Tagen spürten wir, daß wir Tschernobyler jetzt ein besonderes Völkchen waren. Der Bus, mit dem wir fuhren, hielt nachts in einem Dorf. Überall waren Leute untergebracht, schliefen in der Schule auf dem Fußboden, im Klub. Alles war voll. Eine Frau sagte: »Kommt, ich bring euch bei mir unter. Euer Junge tut mir leid.« Die Frau neben ihr zog sie weg. »Bist du verrückt? Die sind doch verseucht.« Am ersten Schultag – wir wohnten schon in Mogiljow – kam mein Sohn weinend nach Hause ... Man hatte ihn neben ein Mädchen gesetzt, das ihn nicht wollte, er sei verstrahlt, und wenn sie neben ihm sitze, könne sie sterben. Mein Sohn ging damals in die vierte Klasse, er war der einzige in der Klasse aus Tschernobyl. Alle hatten Angst vor ihm und nannten ihn »Leuchtkäfer« ... Ich erschrak, daß seine Kindheit so früh zu Ende war ...

Als wir aus Pripjat rausfuhren, kamen uns Militärkolonnen entgegen ... Gepanzerte Fahrzeuge ... Da kriegten wir es doch mit der Angst zu tun. Aber mir war die ganze Zeit so, als ob nicht ich das erlebe, sondern jemand anders. Ich weinte, besorgte etwas zu essen, ein Nachtlager, nahm meinen Sohn in die Arme, tröstete ihn und hatte doch innerlich – es war nicht nur ein Gedanke – das ständige Gefühl, daß ich Zuschauerin bin. In Kiew bekamen wir das erste Geld, aber kaufen konnte man dafür nichts. Hunderttausende waren unterwegs, alles war weggekauft, weggegessen. Es gab viele Infarkte, Schlaganfälle damals, direkt auf den Bahnhöfen, in den Bussen. Mir hat meine Mutter Kraft gegeben. Sie hatte im Leben nicht nur einmal ihr Zuhause und Hab und Gut verloren. Das erstemal war sie in den dreißiger Jahren Repressalien ausgesetzt gewesen, und man hatte ihr alles weggenommen: die Kuh, das Pferd, das Haus. Das zweitemal war es ein Brand, sie konnte gerade noch mich aus dem Feuer retten. »Wir müssen durchkommen«, sagte sie nur immer. »Wir leben doch.«

Ich weiß noch ... Wir sitzen im Bus. Weinen. Ein Mann ganz vorne schimpft laut seine Frau aus. »Du dumme Gans! Alle haben ein paar Sachen eingesteckt, bloß wir schleppen uns mit den blöden Einweckgläsern ab!« Seine Frau hatte die Busfahrt nutzen und ihrer Mutter leere Dreilitergläser zum Marinieren übergeben wollen. Nun häuften sich im Gang große Netze, wir stolperten ständig darüber. Mit nichts als diesen Gläsern sind sie nach Kiew gekommen.

Ich singe im Kirchenchor. Ich lese das Evangelium. Ich gehe in die Kirche, weil nur dort vom ewigen Leben gesprochen wird. Dort findet der Mensch Trost. Nirgendwo mehr hörst du tröstliche Worte, und du sehnst dich so danach.

Im Traum wandere ich oft mit meinem Sohn durch unser sonniges Pripjat. Heute ist es eine Geisterstadt. Wir gehen und betrachten die Rosen, in Pripjat gab es viele Rosen, große Rosenbeete ... Ich war so jung. Mein Sohn war klein ... Ich habe geliebt ...

Aber alle Angst habe ich vergessen ... Als ob ich nur Zuschauerin wäre ...

Nadeschda Petrowna Wigowskaja,
Umsiedlerin aus der Stadt Pripjat

Monolog darüber, wie leicht es ist, zu Erde zu werden

Ich habe versucht, mir die Tage einzuprägen ... Da waren so viele neue Empfindungen ... Angst ... Ich geriet in etwas völlig Unbekanntes, wie auf den Mars ... Ich stamme aus Kursk, 1969 wurde bei uns ein Atomkraftwerk gebaut. In der Stadt Kurtschatow. Wir fuhren immer hin, um dort Lebensmittel einzukaufen. Wurst zum Beispiel ... Das Reaktorpersonal wurde ja bestens versorgt. Ich erinnere mich an einen großen Teich und die Angler dort. Nicht weit vom Reaktor entfernt. Nach Tschernobyl habe ich oft daran gedacht ...

Also, ich kriege den Meldebefehl und erscheine, diszipliniert wie ich bin, noch am selben Tag im Wehrkreiskommando. Der Leiter blättert in meiner Akte. »Du hast bei uns noch nie Reservistenübungen mitgemacht«, sagt er. »Gerade werden Chemiker gebraucht. Willst du nicht für 25 Tage in ein Lager bei Minsk?« Ich dachte: Warum nicht? Du erholst dich von der Familie, von der Arbeit, marschierst an der frischen Luft ... Am 22. Juni 1986 fand ich mich mit meinen Sachen, mit Kochgeschirr und Zahnbürste um elf Uhr vormittags an der Sammelstelle ein. Mich wunderte, daß wir für Friedenszeiten zu viele Leute waren. Verschiedene Kriegsbilder gingen mir durch den Kopf ... Aus Filmen. Und dann das Datum! 22. Juni – Kriegsanfang! ... Wir mußten wieder und wieder antreten. Und das bis zum Abend. Als es dunkelte, wurden wir in Busse verfrachtet und bekamen die Anweisung: »Wer Schnaps dabeihat, austrinken! In der Nacht steigen wir auf die Bahn um, morgen früh treffen wir im Truppenteil ein. Daß ihr dann ja frisch und munter seid! Und ohne überflüssiges Gepäck!« Klarer Fall: Wir machten die Nacht durch.

Morgens fanden wir im Wald unsere Einheit. Wieder mußten wir antreten und wurden nach dem Alphabet aufgerufen. Schutzkleidung wurde ausgeteilt, eine Garnitur, noch eine, eine dritte. Na, denke ich, das muß was Ernstes sein. Dazu Mantel, Pelzmütze, Matratze, Kissen – alles für den Winter. Wir hatten aber Sommer und sollten in 25 Tagen nach Hause gehen dürfen. »Wie? Was?« Der Hauptmann, der uns begleitet hatte, lachte. »Von wegen 25 Tage! Ihr dampft für ein halbes Jahr ab nach Tschernobyl!« Unmut ... Wut ... Sie versuchten es mit Überredung, mit Ködern: Wer im 20-Kilometer-Bereich vom Reaktor arbeitet, erhält doppelte Vergütung, im 10-Kilometer-Bereich dreifache Vergütung, und wer direkt an den Reaktor geht, das Sechsfache. Einer rechnete sich aus, daß er in sechs Monaten mit dem eigenen Auto nach Hause fahren könnte, ein anderer wäre gerne abgehauen, aber das verstieß gegen die Militärdisziplin. Was ist Radioaktivität? Keiner wußte Bescheid.

Ich hatte gerade einen Zivilschutzlehrgang hinter mir, die Informationen, die wir dort erhalten hatten, waren vor 30 Jahren aktuell gewesen: 50 Röntgen war die tödliche Dosis. Wir lernten, wie man sich hinwerfen muß, damit die Druckwelle über einen hinwegfegt, ohne einen zu streifen ... Verstrahlung, Wärmereaktion ... Aber daß die radioaktive Verseuchung eines Gebietes der folgenreichste Faktor ist – darüber fiel kein Wort! Und die Offiziere, die uns nach Tschernobyl brachten, hatten auch nicht viel Ahnung. Reichlich Wodka trinken, das hilft gegen Radioaktivität, rieten sie. Sechs Tage standen wir bei Minsk, sechs Tage lang haben wir getrunken! Ich habe die Aufkleber der Schnapsflaschen gesammelt. Zuerst gab es Wodka, dann, sehe ich, tauchten die merkwürdigsten Getränke auf: Nitchinol und andere Glasreinigungsmittel. Als Chemiker interessierte mich das. Nach Nitchinol hast du zwar einen klaren Kopf, aber die Beine sind wie Watte. Du befiehlst dir aufzustehen – und fällst um.

Also, ich, ein promovierter Chemieingenieur, war von meinem Posten als Laborleiter eines Großbetriebes weggeholt worden. Und wie wurde ich eingesetzt? Man drückte mir einen Spaten in die Hand – praktisch mein einziges Werkzeug. Sofort entstand ein Aphorismus: Mit dem Spaten auf das Atom ... Schutzmittel: Gasmasken, Atemschutzmasken, aber keiner legte sie an, weil es heiß war, bis zu 30 Grad, man wäre ja darunter erstickt. Wir quittierten sie als Zusatzausrüstung und vergaßen sie. Noch ein Detail ... Aus den Bussen stiegen wir in den Zug um. Der Wagen hatte 45 Sitzplätze, wir aber waren 70 Mann. Wir schliefen schichtweise. Daß mir das gerade jetzt einfällt ... Was war Tschernobyl? Militärgerät und Soldaten. Posten mit Abspritzschläuchen ... Kriegsähnlicher Zustand. Wir waren zu zehnt in Zelten untergebracht. Der eine hatte Kinder zu Hause, beim anderen sollte die Frau demnächst entbinden, der dritte hatte keine Wohnung. Keiner jammerte. Was sein muß, muß sein! Die Heimat hat gerufen, die Heimat hat's befohlen. So ein Volk sind wir ...

Neben den Zelten Berge von leeren Konservenbüchsen. Ganze Mont Blancs. Eiserne Reserve aus irgendwelchen Armeeversorgungslagern. Für den Kriegsfall. Fleischbüchsen, Perlgrütze ... Sprotten ... Schwärme von Katzen ... Wie Fliegen! ... Die Dörfer ringsum sind verwaist ... Der Wind läßt eine Gartentür knarren, du drehst dich augenblicklich um, denkst, da ist ein Mensch. Statt dessen kommt eine Katze heraus ...

Wir trugen die oberste verstrahlte Bodenschicht ab, luden die Erde auf Lkws und brachten sie zu den »Mogilniki«, den radioaktiven Gräbern. Ich dachte zuerst, das ist eine komplizierte ingenieurtechnische Anlage – es war nur ein gewöhnlicher riesiger Hügel. Wir hoben die Bodenschicht ab und rollten sie wie Teppiche zusammen ... Eine geschlossene grüne Decke mit Gräsern, Blumen, Wurzeln ... Mit Käfern ... Spinnen, Würmern ... Eine Arbeit für Wahnsinnige ... Man kann doch nicht die ganze Erde abschürfen und mit ihr alle Lebewesen! Wenn wir nicht jede Nacht heimlich getrunken hätten – ich bezweifle, ob wir sonst durchgehalten hätten. Die Psyche hätte versagt. Hunderte Kilometer abgetragener, unfruchtbarer Erde. Häuser, Schuppen,

Bäume, Landstraßen, Kindergärten, Brunnen – alles war wie nackt ... Inmitten von Sand und Lehm ... Morgens beim Rasieren hatte man Angst, in den Spiegel zu schauen, das eigene Gesicht zu sehen. Da kamen einem alle möglichen Gedanken ... Kaum vorstellbar, daß Menschen zurückkehren würden, um hier zu leben ... Aber wir wechselten Dachschiefer aus, wuschen Dächer ab. Daß wir sinnlose Arbeit verrichteten, wußten alle. Tausende von Menschen. Doch wir standen jeden Morgen auf und taten sie von neuem. Einmal kam ein einfacher alter Mann auf uns zu und sagte: »Laßt doch den Unsinn, Jungs. Setzt euch zu Tisch! Eßt mit uns!« Der Wind weht. Wolken ziehen dahin. Der Reaktor ist noch nicht geschlossen ... Eine Schicht war abgetragen, wir kamen eine Woche später wieder und konnten von vorne anfangen. Dabei gab es gar nichts mehr abzutragen. Nur Sand rieselte ... Einmal fand ich es sinnvoll, als von Hubschraubern eine Speziallösung herabgesprüht wurde, damit sich eine polymere Schicht bildete, die eine Verlagerung des leicht beweglichen Bodens, sein Auseinandertreiben verhindern sollte. Das habe ich verstanden. Wir aber gruben und gruben ...

Die Dörfer waren leer, aber in einigen waren alte Leute zurückgeblieben ... In ein ganz gewöhnliches Haus gehen und sich zum Essen niedersetzen ... Allein das Ritual ... Eine halbe Stunde normales menschliches Leben ... Obwohl wir dort nichts essen durften! Es war uns verboten. Aber man wollte so gerne einfach am Tisch sitzen ... In einem alten Haus ...

Nach uns blieben die »Mogilniki« zurück. Die Hügel. Sie sollten später mit Betonplatten abgedeckt und mit Stacheldraht umzäunt werden. Zurück blieben auch die Lastwagen, Geländewagen und Kräne, auf denen wir gearbeitet hatten: Metall hat die Eigenschaft, Radioaktivität zu speichern, zu absorbieren. Später soll das alles verschwunden sein. Gestohlen. Ich glaube das, bei uns ist alles möglich. Eines Tages gab es große Aufregung. Strahlenmeßtechniker hatten festgestellt, daß unsere Kantine an einer Stelle gebaut worden war, an der die Radioaktivität höher war als an unseren Arbeitsplätzen. Und wir lebten schon zwei Monate dort! So ein Volk sind wir. Holzpfosten und Bretter in Brusthöhe drangenagelt – das nannte sich Kantine ... Wir haben im Stehen gegessen und uns aus einem Faß gewaschen ... Die Toilette: ein langer Graben mitten im Feld ... Und nebenan der Reaktor ...

Nach zwei Monaten war uns schon einiges klar geworden. Wir stellten Forderungen. »Wir sind keine Todeskandidaten. Zwei Monate – das reicht! Es wird Zeit, daß wir abgelöst werden.« Generalmajor Antoschkin führte ein Gespräch mit uns, er gab zu: »Für uns ist es ungünstig, euch abzulösen. Ihr habt eine Garnitur Kleidung bekommen. Und noch eine, eine dritte. Ihr seid eingearbeitet. Eine Ablösung wäre zu teuer, zu aufwendig.« Er hob hervor, daß wir Helden seien. Daß uns die Heimat nicht vergessen würde. Einmal in der Woche wurde denen, die gut gegraben hatten, vor versammelter Mannschaft eine Belobigungsurkunde überreicht. Bester »Bestatter« der Sowjetunion! In alledem war so was wie Wahnsinn ...

Leere Dörfer ... Nur Hühner und Katzen hausen dort. Du kommst in einen Stall, und die Nester sind voller Eier ... Wir haben uns welche gebraten. Soldaten sind tüchtige Jungs: Sie fangen Hühner ... Ein Feuer ... Eine Flasche Selbstgebrannten ... Jeden Tag haben wir im Zelt reihum eine Dreiliterflasche geleert ... Der eine spielt Schach, der andere Gitarre. Der Mensch gewöhnt sich an alles. Einer besäuft sich und fällt ins Bett, ein anderer will herumbrüllen. Sich prügeln. Zwei setzten sich betrunken ans Steuer – sie kamen um. Man mußte sie mit Schneidbrennern aus dem plattgedrückten Metall rausschweißen. Meine Rettung war, daß ich lange Briefe nach Hause schrieb und Tagebuch führte. Der Leiter der Politabteilung kriegte das spitz und fing mich ab: Wo ich mein Tagebuch aufbewahrte, was ich schriebe ... Er wollte einen Zeltkumpel dazu bringen, mir nachzuspionieren. Der warnte mich. »Was schreibst du da zusammen?« – »Ich habe meine Dissertation verteidigt, jetzt schreibe ich an meiner Habilitation.« Er lachte. »So werd ich's dem Oberst sagen. Und du versteck dein Zeug gut.« Es waren gute

Jungs. Ich sagte schon, keiner hat gejammert, keine Feiglinge gab's. Glauben Sie mir: Keiner wird uns besiegen! Niemals! Die Offiziere haben den Kopf nicht aus dem Zelt gesteckt, die haben in Hausschuhen rumgelungert. Und gesoffen. Pfeif drauf! Wir gruben. Sollen sie sich ruhig neue Sternchen auf die Schulterstücke heften! Pfeif drauf! So ein Volk sind wir.

Die Strahlenmeßtechniker waren Götter ... Alle drängten sich um sie. »Na, Söhnchen, wie hoch ist bei mir die Radioaktivität?« Ein ganz Pfiffiger wickelte einfach Draht um einen Stock und ging damit durchs Dorf. Er klopfte in einem Haus an und fuhr mit dem Stab an der Wand entlang. Eine alte Frau lief ihm nach. »Wieviel sind's bei mir, Jungchen?« – »Militärgeheimnis, Oma!« – »Nun sag schon, Jungchen. Kriegst auch ein Glas Selbstgebrannten!« – »Na schön!« Er trank. »Alles normal bei dir, Omachen!« Dann ging er weiter ...

In der zweiten Einsatzhälfte bekamen wir endlich eigene Meßgeräte, kleine Kästchen, mit einem Kristall drin. Einige überlegten, man müsse das Gerät morgens zum »Mogilnik« bringen und abends wieder abholen. Je mehr Radioaktivität es anzeige, desto eher gäbe es Urlaub. Oder mehr Geld. Einer klemmte sich das Meßgerät an den Stiefel, damit es näher am Boden war. Absurdes Theater! Die Geräte waren gar nicht geladen! Damit sie zu zählen anfingen, hätten sie mit einer Anfangsdosis Radioaktivität aufgeladen werden müssen. Kinkerlitzchen! Der ganze Firlefanz war nichts als Augenwischerei. Psychotherapie! In Wirklichkeit waren das irgendwelche Siliziummeßgeräte, die 50 Jahre in Lagern herumgelegen hatten. In den Wehrpaß wurde allen zum Schluß die gleiche Zahl eingetragen: mittlere Strahlendosis, multipliziert mit der Anzahl der Aufenthaltstage. Die mittlere Dosis wurde in unseren Zelten gemessen.

Ein Witz oder eine wahre Begebenheit? Ein Soldat ruft sein Mädchen an. Sie ist beunruhigt. »Was machst du da?« Er will ein bißchen angeben. »Ich komme gerade unterm Reaktor vorgekrochen und hab mir die Hände gewaschen ...« Freizeichen! Das Gespräch ist unterbrochen. Das KGB hört mit! ...

Zwei Stunden Pause. Du legst dich unter einen Strauch, die Kirschen sind schon reif, sind groß und süß – abwischen und rein in den Mund! Maulbeeren! Ich habe zum ersten Mal einen Maulbeerbaum gesehen ...

Wenn's nichts zu tun gab, mußten wir exerzieren. Wir haben auch Filme gesehen. Indische Liebesfilme. Bis drei oder vier Uhr morgens. Verschlief der Koch, gab's halbgare Grütze. Auch Zeitungen wurden gebracht. Da stand, daß wir Helden sind! Freiwillige! Und Fotos wurden gedruckt! Wenn mir der Fotograf über den Weg läuft!

In der Nähe lagen auch Einheiten verschiedener Nationalitäten. Tataren aus Kasan. Ich habe gesehen, wie sie Lynchjustiz übten. Ein Soldat wurde an der versammelten Mannschaft vorbeigetrieben, blieb er stehen oder wollte er zur Seite rennen, wurde er geprügelt. Mit Füßen getreten. Der Junge hatte Häuser durchstöbert, man fand bei ihm eine Tasche mit allem möglichen Plunder. Auch Litauer waren da. Die rebellierten nach einem Monat und forderten, daß man sie nach Hause läßt.

Einmal gab es einen Sonderauftrag: ganz schnell ein Haus in einem leeren Dorf abwaschen. Phantastisch! »Warum?« – »Morgen findet da eine Hochzeit statt.« Wir spritzten das Dach mit Wasserschläuchen ab, auch die Bäume, trugen Erde ab ... Wir mähten Kartoffelkraut, den ganzen Garten, das Gras im Hof. Ringsum Ödnis. Am nächsten Tag wurde das Brautpaar gebracht. Ein Bus mit Gästen. Musik ... Ein echtes Hochzeitspaar, kein Filmpaar. Sie wohnten schon woanders, waren umgesiedelt worden, hatten sich aber überreden lassen, daß man sie dort filmte. Für die Geschichte. Die Propaganda rollte. Die Illusionsfabrik ... Selbst hier noch verteidigte sie unsere Mythen: Wir überleben überall, sogar auf toter Erde ...

Kurz vor der Abfahrt rief mich der Kommandeur zu sich. »Was hast du da geschrieben?« – »Briefe an meine junge Frau«, sagte ich. »Paß ja auf«, war die Antwort.

Was ist mir von diesen Tagen in Erinnerung geblieben? Ein Hauch von Wahnsinn ... Wie wir gruben und gruben ... Irgendwo in meinem Tagebuch steht, was ich dort begriffen habe … Schon in den ersten Tagen … Ich habe begriffen, wie leicht es ist, zu Erde zu werden …

Iwan Nikolajewitsch Schmychow,
Chemieingenieur

Monolog über die Symbole eines großen Landes

Schon Ende Mai, also einen Monat nach dem Unglück, trafen bei uns die ersten Lebensmittel aus der 30-Kilometer-Zone zur Kontrolle ein. Unser Institut arbeitete rund um die Uhr. Wie ein Armeeinstitut. In der Republik waren wir zu dem Zeitpunkt die einzigen, die über Fachleute und Spezialgeräte auf diesem Gebiet verfügten. Man brachte Innereien von Haustieren und Tieren aus der freien Wildbahn. Nach den ersten Proben war klar, daß wir nicht Fleisch, sondern radioaktive Abfälle vor uns hatten. Nach einem besonderen Schichtsystem wurden in der Zone Kühe gehütet. Hirten kamen und gingen, Melkerinnen wurden nur zum Melken gebracht. Die Molkereien erfüllten ihre Pläne. Wir prüften die Milch: auch sie radioaktiver Müll. Milchpulver und Kondensmilch in Büchsen aus Rogatschow haben wir später lange als Demonstrationsobjekte bei Vorlesungen verwendet. Damals aber wurden sie in den Läden verkauft ... Als die Leute auf den Büchsen lasen, daß diese aus Rogatschow stammten, kauften sie sie nicht mehr – auf einmal tauchten Büchsen ohne Etikett auf! Ich glaube nicht, daß Papierknappheit der Grund war – die Leute wurden betrogen. Der Staat hat sie betrogen.

Die erste Fahrt in die Zone: Im Wald war die radioaktive Strahlung fünf- bis sechsmal höher als auf offenem Feld oder auf Straßen. Überall hohe Dosen. Auf den Feldern arbeiteten Traktoren ... Die Bauern gruben ihre Gärten um ... In einigen Dörfern wurden bei Erwachsenen und Kindern die Schilddrüsenwerte gemessen: das Hundert- bis Tausendfache der zulässigen Norm. In unserer Gruppe war eine Frau. Eine Radiologin. Sie bekam einen hysterischen Anfall, als sie Kinder im

Sand spielen sah. Wir prüften Muttermilch – radioaktiv ... Die Läden waren geöffnet, Textilien und Lebensmittel wurden, wie es bei uns auf dem Land üblich ist, zusammen angeboten: Anzüge, Kleider und daneben Wurst und Margarine. Alles lag offen, nicht mal mit Folie abgedeckt. Wir nahmen Wurst, ein Ei mit ... Machten Röntgenaufnahmen: keine Lebensmittel, sondern radioaktive Abfälle ...

Wir wollten wissen, wie wir uns verhalten, was wir tun sollten. Man sagte uns: »Führt Messungen durch. Seht fern.« Im Fernsehen beruhigte Gorbatschow alle: »Maßnahmen sind unverzüglich getroffen worden ...« Ich, ein Ingenieur mit zwanzigjähriger Berufserfahrung, vertraut mit den Gesetzen der Physik, habe es geglaubt. Ich wußte doch, daß alles Lebende aus diesen Gebieten verschwinden mußte. Zumindest auf Zeit. Wir aber führten gewissenhaft Messungen durch und sahen fern. Wir waren gewohnt zu glauben. Ich gehöre der Nachkriegsgeneration an, die in diesem Glauben aufgewachsen ist. Woher kommt dieser Glaube? Wir hatten in einem so schrecklichen Krieg gesiegt. Vor uns hatte sich die ganze Welt verneigt. Das war so! In den Kordilleren war Stalins Name in die Felsen gehauen worden! Was war das? Ein Symbol. Ein Symbol für ein großes Land.

Da haben Sie auch die Antwort auf Ihre Frage, warum wir geschwiegen haben, obwohl wir Bescheid wußten. Warum wir nicht auf die Straße gegangen sind und protestiert haben. Wir haben Berichte und Erklärungen geschrieben. Aber wir haben geschwiegen und uns widerspruchslos den Anordnungen gefügt, weil die Parteidisziplin es erforderte – ich bin Kommunist. Ich kann mich nicht erinnern, daß sich auch nur ein Mitarbeiter des Instituts geweigert hätte, in die Zone zu fahren. Nicht aus Angst, daß er das Parteimitgliedsbuch auf den Tisch legen müßte, sondern aus seinem Glauben heraus – vor allem weil er daran glaubte, daß wir ein gutes, gerechtes Leben führen, daß der Mensch bei uns über allem steht, das Maß aller Dinge ist. Der Verlust dieses Glaubens hat dann für viele im Infarkt oder im Selbstmord geendet. Oder mit einer Kugel mitten ins Herz, wie bei Akademiemitglied Legassow … Denn wenn man den Glauben verliert, ist man nicht mehr Mitwirkender, sondern Mittäter, und dann hat man keine Rechtfertigung. So verstehe ich Legassow.

In den Safes aller Atomkraftwerke der ehemaligen Sowjetunion lag ein Katastrophenplan. Ein Musterplan. Geheim. Ohne den Plan durfte kein Atomkraftwerk in Betrieb genommen werden. Er war Jahre vor dem Reaktorunglück am Beispiel des Atomkraftwerkes von Tschernobyl erarbeitet worden: Was tun und wie? Wer ist verantwortlich? Wo sich aufhalten? Bis ins kleinste Detail … Und plötzlich ereignet sich dort, in diesem Atomkraftwerk, ein Unfall … Was ist das? Zufall? Mystik? Wenn ich gläubig wäre … Wenn man nach dem Sinn sucht, fühlt man sich als religiöser Mensch. Ich aber bin Ingenieur … Ich habe einen anderen Glauben … Ich habe andere Symbole …

Marat Filippowitsch Kochanow,
ehemaliger Chefingenieur am Institut für Kernenergie der
Akademie der Wissenschaften Weißrußlands

Monolog darüber, daß Schlimmes im Leben leise und auf natürliche Weise geschieht

Von Anfang an ... Da war irgendwo etwas passiert. Ich hatte den Namen nicht einmal richtig verstanden, es war weit weg von unserem Mogiljow ... Mein Bruder kam aus der Schule: An alle Kinder wurden Tabletten ausgegeben. Also mußte wirklich was passiert sein! Oje oje ... Trotzdem verbrachten wir den 1. Mai sehr schön. Wir kehrten erst spätabends nach Hause zurück, in meinem Zimmer hatte der Wind das Fenster aufgeschlagen ... Daran habe ich mich später erinnert ...

Ich arbeitete damals bei der Inspektion für den Naturschutz. Wir warteten auf Anweisungen, aber die trafen nicht ein ... Hauptamtlich waren in der Inspektionsbehörde kaum Experten tätig, besonders in der Leitung, es waren Oberste a. D., ehemalige Parteifunktionäre, Rentner oder mißliebige Personen. Hatte sich einer an anderer Stelle etwas zuschulden kommen lassen, wurde er zu uns versetzt. Da saß er dann und raschelte mit den Papieren ... Die Aufregung und Entrüstung, als unser weißrussischer Schriftsteller Ales Adamowitsch in Moskau Sturm läutete! Wie sie ihn haßten! Das Ganze hatte etwas Irreales! Hier wohnten ihre Kinder und Enkel, und nicht sie, sondern ein Schriftsteller rief der Welt zu: Rettet uns! Eigentlich hätte doch der Selbsterhaltungstrieb einsetzen müssen! Auf Parteiversammlungen, in Raucherzimmern – überall ging es um diese Schreiberlinge! Was mischen sie sich in Dinge ein, die sie nichts angehen? Was die sich einbilden! Es gibt doch Vorschriften! Subordination! Was versteht der Mann schon? Er ist doch kein Physiker! Es gibt ein ZK, einen Generalsekretär! Damals habe ich wohl zum ersten Mal begriffen, was das Jahr 1937 bedeutete. Wie das war ...

Ich hatte zu der Zeit völlig idyllische Vorstellungen von einem Atomkraftwerk. In Schule und Institut hatte man uns beigebracht, daß das märchenhafte »Fabriken zur Erzeugung von Energie aus Nichts« seien, in der Leute in weißen Kitteln an Pulten sitzen und auf Knöpfchen drücken. Tschernobyl ist vor dem Hintergrund eines unvorbereiteten Bewußtseins explodiert. Hinzu kommt die totale Uninformiertheit. Berge von Papieren mit dem Stempel »Streng geheim!«, »Daten über die Havarie sind geheimzuhalten!«, »Daten über medizinische Behandlungsergebnisse sind geheimzuhalten!«, »Daten über den Verstrahlungsgrad des Personals, das an der Beseitigung der Unfallfolgen mitgewirkt hat, sind geheimzuhalten!« ... Gerüchte kursierten: der eine hatte es in der Zeitung gelesen, der andere gehört, dem und dem hatte man es erzählt ... Jemand hatte westliche Sender gehört, nur dort war bekanntgegeben worden, was für Tabletten man einnehmen müsse, wie sie anzuwenden seien. Doch die häufigste Reaktion war: Unsere Feinde frohlocken, aber bei uns ist alles bestens. Am 9. Mai werden die Veteranen zur Parade antreten ... Sogar die Leute, die bei den Löscharbeiten am Reaktor mitgeholfen hatten, lebten, wie sich später zeigte, inmitten von Gerüchten. Angeblich war es gefährlich, den Graphit anzufassen ... Angeblich ...

In der Stadt tauchte eine Geisteskranke auf. Sie ging auf dem Basar umher und behauptete: »Ich habe die Radioaktivität gesehen. Sie ist ganz blau und glitzert ...« Die Leute kauften keine Milch und keinen Quark mehr auf dem Markt ... Steht da eine Frau und wird ihre Kuhmilch nicht los. »Habt keine Angst«, redet sie den Leuten zu. »Ich lasse die Kuh nicht auf die Weide, ich bringe ihr das Gras selber in den Stall.« Fuhr man aus der Stadt, sah man am Straßenrand seltsame Vogelscheuchen: eine weidende Kuh, ganz in Plastikfolie gehüllt, daneben eine alte Frau, ebenfalls in einer Plastikhülle. Es war zum Lachen und zum Weinen. Wir wurden bereits zu Kontrollfahrten ausgeschickt.

Ich mußte in einen Forstwirtschaftsbetrieb. Der Holzlieferplan war nicht etwa gekürzt worden, er blieb so, wie er war. In einer Lagerhalle schalteten wir das Strahlenmeßgerät ein – es schlug wie wild aus. Bei den Bretterstapeln schien alles in Ordnung zu sein, aber neben den Besen hüpfte es über die Skala hinaus. »Wo kommen die Besen her?« – »Aus Krasnopolje« – wie sich später herausstellte, der am stärksten verseuchte Kreis in unserem Gebiet Mogiljow. »Die letzte Partie. Die anderen sind schon weg.« Wie sollten wir die in verschiedenen Städten finden? Unmöglich.

Was wollte ich mir noch unbedingt merken? Etwas ganz Wichtiges ... Ach, ich hab's! Tschernobyl ... Auf einmal das neue, ungewohnte Gefühl, daß jeder ein eigenes Leben hat. Früher schien das unnötig zu sein. Aber nun machten sich die Leute auf einmal Gedanken darum, was sie ihren Kindern zu essen geben, was sie selber essen. Was schadet der Gesundheit, was nicht? Soll man wegziehen oder bleiben? Jeder mußte eine Entscheidung treffen. Wie waren wir denn gewohnt zu leben? In der Gemeinschaft. Mit dem ganzen Dorf, mit dem ganzen Betrieb, mit der ganzen Kolchose. Wir waren Sowjetmenschen, Kollektivwesen. Ich zum Beispiel war ein Sowjetmensch. Sehr sogar. Ich studierte an der Hochschule und fuhr jedes Jahr mit den kommunistischen Studentenbrigaden ins Sommerlager. Wir haben dort gearbeitet, aber das verdiente Geld haben wir an kommunistische Parteien in Lateinamerika überwiesen. Unsere Brigade, zum Beispiel, nach Uruguay ...

Wir haben uns verändert. Alles hat sich verändert, und man muß sich sehr anstrengen, um diese Veränderungen zu begreifen. Dazu kommt noch die Unfähigkeit, sich zu artikulieren ...

Ich bin Biologin. Thema meiner Diplomarbeit war das Verhalten von Wespen. Zwei Monate lang habe ich auf einer unbewohnten Insel gelebt. Ich hatte dort mein Wespennest. Nach einer Woche Gewöhnung hatten sie mich in ihr Volk aufgenommen. Weiter als auf drei Meter lassen sie niemanden heran – ich konnte mich ihnen schon nach einer Woche auf zehn Zentimeter nähern. Ich fütterte sie direkt am Nest mit Marmelade auf einem Streichholz. »Zerstöre keinen Ameisenhaufen, er ist eine gute fremde Lebensform«, war ein Lieblingsspruch unseres Lehrers. Ein Wespennest ist in den ganzen Wald eingebunden, und ich wurde nach und nach Teil der Landschaft. Manchmal kam ein Mäuschen und setzte sich auf meine Schuhspitzen – es nahm mich ebenfalls als Teil des Waldes an: Gestern hatte ich gesessen, heute sitze ich, morgen sitze ich wieder ...

Nach Tschernobyl ... Eine Ausstellung von Kinderzeichnungen: Ein Storch stakt über einen schwarzen Frühjahrsacker ... Dazu die Unterschrift: »Dem Storch hat keiner was gesagt.« Das sind meine Gefühle. Aber da war die Arbeit. Wir fuhren im Gebiet umher, nahmen Wasser- und Bodenproben und brachten sie mit dem Auto nach Minsk. Unsere Mädchen schimpften: »Heiße Piroggen transportieren wir!« Kein Strahlenschutz, keine Schutzanzüge! Du sitzt vorne, und hinter dir »leuchten« die Proben. Wir verfaßten Anordnungen zur Endlagerung von radioaktiv verseuchtem Boden. Wir »beerdigten« sozusagen Erde ... Seltsames menschliches Tun ... Nach den Vorschriften hatte die Endlagerung mit Schürfarbeiten einherzugehen; der Grundwasserspiegel durfte nicht höher als vier bis sechs Meter sein und die Baggertiefe nicht sehr groß, Wände und Boden der Grube mußten mit einer Plastikfolie abgedeckt sein. Aber das steht alles nur auf dem Papier. Die Wirklichkeit sieht anders aus. Wie immer. Keinerlei Schürfarbeiten. Der Finger zeigt: »Hier!« Der Baggerfahrer gräbt. »Wie tief sind Sie gegangen?« – »Weiß der Teufel! Als Wasser kam, hab ich aufgehört.« Die Erde plumpste direkt ins Grundwasser rein ...

Es heißt: Das Volk ist heilig, aber die Regierung ist kriminell. Ich sage Ihnen später, was ich davon halte ... Von unserem Volk und von mir selber ...

Meine größte Reise ging in den Kreis Krasnopolje, ich sagte schon, es ist der am meisten verstrahlte. Um zu verhindern, daß Radionuklide von den Feldern in die Flüsse geschwemmt werden, mußte wieder genau nach Vorschrift verfahren werden: Doppelfurche pflügen, Abstand und wieder Doppelfurche, und weiter in den gleichen Abständen. Ich mußte die kleinsten Flüsse abfahren. In die Kreisstadt kommt man mit dem Linienbus, weiter braucht man natürlich ein Auto. Ich wandte mich an den Vorsitzenden des Kreisexekutivkomitees. Der saß in seinem Büro und faßte sich an den Kopf: Keiner hatte den Plan für die Landwirtschaft außer Kraft gesetzt, Erbsen wurden weiter gesät, obwohl man wußte, daß sie, wie alle Hülsenfrüchte, am stärksten Radioaktivität absorbieren. Stellenweise waren über 40 Curie gemessen worden. Der Mann hatte andere Sorgen, als mir ein Auto zu besorgen. Aus den Kindergärten waren die Köche und Schwestern weggelaufen, die Kinder bekamen nichts zu essen. Patienten mit akuter Blinddarmentzündung mußten mit dem Krankenwagen in die nächste Kreisstadt gefahren werden – 60 Kilometer Straße wie ein Waschbrett! Alle Chirurgen waren weg. Von wegen Auto! Ich wandte mich an die Armee. Die Soldaten, ganz jung noch, waren für ein halbes Jahr dort. Heute sind sie schwerkrank ... Man stellte mir einen bemannten Schützenpanzerwagen zur Verfügung, nein, es war ein Spähpanzer mit Maschinengewehr. Ich habe sehr bedauert, daß ich mich nicht darauf fotografieren ließ. Ich auf dem Panzerdach ... Wieder diese Romantik! Der Fähnrich, der den Panzer befehligte, hielt die ganze Zeit Kontakt zur Basis. »Falke! Falke! Setzen Arbeit fort!« Wir fahren, die Straße gehört uns, die Wälder gehören uns – und wir sitzen auf einem Spähpanzer! An den Zäunen standen Frauen und weinten. Solche Fahrzeuge hatten sie das letzte Mal im Zweiten Weltkrieg gesehen. Sie hatten Angst, daß Krieg ausgebrochen sei.

Laut Vorschrift sollte das Fahrerhaus eines Traktors beim Pflügen hermetisch verschlossen sein. Ich sah so einen Traktor, und das Fahrerhaus war wirklich von allen Seiten geschlossen. Aber der Fahrer lag im Gras und machte ein Nickerchen. »Sind Sie verrückt? Hat man Sie nicht gewarnt?« – »Na ja, ich hab mir doch die Wattejacke über den Kopf gelegt«, sagte der Mann. Die Leute hatten keine Ahnung. Man hatte sie ständig in Angst und Schrecken gehalten, sie auf den Atomkrieg vorbereitet, aber nicht auf Tschernobyl ...

Die Gegend dort ist unbeschreiblich schön. Der Wald ist nicht angelegt, sondern ursprünglich, uralt. Kleine Flüsse schlängeln sich durch das Land, das Wasser hat die Farbe von Tee und ist ganz klar. Grünes Gras. Die Leute rufen einander im Wald zu ... Für sie ist alles so natürlich, als wenn sie morgens in den Garten gehen ... Aber du weißt bereits, daß alles vergiftet ist.

Wir trafen eine alte Frau. »Kinder, kann ich die Milch von meiner Kuh trinken?«

Wir sahen zu Boden, denn wir hatten Anweisung, Daten zu sammeln und keine engen Kontakte mit der Bevölkerung zu unterhalten.

Der Fähnrich fing sich als erster.

»Wie alt sind Sie denn, Omachen?«

»Ach, schon 80 oder darüber, die Papiere sind im Krieg verbrannt.«

»Dann trinken Sie ruhig die Milch.«

Die Dorfleute dauerten mich am meisten, sie litten schuldlos, wie Kinder. Tschernobyl hat sich ja nicht der Bauer ausgedacht, der hat eine eigene Beziehung zur Natur – keine eroberische, sondern eine vertrauensvolle, so wie vor 100, vor 1 000 Jahren. Wie im göttlichen Plan ... Sie verstanden nicht, was geschehen war, und wollten so gerne den Wissenschaftlern und jedem gebildeten Menschen glauben wie einem Geistlichen. Und man versicherte ihnen: »Alles ist gut. Nichts Schlimmes. Wascht euch nur vor dem Essen die Hände.« Ich habe erst Jahre später begriffen, daß wir alle beteiligt waren ... An einem Verbrechen ... An einer Verschwörung ... (Schweigt.)

Sie können sich gar nicht vorstellen, in welchem Umfang mit Autos aus der Zone rausgeschafft wurde, was als Hilfe, als Vergünstigungen für die Bewohner gedacht war: Kaffee, Büchsenfleisch, Schinken, Apfelsinen. Kistenweise, ganze Fahrzeugladungen. Damals gab es diese Lebensmittel doch nirgends. Bereichert haben sich das einheimische Verkaufspersonal, jeder Kontrolleur, die ganze kleine und mittlere Beamtenschaft. Der Mensch erwies sich als schlechter, als ich dachte. Und ich selber bin es auch ... Ich bin auch schlecht ... Das weiß ich jetzt von mir ... (Sie hält inne.) Ich gebe es natürlich zu ... Für mich selbst ist das schon wichtig ... Nun, wiederum ein Beispiel ... In einer Kolchose gibt es, sagen wir, fünf Dörfer, drei »saubere« und zwei »schmutzige«, sie sind jeweils zwei bis drei Kilometer voneinander entfernt. Zwei bekommen das »Grabgeld«*, drei nicht. In einem »sauberen« Dorf soll eine Viehzuchtanlage gebaut werden. Saubere Futtermittel sind versprochen worden. Aber woher nehmen? Der Wind trägt den Staub von einem Feld aufs andere. Überall der gleiche Boden. Um die Anlage zu bauen, braucht man Papiere. Eine Kommission unterschreibt sie – ich bin Mitglied dieser Kommission –, obwohl jeder von uns weiß, daß wir nicht unterschreiben dürfen. Ein Verbrechen. Aber letztlich ist, so habe ich mich gerechtfertigt, das Problem sauberer Futtermittel nicht Sache eines Inspektors für den Naturschutz.

Jeder hat für sich irgendeine Rechtfertigung gefunden. Eine Erklärung. Diese Erfahrung habe ich an mir selbst gemacht ... Und überhaupt habe ich begriffen, daß Schlimmes im Leben leise und auf natürliche Weise geschieht ...

Soja Danilowna Bruk,
Inspektorin für den Naturschutz

* So nannte die Bevölkerung die monatliche Zuzahlung zum Gehalt, die man für Leben und Arbeit in der »Risiko-Zone« bekam

Monolog darüber, daß der Russe immer an etwas glauben möchte

Haben Sie noch nicht bemerkt, daß wir gar nicht darüber reden, wenn wir unter uns sind? Jahre, Jahrhunderte später werden das mythische Jahre sein.

Ich habe Angst vor Regen – das ist Tschernobyl! Ich habe Angst vor Schnee ... Vor Wald ... Das ist keine Abstraktion, keine Folgerung, sondern ein persönliches Gefühl. Tschernobyl ... Es ist in meinem Haus ... In dem Lebewesen, das mir das Wertvollste ist – meinem Sohn, der im Frühjahr 1986 geboren wurde. Er ist krank. Tiere, sogar Küchenschaben, wissen, wann und wieviel Junge sie zur Welt zu bringen haben. Menschen können das nicht, der Schöpfer hat ihnen nicht die Gabe der Vorahnung geschenkt. Kürzlich hieß es in einer Zeitung, daß 1993 allein bei uns, in Weißrußland, 2000 Frauen abgetrieben haben. Der Hauptgrund: Tschernobyl. Wir leben schon überall mit dieser Angst ... Die Natur hat sich gleichsam zusammengerollt. Wartet ab. Weh mir! Wo ist die Zeit geblieben? könnte man hier mit Zarathustra sagen.

Ich habe viel nachgedacht ... Habe nach einem Sinn gesucht ... Tschernobyl ist eine Katastrophe der russischen Mentalität. Haben Sie schon einmal darüber nachgedacht? Natürlich stimme ich zu, wenn es heißt, daß nicht der Reaktor explodiert ist, sondern das ganze frühere Wertesystem. Aber an dieser Erklärung fehlt mir etwas ...

Ich würde gern darüber reden, was Tschaadajew als erster ausgesprochen hat: unsere Abneigung gegen den Fortschritt. Unsere technologiefeindliche Einstellung, unsere Feindlichkeit gegenüber dem Instrument. Schauen Sie nach Europa. Seit der Renaissance lebt es im Zeichen einer instrumentalen Einstellung zur Welt, einer vernünftigen, rationalen Einstellung. Sie bedeutet Respekt vor dem handwerklich arbeitenden Menschen, vor dem Werkzeug, dem Instrument in seinen Händen. Es gibt eine wundervolle Erzählung von Leskow, *Der eiserne Wille*. Was ist das? Ein russischer Charakterzug: Irgendwie wird's schon gehen! Leitmotiv des russischen Themas. Ein deutscher Charakterzug: Vertrauen in das Werkzeug, in die Maschine. Einerseits der Versuch, das Chaos zu bändigen, zu überwinden, andererseits unsere vertraute Spontaneität. Fahren Sie, wohin Sie wollen, meinetwegen nach Kischi, was hören Sie da, was verkündet jeder Stadtführer voller Stolz? Daß die und die Kirche mit der Axt gebaut wurde, dazu ohne einen einzigen Nagel! Statt eine gute Straße zu bauen, beschlagen wir lieber eine Wanze mit Hufnägeln. Die Wagenräder des Fuhrwerks versinken im Schlamm, aber wir halten den Feuervogel in der Hand! Und zweitens. Das ist die Quittung für die schnelle Industrialisierung. Für den Sprung nach vorne. Und wiederum im Westen: das Zeitalter der Manufakturen, der Spinnereien … Maschine und Mensch haben sich gemeinsam voranbewegt und verändert. Ein technologisches Bewußtsein, ein technologisches Denken ist entstanden. Und bei uns? Was hat unser Bauer außer seinen Händen? Bis heute! Axt, Sense, Messer – das ist alles. Darauf ruht die ganze Welt. Na, vielleicht noch die Schaufel. Wie redet der Russe mit der Maschine? Nur unter Flüchen. Oder mit dem Vorschlaghammer, mit Fußtritten. Er liebt sie nicht, die Maschine, er haßt sie, verachtet sie im Grunde, er versteht nicht völlig, was er unter den Händen hat. Ich habe gelesen, daß das Bedienungspersonal in Atomkraftwerken einen Reaktor oft »Kasserolle«, »Samowar« oder »Petroleumkocher« nennt. Oder auch »Gasherd«. Da ist so etwas wie Hochmut zu spüren: Wir braten Spiegeleier in der Sonne! Im Tschernobyl-Kraftwerk haben viele Leute aus den Dörfern ringsum gearbeitet. Tagsüber im Reaktor, nach Feierabend Arbeit im eigenen Garten oder bei den Eltern im Nachbardorf, wo man zum Kartoffellegen noch den Spaten benutzt und den Mist mit der Gabel verteilt … Ihr Bewußtsein pendelte zwischen zwei Gefällen, zwischen zwei Epochen: dem Steinzeitalter und dem Atomzeitalter. Stellen Sie sich eine Eisenbahnlinie vor, gebaut von hervorragenden Eisenbahningenieuren. Der Zug rast dahin, aber als Lokführer arbeiten Fuhrleute, die Kutscher von gestern. Es ist Rußlands Schicksal, zwischen zwei Kulturen zu stehen. Zwischen Atom und Spaten. Und die technologische Disziplin? Für unser Volk hat sie mit Gewalt, mit Fußblöcken, mit Ketten zu tun. Das Volk ist elementar, ungezügelt. Es hat immer von einem wilden, ungebundenen Leben geträumt, nicht von der Freiheit. Für uns ist Disziplin ein repressives Instrument. Es ist etwas Besonderes an unserer Roheit, etwas, was der östlichen Roheit nahe ist …

Ich bin Historiker … Ich habe mich früher viel mit Linguistik, mit Sprachphilosophie befaßt. Nicht nur wir denken durch die Sprache, auch die Sprache denkt durch uns. Mit 18, vielleicht auch schon früher, als ich Samisdat-Literatur zu lesen begann und Schalamow und Solschenizyn für mich entdeckte, wurde mir auf einmal klar, daß meine ganze Kindheit, die Kindheit meiner Straße – ich bin in einer Intellektuellenfamilie aufgewachsen, mein Urgroßvater war Geistlicher, mein Vater Professor an der Petersburger Universität –, von Lagermentalität durchtränkt war. Das Vokabular meiner Kindheit entstammt der Häftlingssprache. Für uns Halbwüchsige war das ganz selbstverständlich: Der Vater hieß »Pachan«, also der Boß in der Gaunersprache, die Mutter »Machana«. »Für einen schlauen Arsch gibt es einen Schwanz mit Gewinde«, was ja in der zivilen Sprache soviel bedeutet wie: Es ist keiner so arg, er findet einen Ärgeren … – das habe ich mit neun Jahren gelernt! Sogar die Spiele, die Rätsel kamen aus dem Häftlingsmilieu. Denn Häftlinge waren keine abgesonderte Welt, die irgendwo weit weg in Gefängnissen existierte, die war gleich nebenan. Wie Achmatowa schrieb: »Das halbe Land war eingesperrt, das halbe Land saß …« Ich denke, daß dieses unser Lagerdenken unweigerlich mit der Kultur kollidieren mußte. Mit der Zivilisation, mit dem Synchrotron …

Nun, und natürlich sind wir in einem besonderen sowjetischen Heidentum erzogen worden: Der Mensch ist der Herrscher, er ist die Krone der Schöpfung. Und es ist sein Recht, mit der Welt zu machen, was er will. Die Mitschurinsche Formel: »Wir können von der Natur keine Almosen erwarten, unsere Aufgabe ist es, sie ihr zu entreißen.« Der Versuch, dem Volk jene Qualitäten und Eigenschaften aufzupfropfen, die es nicht besitzt. Psychologie des Gewalttäters. Eine Herausforderung an die Geschichte, an die Natur! Jetzt reden auf einmal alle von Gott. Warum haben sie ihn nicht im Gulag gesucht, in den Zellen von 1937, auf den Parteiversammlungen von 1948, als man gegen den Kosmopolitismus zu Felde zog, unter Chruschtschow, als die Tempel niedergerissen wurden? Das heutige russische Gottsuchertum ist verlogen. Wir bombardieren friedliche Häuser in Tschetschenien ... Verbrannte russische Panzerfahrer werden mit Schaufeln und Mistgabeln verscharrt ... Ihre Überreste ... Und gleichzeitig gehen wir mit der Kerze in der Hand in die Kirche ... Zu Weihnachten ...

Was muß getan werden? Wir müssen die Frage beantworten: Ist die russische Nation zu so einer globalen Revision ihrer ganzen Geschichte fähig, wie es nach dem Zweiten Weltkrieg die Japaner waren? Die Deutschen? Haben wir genügend intellektuellen Mut? Darüber wird fast nie gesprochen. Gesprochen wird vom Markt, von Vouchers, von Schecks ... Wir kämpfen ein weiteres Mal ums Überleben. Die ganze Energie geht dafür drauf. Und die Seele ist vergessen ... Also wozu das alles? Ihr Buch? Meine schlaflosen Nächte? Wenn unser Leben doch nur so viel wert ist wie das Flämmchen beim Anreißen eines Zündholzes? Mehrere Antworten sind möglich. Ein primitiver Fatalismus. Und große Antworten sind möglich. Der Russe möchte immer an etwas glauben: an die Eisenbahn, an den Frosch (der Nihilist Basarow), an das Byzantinertum, an das Atom ... Und jetzt eben – an den Markt ...

Bulgakow schreibt in *Die Kabale der Scheinheiligen*: »Ich habe mein Leben lang gesündigt. Ich war Schauspielerin.« Die

Einsicht von der Sündhaftigkeit der Kunst! Der Amoralität ihres Wesens. Der Blick in fremdes Leben. Aber sie kann auch, wie das Serum bei einem Infizierten, zur Injektion einer fremden Erfahrung werden. Tschernobyl ist das Thema Dostojewskis. Der Versuch, den Menschen zu rechtfertigen. Aber vielleicht ist alles ganz einfach: auf Zehenspitzen in die Welt gehen und an der Schwelle stehenbleiben?

Alexander Rewalski,
Historiker

Monolog über eine Physik, in die wir alle verliebt waren

Seit meiner Jugend habe ich die Angewohnheit, alles aufzuschreiben. Zum Beispiel, was auf den Straßen passierte, worüber gesprochen wurde, als Stalin starb ... Und Tschernobyl habe ich vom ersten Tag an festgehalten, ich wußte, daß die Zeit vergeht und vieles vergessen wird, unwiederbringlich verlorengeht. So ist es auch gekommen. Meine Freunde, Kernphysiker, sie standen im Zentrum der Ereignisse, haben vergessen, was sie damals empfanden, worüber wir miteinander gesprochen haben. Aber ich habe alles festgehalten ...

An dem Tag ... Ich, Laborleiter des Instituts für Kernenergie an der Akademie der Wissenschaften Weißrußlands, kam zur Arbeit, unser Institut liegt außerhalb der Stadt, im Wald. Herrliches Wetter! Frühling. Ich öffnete das Fenster. Die Luft war frisch und rein. Ich wunderte mich, warum an diesem Tag nicht die Kohlmeisen herbeiflogen, ich hatte sie den Winter über mit Wurststückchen gefüttert, die ich vor dem Fenster aufhängte. Hatten sie besseres Futter gefunden?

Unterdessen herrschte Panik an unserem Institutsreaktor: Die Meßgeräte zeigten erhöhte Aktivität an, an den Luftfiltern war sie um das Zweihundertfache gestiegen. Die Dosisleistung an der Pförtnerloge betrug etwa drei Milliröntgen pro Stunde. Das war bedenklich. Diese Stärke ist in strahlungsgefährdeten Räumen bei maximal sechs Arbeitsstunden als Grenzwert zulässig. Erste Vermutung: In der aktiven Zone ist der Mantel eines Brennelements undicht geworden. Wir prüften nach: alles im Bereich der Norm. War vielleicht gerade ein Container aus dem radiochemischen Labor weggebracht und unterwegs auf der Straße so durchgerüttelt worden, daß der Innenmantel beschädigt und das umliegende Territorium verunreinigt wurden? Was war los? Und dann wurde noch über Betriebsfunk mitgeteilt, daß den Mitarbeitern empfohlen werde, die Häuser nicht zu verlassen. Zwischen den Gebäuden war gähnende Leere, kein Mensch zu sehen. Unheimlich. Ungewöhnlich.

Die Strahlenmeßtechniker prüften mein Zimmer: Der Tisch »leuchtete«, die Kleidung, die Wände ... Ich mochte mich nicht mal auf einen Stuhl setzen. Ich wusch mir die Haare über dem Waschbecken, schaute auf das Meßgerät – es zeigte Wirkung. Sollte das etwa bei uns passiert sein? Ein Unfall in unserem Institut? Ein Leck? Wie sollten die Busse dekontaminiert werden, die uns immer durch die Stadt bringen? Die Mitarbeiter? Wir mußten uns etwas einfallen lassen ... Ich war sehr stolz auf unseren Reaktor, ich hatte ihn bis ins letzte Detail studiert ...

Wir riefen das Atomkraftwerk Ignalina an, es liegt in der Nähe. Auch dort spielten die Geräte verrückt. Auch dort herrschte Panik. Wir riefen in Tschernobyl an ... Keiner nahm ab ... Gegen Mittag klärte sich alles auf. Über ganz Minsk hing eine radioaktive Wolke. Wir stellten Jodaktivität fest. Ein Unfall an einem der Reaktoren ...

Erste Reaktion: Meine Frau zu Hause anrufen und warnen! Aber alle Telefone im Institut werden abgehört. Oh, diese ewige, über Jahrzehnte eingebleute Angst! Aber zu Hause weiß keiner etwas ... Meine Tochter geht mit ihren Freundinnen nach dem Konservatorium durch die Stadt spazieren, Eis essen. Anrufen? Es kann unangenehm werden. Vielleicht werde ich dann nicht für Geheimarbeiten zugelassen? Aber ich halte es nicht aus, wähle ...

»Hör genau zu.«

»Was ist los?« fragt meine Frau laut.

»Psst. Schließ die Lüftungsfenster, pack alle Lebensmittel in Plastiktüten. Zieh Gummihandschuhe an und wisch mit einem feuchten Tuch alles ab, was möglich ist. Tu den Lappen auch in eine Plastiktüte und weg damit. Wenn Wäsche auf dem Balkon trocknet, muß sie noch einmal gewaschen werden.«

»Was ist denn passiert?«

»Psst! Löse zwei Tropfen Jod in einem Glas Wasser auf. Wasch dir die Haare ...«

»Was ...« Ich lasse meine Frau nicht aussprechen und lege auf. Sie muß verstehen, sie arbeitet selbst in unserem Institut.

Um halb vier Uhr nachmittags war es klar: ein Unfall an einem der Tschernobyl-Reaktoren ...

Am Abend fahren wir mit dem Dienstbus nach Minsk zurück.

Die halbe Stunde Fahrzeit sitzen wir stumm da oder reden über etwas anderes. Wir haben Angst, laut miteinander über das Geschehene zu sprechen. Jeder hat ein Parteimitgliedsbuch in der Tasche ...

Vor unserer Wohnungstür liegt ein feuchter Lappen. Meine Frau hatte verstanden. Ich schließe auf, werfe noch im Flur alles ab, Anzug, Hemd ... Alles, bis auf die Unterhosen. Mit einemmal packt mich die Wut ... Zum Teufel mit der Geheimhaltung! Diese Angst! Ich greife zum Telefonbuch von Minsk ... Nehme die Telefonbüchlein meiner Tochter, meiner Frau zur Hand ... Ich rufe überall an, daß ich Mitarbeiter des Instituts für Kernenergie bin und daß über Minsk eine radioaktive Wolke hängt ... Und dann sage ich, was zu tun ist: Haare waschen, Fenster schließen ... Nasse Wäsche vom Balkon nehmen, noch einmal waschen ... Jod einnehmen. Wie man es richtig macht ... Die Reaktion der Leute: Danke! Keine Fragen, keine Angst. Ich denke, daß sie mir nicht geglaubt haben oder nicht imstande waren, das Ausmaß der Ereignisse zu erfassen. Keiner hat Angst bekommen. Die Reaktion war erstaunlich.

Abends ruft mein Freund an. Kernphysiker, Doktor ... Und wie sorglos! Mit was für einem Glauben wir gelebt haben! Erst jetzt begreift man das ... Mein Freund erzählt unter anderem, daß er an den Maifeiertagen zu den Eltern seiner Frau in die Gegend von Gomel fahren will. Von dort ist es nur ein Katzensprung nach Tschernobyl! Er will mit seinen kleinen Kindern fahren.

»Hervorragende Idee!« schreie ich in den Hörer. »Bist du

verrückt geworden?« Das zum Professionalismus. Zu unserem Glauben. Ich habe ihn angebrüllt! Er hat wahrscheinlich schon vergessen, daß ich seine Kinder gerettet habe ... (Nach einer Pause.)

Wir ... Ich spreche von uns allen ... Wir haben Tschernobyl nicht vergessen, wir haben es nicht verstanden. Was konnten Wilde von einem Blitz verstehen?

Das Buch von Ales Adamowitsch ... Sein Gespräch mit Andrej Sacharow über die Atombombe ... »Und wissen Sie, wie gut es nach einer Kernexplosion nach Sauerstoff riecht?« fragte der Wissenschaftler, der Vater der Wasserstoffbombe. In diesen Worten steckt Romantik. Für mich ... Für meine Generation ... Entschuldigen Sie, ich sehe an Ihrem Gesicht ... Ihnen mag das wie Begeisterung für die Weltkatastrophe vorkommen ... Und nicht für das menschliche Genie ... Aber erst jetzt ist die Kernenergie erniedrigt und besudelt. Meine Generation dagegen ... 1945, als die Atombombe gezündet wurde, war ich 17 Jahre alt. Ich las gern Science-fiction, träumte davon, zu anderen Planeten zu fliegen, war sicher, daß die Kernenergie uns in den Kosmos bringen würde. Ich schrieb mich am Moskauer Institut für Energiewirtschaft ein und erfuhr dort, daß es eine streng geheime Fakultät gibt: die physikalisch-energetische. Die fünfziger, sechziger Jahre ... Kernphysiker ... Elite ... Begeisterung. Die Humanwissenschaftler waren passé ... In drei Kopeken, so sagte unser Lehrer in der Schule, stecke soviel Energie, daß damit ein Kraftwerk arbeiten kann. Uns stockte der Atem! Ich verschlang den Amerikaner Smitt, der schrieb, wie die Atombombe erfunden, Versuche durchgeführt wurden, er beschrieb Details der Explosion. Bei uns wurde alles geheimgehalten. Ich las ... Meine Phantasie arbeitete ... Den Film über die sowjetischen Atomwissenschaftler *Neun Tage eines Jahres* sah das ganze Land. Die hohen Gehälter, die Geheimhaltung verstärkten noch die Romantik. Physik-Kult! Zeit der Physik! Sogar noch, als es in Tschernobyl krachte ... Wissenschaftler wurden geholt ... Sie flogen mit einer Sondermaschine zum Reaktor, aber viele hatten nicht einmal den Rasierapparat eingesteckt, sie glaubten, es würde nur ein paar Stunden dauern. Die Zeit der Physik war mit Tschernobyl zu Ende …

Ich denke, Sie blicken schon anders auf diese Welt … Bei Konstantin Leontjew habe ich kürzlich den Gedanken gelesen, daß die Ergebnisse des physikalisch-chemischen Exzesses einst den kosmischen Verstand zwingen werden, sich in unsere irdischen Dinge einzumischen. Wir aber, in Stalinzeiten aufgewachsen, durften nicht einmal in Gedanken die Existenz von übernatürlichen Kräften zulassen. Die Bibel habe ich erst später gelesen … Und ich habe ein und dieselbe Frau zweimal geheiratet. Ich bin weggegangen und zurückgekommen. Wir sind uns noch einmal in dieser Welt begegnet. Das Leben ist eine erstaunliche Sache! Etwas Geheimnisvolles! Heute glaube ich … Woran glaube ich? Daß die dreidimensionale Welt für den modernen Menschen schon zu eng geworden ist … Warum findet heute Science-fiction ein solches Interesse? Der Mensch löst sich von der Erde … Er geht mit anderen Zeitkategorien um, nicht mit einer Erde, sondern mit verschiedenen Welten. Apokalypse … Atomarer Winter … In der westlichen Literatur ist über all das bereits geschrieben worden, sie haben es sozusagen schon geprobt. Sie haben sich auf die Zukunft vorbereitet. Die Zündung einer großen Menge von Kernwaffen führt zu gewaltigen Bränden. Die Atmosphäre ist von Rauch gesättigt. Die Sonnenstrahlen dringen nicht bis auf die Erde durch, und dort findet eine Kettenreaktion statt – kalt, kälter, immer kälter. Diese profane Version vom »Weltuntergang« hält sich aus der Zeit der industriellen Revolution des 18. Jahrhunderts. Aber Atombomben werden auch dann nicht verschwinden, wenn der letzte Sprengkopf vernichtet ist. Das Wissen bleibt …

Sie fragen nur, aber ich streite die ganze Zeit mit Ihnen. Es ist ein Streit zwischen Generationen … Merken Sie das? Die Geschichte des Atoms ist nicht nur ein Militärgeheimnis, ein Mysterium, ein Fluch. Sie ist unsere Jugend, unsere Zeit … Unsere Religion …

50 Jahre sind vergangen, nur 50 Jahre! Heute scheint auch mir manchmal, daß die Welt nicht von uns, sondern von jemand anderem regiert wird, daß wir mit unseren Kanonen und Raumschiffen wie Kinder sind. Aber sicher bin ich noch nicht ... Eine erstaunliche Sache – das Leben! Ich habe die Physik immer geliebt und dachte, ich würde mich nie mit etwas anderem befassen, aber jetzt möchte ich schreiben. Alles vergeht, alles schwindet dahin, unsere Gefühle ändern sich ...

... Vor der Operation ... Ich wußte bereits, daß ich Krebs habe. Ich glaubte, ich hätte nur noch Tage zu leben, und wollte doch so ungern sterben. Auf einmal sehe ich jedes Blatt, bunte Blumen, den hellen Himmel, den leuchtendgrauen Asphalt, die Risse darin, in denen Ameisen wandern. Nein, denke ich, um die muß ich herumgehen. Es ist schade um sie. Warum sollen sie sterben? Vom Duft des Waldes drehte sich mir der Kopf ... Der Geruch hinterließ einen stärkeren Eindruck als Farben. Die schmalen Birken ... Die schweren Tannen ... Und all das soll ich nicht mehr sehen? Nur eine Sekunde, nur eine Minute länger leben! Warum habe ich so viele Stunden und Tage vor dem Fernseher vertan, zwischen Stapeln von Zeitungen? Das Wichtigste sind Leben und Tod ...

Valentin Alexejewitsch Borissewitsch,
ehemaliger Laborleiter des Instituts für Kernenergie
an der Akademie der Wissenschaften Weißrußlands

Monolog über etwas, was weiter als Kolyma, Auschwitz und den Holocaust reicht

Die ersten Tage ... Die Empfindungen waren zwiespältig ...

Ich erinnnere mich an die beiden stärksten Gefühle: Angst und Bitterkeit. Es war passiert, und wir bekamen keinerlei Informationen: Die Behörden schwiegen, die Mediziner äußerten sich nicht. Die Kreisstadt erwartete Anweisungen aus der Gebietshauptstadt, die Gebietshauptstadt aus Minsk, Minsk aus Moskau. Eine lange, lange Kette, an deren Ende einige wenige Menschen alles entschieden. Und wir standen hilflos da. Das waren die wesentlichen Gefühle damals. Einige wenige Menschen bestimmen über unser Schicksal, das Schicksal von Millionen. Genauso wie einige wenige uns hätten töten können ... Nicht Wahnsinnige, nicht Kriminelle, sondern das normale diensthabende Reaktorpersonal in einem Atomkraftwerk. Als ich das begriffen hatte, war ich erschüttert. Mit Tschernobyl hat sich ein Abgrund aufgetan, etwas, was weiter als Kolyma, Auschwitz und der Holocaust reicht. Der Mensch mit Axt und Bogen oder der Mensch mit Panzerbüchse und Gaskammern konnte nicht alle umbringen. Aber der Mensch und das Atom ...

Ich bin kein Philosoph, ich will hier nicht philosophieren. Lieber erzähle ich noch einmal, woran ich mich erinnere ...

Panik der ersten Tage: Die einen rannten in die Apotheken und kauften alles Jod auf, andere gingen nicht mehr auf den Markt, kauften keine Milch, kein Fleisch, besonders Rindfleisch. Unsere Familie sparte damals nicht an Geld, wir kauften teure Wurst, weil wir hofften, daß sie aus gutem Fleisch hergestellt wurde. Bald darauf erfuhren wir, daß gerade dieser Wurst kontaminiertes Fleisch beigemischt wurde, weil man annahm, daß sie weniger gekauft und gegessen würde, wenn sie so teuer ist. Wir waren hilflos. Aber das wissen Sie natürlich alles schon. Ich möchte über etwas anderes schreiben, nämlich darüber, daß wir der sowjetischen Generation angehörten.

Meine Freunde sind Ärzte und Lehrer, die Intelligenz des Ortes, wir hatten einen eigenen Kreis. Einmal trafen wir uns bei mir zu Hause. Tranken Kaffee. Zwei junge Frauen waren da, eng miteinander befreundet, eine ist Ärztin, beide haben kleine Kinder.

Die erste: »Morgen fahre ich zu meinen Eltern. Ich bringe die Kinder hin. Ich würde es mir nie verzeihen, wenn sie krank werden.«

Die zweite: »In der Zeitung steht, daß sich die Lage in einigen Tagen normalisieren wird. Unsere Armee ist an Ort und Stelle. Hubschrauber, Panzertechnik. Es wurde im Radio durchgegeben.«

Die erste: »Ich kann dir nur empfehlen: Schnapp dir die Kinder, bring sie weg! Bring sie in Sicherheit! Das hier ist kein Krieg. Wir haben ja keine Vorstellung davon, was passiert ist.«

Mit einemmal wurden ihre Stimmen schrill, und das Ganze endete in Streit und gegenseitigen Beschimpfungen.

»Du bist eine Verräterin!«

»Wo bleibt dein mütterlicher Instinkt? Du Fanatikerin!«

»Was wäre mit uns, wenn jeder so handeln würde wie du? Hätten wir dann im Krieg gesiegt?«

Zwei hübsche junge Frauen, die ihre Kinder über alles liebten, lagen sich in den Haaren. Da wiederholte sich etwas, das Szenarium war so bekannt ...

Ich glaube, alle in der Runde empfanden ähnlich: Sie bringt Unruhe hinein. Wir müssen abwarten, bis Erklärungen, Anweisungen kommen ... Die junge Frau war Ärztin, sie wußte mehr. »Ihr könnt ja nicht mal die eigenen Kinder schützen! Euch bedroht doch keiner! Trotzdem habt ihr Angst!«

Wie wir sie damals gehaßt haben! Sie hatte uns den Abend verdorben.

Am nächsten Tag fuhr sie ab, wir aber putzten unsere Kinder

heraus und gingen mit ihnen zur Maidemonstration. Wir hätten es nicht zu tun brauchen, wir hatten die Wahl. Keiner hat uns gezwungen, keiner hat uns dazu aufgefordert, aber wir hielten es für unsere Pflicht. Wie auch nicht! In so einer Zeit! An so einem Tag! ... Alle müssen zusammenstehen ... Wir gingen auf die Straße, wir zogen mit der Menge ...

Auf der Tribüne standen alle Sekretäre des Kreiskomitees, neben dem Ersten Sekretär dessen kleine Tochter, und zwar so, daß jeder sie sehen konnte. Sie trug Regenmantel und Mütze, obwohl die Sonne schien, und er einen Armeeumhang. Aber sie standen auf der Tribüne ... Ich erinnere mich daran ...

Ich habe Ihnen diesen Brief geschrieben, damit die Wahrheit jener Tage und jene Gefühle erhalten bleiben. Diese Maidemonstration werde ich nicht vergessen ...

Was ist mit uns geschehen? Was hat sich vor uns aufgetan? Ich wiederhole mich: Mit uns ist etwas geschehen, was weiter als Kolyma, Auschwitz und der Holocaust reicht. Aber wo sind unsere Intellektuellen? Unsere Schriftsteller? Philosophen? Warum schweigen sie? ...

Aus einem Brief von Ljudmila Dmitrijewna Polenskaja,
Dorflehrerin und Umsiedlerin aus der Tschernobyl-Zone

Monolog über die Freiheit und den Traum von einem gewöhnlichen Tod

Das war Freiheit ... Dort habe ich mich als freier Mensch gefühlt ... Sie können das nicht verstehen, das kann nur einer, der im Krieg gewesen ist. Sie trinken, die Männer, die gekämpft haben, und reden, ich habe sie gehört, sie sehnen sich immer noch zurück ... Nach dieser Freiheit, diesem Höhenflug ... Kein Schritt zurück! lautete Stalins Befehl. Sperrabteilungen. Aber du schießt, überlebst, bekommst die dir zustehenden 100 Gramm Wodka, Tabak ... Tausendmal kannst du sterben, in Stücke fliegen, aber wenn du dich anstrengst, schlauer bist als der Teufel, der Böse, der Oberfeldwebel, der Bataillonskommandeur, der mit dem fremden Helm und fremden Bajonett, schlauer als der Allerhöchste selbst – dann kannst du überleben!

Die Einsamkeit der Freiheit! Ich kenne sie, alle kennen sie, die am Reaktor waren. Es ist wie in einem Schützengraben an der vordersten Front ... Angst und Freiheit! Du lebst ganz aus dem vollen ... Sie können das nicht verstehen, Sie in Ihrem normalen Leben ... Erinnern Sie sich, wir wurden ständig darauf vorbereitet: Es kommt Krieg! Wie sich zeigte, war das Bewußtsein nicht vorbereitet. Ich war nicht vorbereitet. Zwei Armeeangehörige erschienen im Betrieb, ließen mich kommen. »Kannst du Salzsäure von Benzin unterscheiden?« – »Wohin soll es gehen?« frage ich. »Wohin schon? Als Freiwilliger nach Tschernobyl.« Mein Spezialfach beim Militär: Raketentreibstoff. Eine geheime Fachrichtung. Sie nahmen mich direkt vom Werk mit, in Hemd und Fußballtrikot, ich durfte nicht mal schnell nach Hause fahren. »Ich muß meiner Frau Bescheid sagen«, bat ich. »Das machen wir schon.« Im Bus waren wir 15 Personen, alles

Reserveoffiziere. Die Leute gefielen mir. Wenn es sein muß, fahren wir! Wenn es sein muß, arbeiten wir! Man schickt uns auf den Reaktor, also klettern wir auf das Dach des Reaktors …

Vor den ausgesiedelten Dörfern standen Wachtürme, obendrauf bewaffnete Soldaten. Schlagbäume. Tafeln: »Straßenrand verseucht. Einfahrt und Halten streng verboten.« Graue Dörfer, mit dekontaminierender Flüssigkeit übergossen. Zu Anfang waren wir richtig blockiert! In den ersten Tagen hatten wir Angst, uns auf die Erde, ins Gras zu setzen, wir gingen nicht, sondern liefen, kaum fuhr ein Auto vorbei, legten wir die Atemschutzmasken an. Nach der Schicht saßen wir in unseren Zelten. Haha! Monate später … Da war schon alles normal, das war schon dein Leben. Wir pflückten Pflaumen, fingen Fische mit dem Schleppnetz, da gibt's Hechte, oho! Und Brassen! Die haben wir gedörrt. Zum Bier. Sicher hat man Ihnen schon davon erzählt? Wir haben Fußball gespielt. Gebadet! Haha … (Lacht wieder.) Wir glaubten an unser Schicksal, im tiefsten Innern sind wir alle Fatalisten und keine Apotheker. Keine Rationalisten. Slawische Mentalität … Ich habe an meinen Stern geglaubt! Haha! Invalide zweiter Klasse … Ich bin sofort krank geworden. Strahlenpest, verfluchte! … Bis dahin hatte ich nicht mal ein Krankenblatt in der Poliklinik! Zum Teufel damit! Ich bin nicht allein … Eine Mentalitätsfrage …

Ich bin Soldat, ich habe ein fremdes Haus abgeschlossen, ich habe ein fremdes Heim betreten. Das ist ein Gefühl! … Erde, in die man nichts säen darf … Eine Kuh drückt ihr Maul an die Gartenpforte, aber die ist zu, und das Haus ist verschlossen. Die Milch tropft zu Boden … Das ist ein Gefühl! In den Dörfern, die noch nicht ausgesiedelt waren, brannten die Bauern selber Schnaps, damit verdienten sie sich Geld. Den Wodka verkauften sie dann an uns. Wir aber hatten Geld im Überfluß: dreifaches Gehalt und dreifaches Tagegeld. Dann kam der Befehl: Wer trinkt, bleibt eine zweite Dienstzeit. Also, hilft Wodka oder nicht? Na, wenigstens psychologisch … Dort haben wir fest daran geglaubt … Das bäuerliche Leben war so einfach: säen, aufziehen, ernten, alles andere läuft ohne den Bauern ab. Mit dem Zaren, mit der Macht haben sie nichts am Hut. Auch nicht mit Raumschiffen und Atomkraftwerken, Kundgebungen in der Hauptstadt. Und sie konnten es nicht glauben, daß sie in Tschernobyl lebten, aber sie waren ja nie weggewesen. Die Leute starben an seelischer Erschütterung ... Sie sammelten heimlich Holz, pflückten die grünen Tomaten ab, weckten sie ein. Platzten die Gläser, wurde noch mal eingekocht. Wie? Das alles vernichten, vergraben, in den Müll? Das taten wir! Wir waren für sie Feinde ... Ich wollte unbedingt zum Reaktor. »Hab's nicht so eilig«, sagte man mir. »Im letzten Monat, kurz vor der Entlassung werden wir alle aufs Reaktordach geschickt.« Wir dienten sechs Monate. Und tatsächlich, nach fünf Monaten kam die Umstationierung – es ging direkt an den Reaktor. Alle möglichen Witze wurden gerissen, aber auch ernsthafte Gespräche fanden statt, daß wir nun das Dach durchlaufen müßten. Na gut, fünf Jahre machen wir's danach noch ... Oder sieben ... Zehn ... Am häufigsten fiel die Zahl fünf. Wie kam das? Ohne Panik, ohne viel Aufhebens. »Freiwillige einen Schritt vor!« Die ganze Kompanie tritt einen Schritt vor. Vor dem Kommandeur steht ein Monitor, er schaltet ein – auf dem Monitor das Reaktordach: Graphitstücke, geschmolzenes Bitumen. »Da, seht ihr, Jungs, die Brocken? Die werden weggeräumt. Und hier, in diesem Quadrat, schlagt ihr eine Öffnung rein.« 40 bis 50 Sekunden Zeit. Hin und zurück im Laufschritt, im Eiltempo. Einer belädt die Tragen, andere entladen sie in den Reaktor hinein. Aber nicht hinunterschauen! Wir schauten dennoch. Die Zeitungen schrieben: Die Luft über dem Reaktor ist sauber. Als wir das lasen, haben wir gelacht und geflucht. Die Luft ist sauber! Dabei haben wir solche Dosen abbekommen! Strahlenmeßgeräte wurden ausgegeben. Eins ging bis fünf Röntgen, das schlug gleich über den Rand aus, das zweite, einem Füllhalter ähnlich, bis 200 Röntgen, schoß genauso über die Höchstzahl hinaus. Fünf Jahre lang dürft ihr keine Kinder machen, hieß es ... Wenn wir in fünf Jahren überhaupt noch leben ... Haha! ... (Lacht.) Witze aller Art! Aber ohne Panik, ohne viel Aufhebens. Fünf Jahre ... Ich habe schon zehn Jahre hinter mir ... Haha! (Lacht.) Wir bekamen Urkunden. Ich habe zwei ... Mit all den Bildchen: Marx, Engels, Lenin ... Rote Fahnen ... Einer von uns verschwand, wir dachten, er sei getürmt. Zwei Tage später wurde er in einem Gebüsch gefunden: Er hatte sich aufgehängt. Als wir das erfuhren ... Das war ein Gefühl! Bei allen. Sie verstehen ... Damals sprach der Politstellvertreter, er sagte, der Junge habe einen Brief von zu Hause bekommen, seine Frau habe ihn betrogen. Wer weiß? Eine Woche später sollten wir entlassen werden. Und er wurde in einem Gebüsch gefunden ... Dann gab es einen Koch, der hatte solche Angst, daß er nicht im Zelt wohnte, sondern im Verpflegungsdepot, da hatte er sich ein Loch unter Kisten mit Butter und Fleischkonserven gebuddelt. Hatte Matratze und Kissen reingeschleppt ... Er lebte unter der Erde ... Dann kam die Anordnung: Neues Kommando aufstellen und alle aufs Dach! Wir waren aber schon alle oben gewesen. Leute finden! Na, auch er wurde raufgeschickt. Er war nur einmal oben ... Invalide zweiter Klasse ... Er ruft mich häufig an. Wir stehen in Verbindung, wir halten zueinander, halten fest an unseren Erinnerungen, sie werden frisch sein, solange wir leben. Schreiben Sie das ruhig ...

Die Zeitungen lügen doch ... Nirgends habe ich gelesen, wie wir uns Kettenhemden genäht haben ... Bleihemden ... Ah, Unterhosen ... Wir bekamen Gummimäntel, mit Blei bestäubt. Aber Unterhosen aus Blei haben wir uns selbst gefertigt ... Da haben wir aufgepaßt. In einem Dorf zeigte man uns zwei Häuser, geheime Treffpunkte ... Männer, sechs Monate von zu Hause weg, ohne Frauen ... eine Extremsituation. Alle waren dort. Und die Mädchen vom Dorf hatten ihr Amüsement – wir sterben sowieso bald, winkten sie ab ... Unterhosen aus Blei ... Wir haben sie über die Hosen gezogen. Schreiben Sie das ... Witze gingen um, zum Beispiel der: Ein amerikanischer Roboter wird aufs Dach geschickt, arbeitet fünf Minuten – und stopp! Ein japanischer Roboter arbeitet fünf Minuten – und stopp! Ein russischer Roboter aber arbeitet zwei Stunden. Befehl per Funk: »Soldat Iwanow, Sie können in zwei Stunden herunterkommen. Zigarettenpause!« Haha! ... (Lacht.)

Bevor es auf den Reaktor ging, gab der Kommandeur Anweisungen ... Wir standen in Reih und Glied ... Einige rebellierten. »Wir waren schon oben, wir sollen entlassen werden.« Mein Fachgebiet war Treibstoff, Benzin, trotzdem mußte ich aufs Dach. Ich habe geschwiegen. Ich wollte es selbst. Aber diese Jungs rebellierten. Der Kommandeur sagte: »Bei uns gehen nur Freiwillige aufs Dach, die anderen einen Schritt aus der Reihe, mit denen wird sich der Staatsanwalt befassen.« Na, die Jungs standen ein wenig, berieten sich und haben dann klein beigegeben. Wenn man den Eid geleistet hat, muß man, man hat die Fahne geküßt ... Ich glaube, keiner von uns hat gezweifelt, daß man uns gegebenenfalls einsperren würde. Das Gerücht sickerte durch, daß man zwei bis drei Jahre bekommt. Wenn ein Soldat über 25 Röntgen eingefangen hatte, konnte der Kommandeur dafür eingesperrt werden, daß er seine Leute der Strahlung ausgesetzt hat. Keiner hatte über 25 Röntgen ... Alle hatten weniger ... Verstehen Sie? Aber die Leute haben mir gefallen. Zwei waren krank geworden, einer fand sich, der sagte: »Ich geh rauf.« Dabei war er an dem Tag schon einmal auf dem Dach gewesen. Er wurde belobigt. Prämie – 500 Rubel. Ein anderer hatte oben an der Öffnung im Dach gemeißelt, sollte gehen – er hämmerte weiter. Wir winkten ihm hoch: »Komm runter!« Aber er ging in die Knie und hämmerte weiter. Das Dach sollte an der Stelle durchgehauen werden, um eine Rinne für Müll einzulassen. Er ist erst aufgestanden, als er durch war. Prämie – 1 000 Rubel. Für das Geld konnte man damals zwei Motorräder kaufen. Er ist jetzt Invalide erster Klasse ... Aber für die Angst haben sie gleich gezahlt ...

Unsere Entlassung. Wir stiegen auf Lastkraftwagen. Als wir durch die Zone fuhren, haben die Fahrer die ganze Zeit gehupt. Ich schaue auf diese Tage zurück ... Ich war Zeuge von etwas ...

etwas Phantastischem … Mir fehlen die Worte … Die Worte »gigantisch« und »phantastisch« geben nicht alles wieder. Das war ein Gefühl … Was für eins? Solch ein Gefühl habe ich nicht mal in der Liebe erlebt …

Alexander Kudrjagin,
Liquidator

Monolog darüber, daß man dem alltäglichen Leben etwas beifügen muß, um es zu verstehen

Brauchen Sie Einzelheiten von damals? Oder wollen Sie meine Geschichte hören? Ich habe mich zum Beispiel nie mit Fotografie befaßt – dort fing ich damit an, ich hatte zufällig eine Kamera dabei. Tu es einfach für dich, dachte ich. Heute ist es mein Beruf. Wissen Sie, ich konnte mich von all den neuen Gefühlen nicht freimachen, das waren keine kurzlebigen Emotionen, das war eine ganze Kette von seelischen Erlebnissen.

(Während er redet, breitet er Fotos auf Tisch und Stühlen und Fensterbrett aus: eine Sonnenblume, groß wie ein Wagenrad, ein Storchennest in einem menschenleeren Dorf, ein verwaister Dorffriedhof mit einem Schild am Tor: »Hochverstrahlt. Zutritt und Einfahrt verboten«, ein Kinderwagen im Hof eines Hauses mit brettervernagelten Fenstern, auf dem Wagen eine Krähe wie in ihrem Nest, der uralte Keil von Kranichen über verwilderten Feldern ...)

Immer wieder werde ich gefragt: »Warum fotografierst du nicht in Farbe?« Aber Tschernobyl ... Das ist »Tschernaja byl« – »Schwarze Geschichte« ... Andere Farben gibt es nicht ... Meine eigene Geschichte? Mein Kommentar dazu ... (Er weist auf die Fotos.) Gut, ich werd's versuchen. Wissen Sie, hier finden Sie alles ... (Weist wieder auf die Fotos.) Ich arbeitete damals in einem Betrieb und studierte nebenbei im Abendstudium Geschichte an der Universität. Ich war Schlosser der zweiten Lohngruppe. In aller Eile wurde ein Trupp zusammengestellt und losgeschickt. Wie an die Front.

»Wo geht es hin?«

»Wohin der Befehl vorschreibt.«

»Was haben wir da zu tun?«

»Was der Befehl vorschreibt.«

»Wir sind Bauarbeiter.«

»Ihr werdet bauen. Ihr werdet etwas aufbauen.«

Wir zogen Nebengebäude hoch: Wäschereien, Lager, offene Schuppen. Ich wurde zum Zemententladen eingeteilt. Was für Zement das war, woher er kam, wurde nicht geprüft. Wir beluden und entluden. Wenn du einen Tag lang geschaufelt und geschaufelt hattest, glänzten abends nur die Zähne – alles andere war grau: ein Mensch aus Zement, auch die Arbeitsklamotten, durch und durch. Ich habe sie abends ausgeklopft und am nächsten Morgen wieder angezogen, wissen Sie. Man führte Politgespräche mit uns. Helden, Heldentaten, an vorderster Front ... Armeelexik ...

Was bedeutet Rem? Curie? Was ist ein Milliröntgen? Wir stellten Fragen, der Kommandeur konnte uns nichts erklären, an der Offiziersschule hatte er so was nicht gelernt. Milli, Mikro ... Böhmische Dörfer! »Wozu müßt ihr das wissen? Führt die Befehle aus. Hier seid ihr Soldaten.« Soldaten ja, aber keine Häftlinge.

Eine Kommission traf ein. »Also, bei euch ist alles normal«, beruhigte man uns. »Normale Strahlenbelastung. Ja, vier Kilometer weiter, da kann man nicht leben, die Leute müssen ausgesiedelt werden. Hier ist alles in Ordnung.« Sie hatten einen Strahlenmeßtechniker dabei, er schaltete den Kasten ein, der ihm über die Schulter hing, und fuhr mit diesem langen Stab über unsere Stiefel hin. Wie er zur Seite sprang! Unwillkürliche Reaktion!

Und hier beginnt das, was Sie als Schriftstellerin besonders interessieren wird. Wie lange, meinen Sie, war diese Begebenheit bei uns im Gespräch? Höchstens ein paar Tage. Also, unsere Menschen sind nicht imstande, nur an sich, an das eigene Leben zu denken, als eine in sich geschlossene Welt zu leben. Unsere Politiker sind nicht imstande, an den Wert des Lebens zu denken, aber der einzelne Mensch eben auch nicht, wissen Sie. Wir sind anders. Wir sind aus anderem Holz geschnitzt. Dort haben wir natürlich alle gesoffen. Und wie gesoffen! Spätabends war keiner mehr nüchtern. Nach den ersten beiden Schnäpsen ist das Heimweh da, man redet über Frau und Kinder, über die Arbeit, schimpft auf die Vorgesetzten ... Aber nach ein, zwei Flaschen ... Da ging es nur noch um das Schicksal des Landes oder um die kosmische Ordnung! Diskussionen über Gorbatschow und Ligatschow. Und Stalin. Ob wir eine Großmacht sind oder nicht. Ob wir die Amerikaner besiegen oder nicht ... 1986 ... Wessen Flugzeuge besser sind und wessen Raumschiffe sicherer ... Na gut, das mit Tschernobyl ist passiert, aber einer von uns ist als erster ins Weltall geflogen! Bis wir uns heiser geschrien hatten, bis zum nächsten Morgen, wissen Sie! Warum wir keine Strahlenmeßgeräte kriegen oder irgendwelche Pülverchen, für alle Fälle ... Keine Waschmaschinen, um die Arbeitskleidung täglich waschen zu können und nicht nur zweimal im Monat – das wurde ganz zuletzt erörtert. Beiläufig. Am Rande. So sind wir eben, wissen Sie! Teufel noch mal!

Wodka war nicht mit Gold aufzuwiegen. Es gab keinen zu kaufen. Ringsum in den Dörfern wurde alles getrunken: Wodka, Selbstgebrannter, Lotion bis hin zu Lacken, Sprays ... Auf dem Tisch eine Dreiliterflasche mit Selbstgebranntem oder ein Netz mit Kölnischwasserfläschchen Marke »Schipr« ... Und Reden, Reden ... Unter uns waren auch Lehrer, Ingenieure ... Ein internationales Gemisch: Russen, Weißrussen, Kasachen, Ukrainer. Philosophische Gespräche ... Daß wir Gefangene des Materialismus sind, der Materialismus uns aber durch die gegenständliche Welt einschränkt. Tschernobyl als Ausstieg in die Unendlichkeit. Ich erinnere mich, wie wir über das Schicksal der russischen Kultur diskutierten, über ihren Hang zum Tragischen. Ohne den Schatten des Todes ist nichts zu begreifen. Nur auf dem Boden der russischen Kultur kann man die Katastrophe begreifen ... Nur sie ist darauf vorbereitet ... Wir hatten Angst vor der Bombe, vor dem Atompilz, und dann war es so gekommen ... Wir wissen, wie ein Haus brennt, von einem Streichholz oder einem Geschoß angezündet ... Aber das hier war mit nichts zu vergleichen ... Das Gerücht drang zu uns, das sei ein überirdisches Feuer, nicht mal ein Feuer, eher ein Licht, ein Flimmern, Leuchten. Nicht dunkelblau, sondern hellblau. Und ohne Rauch. Früher waren Wissenschaftler fast wie Götter, heute sind sie gefallene Engel. Dämonen! Die menschliche Natur ist und bleibt für sie ein Geheimnis. Ich bin Russe, ich stamme aus der Gegend von Brjansk. Wissen Sie, bei uns sitzt ein alter Mann auf der Schwelle, sein Haus steht ganz schief, es stürzt bald zusammen, er aber philosophiert und baut die Welt um. Und wir sind direkt am Reaktor!

In Massen kamen Zeitungsreporter, fotografierten ... Gestellte Aufnahmen. Knipsen das Fenster eines verlassenen Hauses, legen eine Geige davor – und nennen das Ganze Tschernobyl-Sinfonie! Dabei brauchte man überhaupt nichts zu stellen. Ich wollte alles festhalten: im Schulhof den Globus, von einem Traktor zerdrückt, die schwärzliche Wäsche, die schon monatelang auf einem Balkon hängt, die verwahrlosten Kriegsgräber ... Das Gras ist so hoch wie die Gipssoldaten des Denkmals, und auf den Maschinenpistolen stecken Vogelnester. Die Türen eines Hauses sind aufgebrochen, Plünderer waren schon am Werk, aber die Gardinen vor den Fenstern sind zugezogen. Die Leute sind weg, in den Stuben leben nur noch ihre Fotos. Wie ihre Seelen. Wissen Sie, für mich gab es nichts Unwichtiges oder Nebensächliches, ich wollte alles genau und präzise festhalten: die Tageszeit, zu der ich das und das gesehen hatte, die Farbe des Himmels, meine Empfindungen. Die Menschen haben diese Gegend für immer verlassen. Wir sind die ersten, die dieses »für immer« erlebt haben. Ich darf kein Detail auslassen ... Die Gesichter alter Bauern, die Ikonen ähneln ... Sie begreifen am wenigsten, was geschehen ist. Sie sind nie von ihrem Hof, ihrer Scholle weggegangen. Sie sind hier geboren worden, haben hier geliebt, haben ihr Brot im Schweiße ihres Angesichts gegessen, ihr Geschlecht gemehrt ... Haben auf Enkel gewartet ... Und sind nach vollendetem Leben von dieser Erde gegangen, sind selbst zu Erde geworden. Eine weißrussische Kate! Für uns Städter ist das Haus eine Maschine zum Leben. Für sie ist es eine ganze Welt. Ein Kosmos. Nun fährt man durch leere Dörfer ... Und man möchte so gerne einem Menschen begegnen ... Eine ausgeplünderte Kirche ... Wir gingen hinein: Es roch nach Wachs. Ich hatte den Wunsch zu beten ...

Das alles wollte ich mir einprägen. So habe ich angefangen zu fotografieren ... Das ist meine Geschichte.

Vor kurzem habe ich einen Freund zu Grabe getragen, mit dem ich dort gewesen bin. Er starb an Blutkrebs. Der Leichenschmaus: Essen und Trinken nach slawischem Brauch, Sie wissen. Und dann wurde geredet. Bis nach Mitternacht. Zuerst über ihn, den Verstorbenen. Und dann? Dann ging es wieder um das Schicksal des Landes und die kosmische Ordnung. Ziehen die russischen Truppen aus Tschetschenien ab oder nicht? Wird es zu einem zweiten Kaukasuskrieg kommen, oder ist er schon im Gange? Welche Chancen hat Schirinowski, Präsident zu werden? Oder Jelzin? Die englische Krone und Prinzessin Diana. Die russische Monarchie. Tschernobyl. Jetzt sind schon diverse Vermutungen im Umlauf, eine davon: Außerirdische haben von der Katastrophe gewußt und uns geholfen; eine andere: das Ganze war ein kosmisches Experiment, und nach einer gewissen Zeit werden Kinder mit genialen Fähigkeiten geboren. Aber vielleicht verschwinden auch die Weißrussen, so wie früher andere Völker verschwunden sind: Skythen, Chasaren, Sarmaten, Kimmerier? Wir sind Metaphysiker ... Wir leben nicht auf der Erde, sondern in Träumen, in Gesprächen. Und dem gewöhnlichen Leben müssen wir etwas beifügen, um es zu verstehen ... Sogar im Schatten des Todes ...

Viktor Latun,
Fotograf

Monolog über eine Mißgeburt, die trotzdem geliebt werden wird

Meine Tochter sagte kürzlich: »Mama, wenn ich mal eine Mißgeburt haben sollte, werde ich sie trotzdem lieben.« Können Sie sich das vorstellen? Sie geht in die zehnte Klasse und hat schon solche Gedanken. Ihre Freundinnen ... Sie alle denken daran ... Bekannte von uns bekamen einen Jungen ... Sie hatten sehr darauf gewartet, es war ihr erstes Kind. Ein schönes junges Paar. Aber bei dem Jungen reichte der Mund bis zu den Ohren – und Ohren hatte er gar keine ... Ich gehe nicht hin, ich besuche sie nicht mehr, so wie früher, ich kann nicht, aber meine Tochter ist jede freie Minute bei ihnen. Es zieht sie dorthin – sie will sich wohl an den Anblick gewöhnen, sich darauf einstellen.

Wir hätten von hier wegziehen können, mein Mann und ich haben lange überlegt, dann aber davon Abstand genommen. Wir haben Angst. Hier sind wir alle Tschernobyler. Wir haben keine Angst voreinander; wenn einer Äpfel oder Gurken aus seinem Garten anbietet, nehmen wir sie und essen sie und stecken sie nicht schamhaft in die Tasche, um sie später wegzuwerfen. Wir haben ein Gedächtnis ... Ein Schicksal ... An jedem anderen Ort sind wir Fremde. Aussätzige. Alle haben sich an die Begriffe »Tschernobyler«, »Tschernobyl-Kinder«, »Tschernobyl-Umsiedler« gewöhnt ... Aber ihr wißt nichts über uns. Ihr habt Angst vor uns ... Bestimmt würden sich viele von euch beruhigen, wenn man uns von hier nicht wegließe, wenn man Milizabsperrungen errichten würde. (Hält inne.) Versuchen Sie erst gar nicht, mich vom Gegenteil zu überzeugen. Es lohnt sich nicht. Ich habe das alles schon durchgemacht ... In den ersten Tagen ... Ich habe meine Tochter genommen und bin nach Minsk geflohen, zu meiner Schwester ... Meine leibliche Schwester hat uns nicht ins

Haus gelassen, weil sie ein Kleinkind hatte, das sie stillte. Können Sie sich das vorstellen? Wir haben auf dem Bahnhof übernachtet. Da sind einem verrückte Gedanken gekommen ... Wohin fliehen? Vielleicht besser Schluß machen, um sich nicht zu quälen ... Das war in den ersten Tagen ... Alle stellten sich irgendwelche schrecklichen Krankheiten vor. Phantastische Krankheiten. Ich bin ja Ärztin. Ich kann nur ahnen, was in anderen vor sich ging ... Wenn ich unsere Kinder ansehe: Wohin sie auch fahren, überall fühlen sie sich fremd unter ihren Altersgenossen ... In einem Jahr war meine Tochter im Pionierlager, dort hatten die Kinder Angst, sie zu berühren. »Tschernobyl-Igel. Leuchtkäferchen. Sie leuchtet im Dunkeln.« Sie lockten sie abends in den Hof, um zu prüfen, ob sie leuchtet oder nicht ...

Da heißt es – Krieg ... Kriegsgeneration ... Man vergleicht ... Kriegsgeneration? Na, das ist doch eine glückliche Generation! Sie waren Sieger. Sie haben gesiegt! Das hat ihnen gewaltige Lebensenergie gegeben, einen äußerst starken Willen zum Überleben. Sie hatten vor nichts Angst. Sie wollten leben, studieren, Kinder in die Welt setzen. Und wir? Wir haben Angst vor allem ... Angst um die Kinder ... Um unsere Enkel, die es noch gar nicht gibt ... Sie sind noch nicht geboren, und wir bangen schon um sie ... Die Menschen lächeln weniger, singen nicht, so wie früher an Feiertagen. Nicht nur die Landschaft verändert sich, wenn statt der Felder wieder Wälder und Gehölze wachsen, auch der nationale Charakter ändert sich. Alle leiden unter Depressionen ... Hoffnungslosigkeit macht sich breit. Tschernobyl ist eine Metapher. Ein Symbol. Auch unser Alltag, unsere Denkweise ...

Manchmal scheint mir, Sie sollten lieber nicht über uns schreiben. Dann würde man uns weniger fürchten. Man spricht ja im Haus eines Krebskranken auch nicht über seine schreckliche Krankheit. Und in der Zelle eines lebenslänglich Verurteilten erwähnt man nicht die Haftdauer ...

Nadeschda Afanassjewna Burakowa,
Bewohnerin der städtischen Siedlung Choiniki

Monolog über einen stummen Soldaten

In die Zone selbst fahre ich nicht mehr, früher, ja, da hat es mich hingezogen. Wenn ich das alles sehe und darüber nachdenke, werde ich noch krank und sterbe. Erinnern Sie sich an den Film *Komm und sieh*? Ich konnte ihn nicht bis zu Ende anschauen, ich bin ohnmächtig geworden. Dort wurde eine Kuh getötet ... Ihre eine Pupille füllte die ganze Leinwand aus ... Wie Menschen umgebracht wurden, habe ich nicht mehr gesehen ... Nein! Kunst ist Liebe, davon bin ich absolut überzeugt! Ich mag nicht fernsehen, ich mag keine Zeitungen von heute lesen. Da wird nur getötet und nochmals getötet ... In Tschetschenien, in Bosnien ... Ich verliere noch meinen gesunden Menschenverstand, meine Augen werden schlecht. Die Banalität des Grauens ... Das Grauen von heute auf dem Bildschirm muß schlimmer sein als das von gestern, sonst ist es nicht schlimm genug. Wir haben eine Grenze überschritten ...

Gestern fahre ich im Bus. Folgende Szene: Ein Junge bleibt sitzen, als ein alter Mann einsteigt, und der prophezeit ihm:

»Wenn du mal alt bist, wird dir auch keiner seinen Platz anbieten.«

»Ich werde nicht alt«, sagt der Junge.

»Wieso nicht?«

»Weil wir alle bald sterben.«

Ringsum Gespräche über das Sterben. Kinder denken ans Sterben. Jetzt schon. Darüber denkt man erst am Ende seines Lebens nach und nicht am Anfang.

Ich sehe die Welt in Szenen ... Die Straße ist für mich Theater, mein Zuhause ist das Theater. Ein Ereignis erinnere ich nie als Ganzes, immer nur in Details, über Gesten ...

In meiner Erinnerung geht alles durcheinander, vermischt sich. Bilder aus Filmen oder Zeitungen ... Oder habe ich das selbst gesehen, gehört, beobachtet?

Ich sehe: Ein Fuchs streicht durch eine verwaiste Dorfstraße. Er ist irre. Ganz zahm, schmeichlerisch. Wie ein Kind ... Er schwänzelt um die verwilderten Katzen und Hühner herum ...

Es ist still. Und in die Stille hinein seltsame menschliche Rede: »Goscha ist gut. Goscha ist gut.« An einem alten Apfelbaum schaukelt ein rostiger Käfig, die Tür ist offen. Ein Papagei sitzt darin und spricht mit sich selbst.

Warum sammle ich das, speichere es? Ich werde nie ein Stück über Tschernobyl inszenieren, so wie ich nie ein Stück über den Krieg inszeniert habe. Bei mir wird es auf der Bühne keinen toten Menschen geben ... Auch keinen toten Igel oder Vogel ... Im Wald sah ich einmal etwas Weißes an einer Kiefer, ich ging hin, ich dachte, es wären Pilze – es waren aber tote Spatzen mit dem Bauch nach oben. Dort, in der Zone ... Was ist das – der Tod? Ich mache davor halt, um nicht verrückt zu werden. Den Krieg muß man so schrecklich zeigen, daß es den Menschen würgt, daß er krank wird ... Das ist kein Schauspiel ...

Die ersten Tage ... Noch wurden keine Aufnahmen gezeigt, aber ich stellte mir schon vor: herabgestürzte Decken, eingefallene Wände, Rauch, kaputte Scheiben. Verängstigte Kinder werden weggebracht. Lange Autokolonnen. Die Erwachsenen weinen, die Kinder sind still. Noch war kein Foto veröffentlicht worden ... Wenn man heute Menschen befragte, würde sich herausstellen, daß wir kein anderes Bild von der Apokalypse haben: Explosion, Feuer, Leichen, Panik. So wie ich es aus meiner Kindheit kenne ... (Verstummt.) Aber davon später ... Gesondert ... Das hier ist etwas anderes ... Eine andere Angst ... Man hört sie nicht, man sieht sie nicht, sie ist geruchlos und farblos, aber sie verändert uns, physisch und psychisch. Unser Blutbild verändert sich, unser genetischer Code verändert sich, die Landschaft verändert sich ... Egal, was wir denken und tun ... Ich stehe morgens auf, trinke Tee ... Gehe zu den Proben ... Zu meinen

Studenten ... Aber das alles schwebt über mir ... Wie ein Zeichen ... Wie eine Frage ... Für mich gibt es nichts Vergleichbares. Das in meiner Kindheit hat damit überhaupt nichts zu tun ...

Ich habe nur einen guten Film über den Krieg gesehen, den Titel habe ich vergessen. Einen Film über einen stummen Soldaten. Er sagt den ganzen Film über kein Wort. Auf seinem Fuhrwerk transportiert er eine schwangere Deutsche. Schwanger von einem russischen Soldaten. Das Kind kommt unterwegs zur Welt, auf dem Wagen. Er nimmt es hoch, hält es im Arm – und es pinkelt auf seine Maschinenpistole! ... Der Mann lacht ... Und das ist seine Art zu reden – dieses Lachen. Er schaut auf das Kind, auf die Maschinenpistole – und lacht ... So endet der Film.

Es gibt in dem Film weder Russen noch Deutsche, nur das Ungeheuer, das Krieg heißt. Aber jetzt, nach Tschernobyl, hat sich alles verändert. Auch die Angst. Die Welt hat sich verändert, sie ist nicht mehr ewig, wie sie es noch vor kurzem schien. Die Erde ist auf einmal klein geworden. Wir haben die Unsterblichkeit verloren – das ist mit uns geschehen! Und im Fernsehen erlebe ich jeden Tag, wie getötet wird, geschossen wird. Heute schießen Menschen ohne Unsterblichkeit ... Ein Mensch tötet einen anderen Menschen ... Nach Tschernobyl ...

Etwas sehr Verschwommenes, wie aus weiter Ferne ... Ich war drei Jahre, als meine Mutter und ich nach Deutschland verschleppt wurden ... In ein Konzentrationslager ... Ich erinnere mich an alles Schöne ... Vielleicht ist das die Art, wie ich Dinge sehe. Ein hoher Berg ... Es regnet oder schneit, ich weiß nicht mehr. In einem riesigen schwarzen Halbkreis stehen Menschen, alle tragen Nummern ... Nummern auf den Schuhen ... Ganz deutlich mit grellweißer Farbe draufgemalt ...

Auch auf dem Rücken ... Überall Nummern, Nummern ... Stacheldraht. Auf einem Wachturm steht ein Mann mit Helm auf dem Kopf, Hunde laufen hin und her, bellen laut. Und keinerlei Angst. Zwei Deutsche, ein großer, dicker, in schwarzer Uniform, ein kleiner in brauner Uniform. Der Schwarze zeigt mit dem Finger auf jemanden ... Aus dem dunklen Halbkreis tritt ein dunkler Schatten und wird zum Menschen. Der Deutsche in Schwarz schlägt auf ihn ein …

Ich erinnere mich an einen großen, schönen Italiener … Er sang die ganze Zeit …

Ich hatte ein paar Szenen über den Krieg geschrieben und probte sie. Es gelang nicht. Ich werde nie ein Stück über den Krieg inszenieren. Es gelingt mir nicht.

Wir fuhren mit einer Komödie in die Tschernobyl-Zone: *Gib Wasser, Brunnen*. Ein Märchen. Wir kamen in die Kreisstadt Chotimsk. Da ist ein Waisenhaus. Die Kinder sind nicht umgesiedelt worden. Pause. Die Kinder applaudieren nicht, stehen nicht auf. Schweigen. Zweiter Teil. Dann ist das Stück zu Ende. Wieder applaudieren sie nicht. Stehen nicht auf. Schweigen.

Meine Studenten sind ganz aufgelöst. Wir sammeln uns hinter den Kulissen: Was haben die Kinder? Dann wird uns klar: Sie glauben an all das, was auf der Bühne geschehen ist. Die Personen in dem Stück warten die ganze Zeit auf ein Wunder. Normale Kinder, Kinder mit einem Elternhaus wissen, daß das nur Theater ist. Diese Kinder aber haben auf ein Wunder gewartet …

Wir Weißrussen hatten nie etwas für die Ewigkeit. Nicht einmal Erde – ständig hat sie uns jemand weggenommen, hat unsere Spuren verwischt. Und wir konnten auch nicht für die Ewigkeit leben, wie es im Alten Testament heißt: Der zeugte den und den, und der zeugte den und den … Wir wissen nichts mit dieser Ewigkeit anzufangen, wir sind nicht imstande, damit zu leben, sie zu begreifen. Und nun ist sie uns schließlich gegeben worden. Unsere Ewigkeit – das ist Tschernobyl. Da haben wir sie nun … Und wir? Wir lachen … Die Menschen haben Mitleid mit einem, dem Haus und Scheune abgebrannt sind … Alles ist verbrannt … Und er sagt dazu: »Na und? Dafür sind so viele Mäuse hops gegangen!« Und wirft die Mütze zu Boden. Das ist er – der Weißrusse!

Unsere Götter lachen nicht. Unsere Götter sind Märtyrer. Ja, die alten Griechen hatten lachende, fröhliche Götter! Und wenn nun Phantasien, Träume, Witze auch Texte sind? Darüber, wer wir sind? Aber wir sind nicht imstande, sie zu lesen ... Ich höre überall eine Melodie ... Ganz getragen ... Keine Melodie, kein Lied, sondern ein Wehklagen. Unser Volk ist auf jegliches Unglück programmiert. Es ist die andauernde Erwartung des Unglücks. Und das Glück? Glück ist etwas Vorübergehendes, Flüchtiges. Im Volk heißt es: »Ein Unglück ist kein Unglück.« – »Vor Unglück schützt auch kein Stock.« – »Wie du auch ausholst, das Unglück holt dich wieder ein.« – »Ist das Haus voller Unglück, ist keinem nach Sternsingen zumute.« Außer Leiden haben wir nichts. Wir haben nichts anderes als eine Geschichte des Leidens, eine Kultur des Leidens ...

Meine Studenten verlieben sich, setzen Kinder in die Welt. Es sind stille, schwache Kinder. Nach dem Krieg kam ich aus dem Konzentrationslager zurück ... Ich habe überlebt ... Damals mußte man nur überleben. Ich konnte statt Wasser Schnee essen, konnte im Sommer ewig lange im Wasser bleiben, konnte Hunderte Male tauchen. Die Kinder meiner Studenten können keinen Schnee essen. Auch nicht den saubersten, den weißesten Schnee ...

Lilija Michailowna Kusmenkowa,
Lehrbeauftragte an der Schule für kulturelle Bildung
in Mogiljow, Regisseurin

Monolog über das Ewige und Verdammte: Was tun, und wer ist schuld?

Ich bin ein Mensch meiner Zeit. Es ist modern ... Es ist jetzt ungefährlich, auf uns zu schimpfen ... Alle Kommunisten sind Verbrecher. Heute werden wir für alles verantwortlich gemacht, sogar für die Gesetze der Physik. Ich war damals erster Sekretär des Kreisparteikomitees. In den Zeitungen schreiben sie es. Sie, die Kommunisten, sind daran schuld. Sie haben schlechte, billige Atomkraftwerke gebaut; es wurde gespart, und Menschenleben zählten nicht. Der Mensch ist für sie ein Sandkorn, Müll der Geschichte. Zum Teufel mit ihnen! Zum Teufel! Die verdammten Fragen: Was tun, und wer ist schuld? Die ewigen Fragen. Die gleichbleibenden Fragen. Alle sind ungeduldig, alle lechzen nach Vergeltung, nach Blut. Zum Teufel mit ihnen! Zum Teufel!

Andere schweigen, aber ich rede ... Und Sie schreiben ... Nun, nicht Sie konkret, ich meine die Zeitungen ... Die Kommunisten haben das Volk betrogen, sie haben ihm die Wahrheit vorenthalten. Aber das mußten wir ... Telegramme aus dem ZK, aus dem Gebietsparteikomitee ... Man stellte uns die Aufgabe, Panik zu verhindern. Panik ist wirklich eine schlimme Sache. Nur im Krieg hat man noch so die Frontberichte überwacht wie die Berichte aus Tschernobyl. Angst. Gerüchte. Die Menschen waren nicht durch die Radioaktivität erschlagen, sondern durch das Ereignis an sich. Wir mußten es tun ... Ich kann nicht sagen, daß wir alles zurückgehalten haben, keiner kannte das Ausmaß des Geschehens. Wir ließen uns von höchsten politischen Erwägungen leiten. Aber wenn man die Emotionen beiseite läßt, die Politik ... Man muß zugeben, daß keiner an das geglaubt hat, was geschehen war. Nicht mal die Wissenschaftler. Es gab nichts

Vergleichbares vorher ... Nicht bloß bei uns – in der ganzen Welt ... Wissenschaftler haben an Ort und Stelle, direkt am Kraftwerk, die Lage studiert und sofort Entscheidungen getroffen. Ich sah kürzlich die Sendung *Moment der Wahrheit* mit Alexander Jakowlew, Mitglied des Politbüros und Chefideologe der Partei damals. Unter Gorbatschow ... Woran erinnert er sich? Die haben da oben auch keine Vorstellung vom Gesamtbild gehabt ... Auf einer Sitzung des Politbüros erläuterte einer der Generäle: »Was ist schon Strahlung? Auf dem Truppenübungsplatz ... Nach einer Kernwaffenexplosion ... Abends haben wir eine Flasche Rotwein getrunken. Nichts war ...« Sie sprachen über Tschernobyl wie über eine Havarie, eine ganz normale Havarie ...

Hätte ich damals gefordert, daß man die Leute nicht auf die Straße lassen dürfte! »Was, Sie wollen die Maifeierlichkeiten sprengen?« Eine politische Angelegenheit. Das Parteimitgliedsbuch auf den Tisch! ... (Er beruhigt sich etwas.) Kein Witz, denke ich, sondern die Wahrheit. Eine wahre Geschichte. Es wird erzählt, daß der Vorsitzende der Regierungskommission, Schtscherbina, der gleich in den ersten Tagen nach der Explosion im Atomkraftwerk eintraf, sofort an den Ort des Geschehens gebracht werden wollte. Man erklärte ihm: Graphitverschüttungen, enorme Strahlungsfelder, hohe Temperatur – er dürfe nicht dorthin. »Ich muß das mit eigenen Augen sehen«, hat er seine Untergebenen angeschrien. »Ich muß abends im Politbüro berichten.« Militärisches stereotypes Verhalten. Etwas anderes kannte man nicht ... Man begriff nicht, daß es die Physik gibt ... Kettenreaktion ... Und kein Befehl und kein Regierungsbeschluß ändern daran etwas. Aber hätte ich damals meine Forderung durchgesetzt! Hätte ich versucht, die Maidemonstration abzublasen! (Ereifert sich wieder.) Die Zeitungen schrieben ... Als ob das Volk auf den Straßen war und wir in unterirdischen Bunkern gesessen hätten! Ich habe zwei Stunden lang auf der Tribüne in der Sonne gestanden ... Ohne Kopfbedeckung, ohne Mantel ... Und am 9. Mai ... Am Tag des Sieges ... Ich bin mit den Veteranen marschiert … . Harmonika wurde gespielt. Wir haben getanzt. Wir haben getrunken. Wir waren alle ein Teil des Systems. Wir haben geglaubt! Wir haben an hohe Ideale geglaubt. An den Sieg! Wir werden auch Tschernobyl besiegen! Mit stockendem Atem lasen wir die Berichte vom heldenhaften Kampf zur Bändigung des Reaktors, über den die Menschen die Kontrolle verloren hatten. Der Mensch ohne Ideale? Das ist auch schlimm … Was jetzt los ist … Verfall. Anarchie. Wir brauchen Ideale … Nur dann wird es einen starken Staat geben. Hohe Ideale! Wir hatten sie.

In den Zeitungen … Im Radio, im Fernsehen wurde lauthals gefordert: Die Wahrheit! Die Wahrheit! Auf Kundgebungen hieß es: Die Wahrheit! Schlimm, sehr schlimm … Sehr schlimm! Wir werden alle bald sterben! Wer braucht solch eine Wahrheit? Als die Massen den Konvent stürmten und Robespierres Hinrichtung forderten, waren sie da etwa im Recht? Sich der Masse unterordnen, selbst Masse werden … Schauen Sie sich um … Schauen Sie, was rundum passiert! (Schweigt.) Wenn ich ein Verbrecher bin, warum ist dann meine Enkeltochter … Mein Sproß … Sie ist auch krank … Meine Tochter hat das Kind damals im Frühjahr zur Welt gebracht, sie hat es zu uns nach Slawgorod gebracht. In Windeln. Im Kinderwagen. Sie kamen wenige Wochen nach der Explosion im Kraftwerk … Hubschrauber in der Luft, Militärkolonnen auf den Straßen … Meine Frau forderte: »Wir müssen sie zu Verwandten bringen. Weg von hier.« Ich war erster Sekretär des Kreisparteikomitees. Ich lehnte es kategorisch ab. »Was sollen die Leute denken, wenn ich meine Tochter und ihr Baby wegbringe? Deren Kinder müssen ja auch hierbleiben.« Die abgehauen sind, um ihre Haut zu retten … Ich habe sie ins Parteikomitee, in mein Büro kommen lassen. »Bist du Kommunist oder nicht?« Die Leute wurden überprüft. Wenn ich ein Verbrecher bin, warum habe ich dann mein eigenes Kind ins Unglück gestürzt? (Im weiteren zusammenhanglos.)

Sie haben mich gebeten, über die ersten Tage zu berichten … In der Ukraine wurde Alarm geschlagen, aber bei uns in Weißrußland war alles ruhig. Die Aussaat war in vollem Gange. Ich habe mich nicht verkrochen, nicht im Büro gehockt, ich war ständig unterwegs, auf Feldern, Weiden. Überall wurde gepflügt, gesät. Sie haben vergessen, daß wir vor Tschernobyl das Atom als friedlichen Mitstreiter bezeichnet haben, daß wir stolz waren, im Atomzeitalter zu leben ... Na, was ist das – erster Sekretär des Kreisparteikomitees? Ein normaler Mensch mit einem normalen Hochschuldiplom, meistens als Ingenieur oder Landwirt. Mancher hatte noch die Parteihochschule abgeschlossen. Ich wußte über Radioaktivität nur das, was wir in den Zivilschutzlehrgängen erfahren hatten. Dort fiel kein Wort über Caesium in der Milch oder über Strontium ... Wir brachten Milch mit Caesium in die Molkereien. Wir lieferten Fleisch. Wir mähten 40-Curie-haltiges Gras. Wir erfüllten unsere Pläne ... Ich holte alles raus. Die Erfüllung der Pläne hat uns keiner erspart ...

Ein Charakteristikum ... Dafür, wie wir damals waren ... In den Tagen erfuhren die Menschen nicht nur Angst, sondern auch einen großen Auftrieb. Ich bin ein Mensch, dem der Selbsterhaltungstrieb fehlt. (Denkt nach.) Bei mir ist das Pflichtgefühl stark entwickelt ... Auf meinem Tisch lagen Dutzende Schreiben mit der Bitte, freiwillig nach Tschernobyl gehen zu dürfen. Was immer Sie auch schreiben mögen, es gab ihn, den sowjetischen Charakter. Und es gab ihn, den sowjetischen Menschen. Was immer Sie auch schreiben mögen ...

Wissenschaftler kamen, sie stritten mit uns, bis sie heiser waren. Ich fragte einen: »Buddeln unsere Kinder im radioaktiv verseuchten Sand?« Und er darauf: »Alles Panikmache! Ihr Dilettanten! Was wißt ihr von radioaktiver Strahlung? Ich bin Kernphysiker. Da gibt es eine Kernexplosion. 20 Minuten später bin ich mit dem Jeep schon unterwegs zum Epizentrum. Über flüssig geschmolzene Erde. Was macht ihr für Panik!« Ich glaubte ihnen. Ich holte Leute zu mir ins Büro. »Freunde! Ich laufe weg, ihr lauft weg. Was sollen die Leute von uns denken? Sollen sie sagen, daß die Kommunisten desertiert sind?«

Wenn ich nicht mit Worten oder Gefühlen überzeugen konnte, habe ich es auf andere Weise versucht. »Bist du Patriot oder keiner? Wenn nicht, dann leg dein Parteimitgliedsbuch auf den Tisch. Her damit!« Einige haben es getan …

Ich begann einiges zu ahnen … Wir hatten einen Vertrag mit dem Institut für Kernphysik zur Untersuchung unserer Böden abgeschlossen. Sie entnahmen Gras, Proben von Schwarzerde und schafften das Ganze nach Minsk, ins Institut. Stellten dort Analysen an. Und dann riefen sie mich an. »Sorgt bitte für ein Fahrzeug, das eure Bodenproben abholt.« – »Wie bitte? Abholen? Soll das ein Witz sein? Bis Minsk sind es 400 Kilometer.« Mir fiel der Hörer fast aus der Hand. »Nein, das ist kein Witz«, war die Antwort. »Bei uns müßten die Proben laut Anweisung in einem ›Mogilnik‹, einem unterirdischen Betonbunker, vergraben werden. Wir bekommen Proben aus ganz Weißrußland. Unser Behälter ist schon übervoll. Innerhalb eines Monats!« Haben Sie das gehört? Und wir pflügen den Boden, bringen die Saat ein. Unsere Kinder spielen darauf … Wir sollen die Milch- und Fleischpläne erfüllen. Wir haben Sprit aus Korn gemacht. Äpfel, Birnen, Kirschen wurden zu Saft verarbeitet …

Dann die Evakuierung … Hätte das jemand von oben gesehen, hätte er meinen können, der Dritte Weltkrieg sei ausgebrochen … Ein Dorf wird ausgesiedelt, ein anderes wird vorbereitet: Evakuierung in einer Woche! Und die ganze Woche lang wird Stroh zu Ballen gepreßt, wird Gras gemäht, in den Gärten gebuddelt, Holz gespalten … Das Leben geht weiter. Die Leute begreifen nicht, was los ist. Und eine Woche später werden sie mit Armeefahrzeugen hinausgeschafft … Sitzungen, Dienstreisen, Standpauken, schlaflose Nächte. Alles hat's gegeben. Vor dem Stadtparteikomitee in Minsk, erinnere ich mich, stand ein Mann mit einem Plakat: »Gebt dem Volk Jod.« Es war heiß. Er trug einen Mantel …

(Er kehrt zum Anfang unseres Gesprächs zurück.)

Sie haben vergessen … Damals … Atomkraftwerke sind die Zukunft … Ich bin so viele Male öffentlich aufgetreten … Habe

Propaganda gemacht ... Ich war in einem Atomkraftwerk – es ist still, feierlich, sauber. In einer Ecke rote Fahnen und Wimpel »Sieger im sozialistischen Wettbewerb«. Unsere Zukunft ...

Ich bin ein Mensch meiner Zeit ... Ich bin kein Verbrecher ...

Wladimir Matwejewitsch Iwanow,
ehemaliger erster Sekretär des Kreisparteikomitees
von Slawgorod

Monolog eines Verteidigers der Sowjetmacht

Was zeichnet ihr da auf? Wer hat euch das erlaubt? Ihr fotografiert hier ... Tut das Ding beiseite. Weg damit! Sonst schlag ich alles kurz und klein. Verstanden? Ihr kommt hier an ... Wir leben hier. Wir leiden. Und ihr macht die Leute verrückt ... Wiegelt sie auf ... Fragt sie Sachen aus, die nicht nötig sind. Es gibt heute keine Ordnung! Keine Ordnung! Verstanden? Ihr kommt hier an ... Mit eurem Tonbandgerät ...

Ja, ich verteidige die Sowjetmacht! Ich verteidige sie!

Unsere Macht. Die Volksmacht! Unter der Sowjetmacht waren wir stark, alle haben uns gefürchtet. Die ganze Welt hat auf uns geschaut! Den einen haben vor Angst die Knie geschlottert, andere haben uns beneidet. Sch...! Und was ist jetzt? Heute? Unter der Demokratie ... »Snickers« bringen sie uns und ranzige Margarine und getragene Jeans, wie Primitiven, die gerade erst von den Bäumen gestiegen sind. Von Palmen. Es ist traurig um den Staat bestellt! Verstanden? Kommt hier an ... So ein Staat war das! Sch...! Bis Gorbatschow aufgestiegen ist ... Auf den Zarenthron ... Pfui Teufel! Gorbi ... Gorbi hat nach ihren Plänen agiert, nach den Plänen des CiAiEeeh ... Sie können mir gar nichts weismachen! Verstanden? ... Die haben Tschernobyl in die Luft gesprengt ... Die CIA-Leute und die Demokraten ... Ich habe die Zeitungen gelesen ... Wenn Tschernobyl nicht in die Luft gegangen wäre, wäre der Staat nicht zusammengebrochen. Diese Großmacht! Sch...! Verstanden? ... Ein Brot hat unter den Kommunisten 20 Kopeken gekostet, und jetzt kostet es 2000. Für drei Rubel habe ich eine Flasche Schnaps kaufen können ... Und für einen Imbiß dazu hat es auch noch gereicht ... Und unter den Demokraten? Die haben alles verkauft! Alles versetzt! Unsere Enkel werden noch daran zu knabbern haben …

Ich bin nicht betrunken, ich bin für die Kommunisten! Sie waren für uns, für die einfachen Leute. Ich brauche keine Märchen! Demokratie … Ein freier Mensch … Sch…! Und wenn dieser freie Mensch stirbt, hat er kein Geld, um sich begraben zu lassen. Bei uns ist eine alte Frau gestorben. Sie lebte allein, ohne Kinder. Zwei Tage hat die Arme in ihrem Häuschen gelegen … In einer alten Wattejacke … Unter den Ikonen … Wir konnten nicht mal einen Sarg kaufen … Sie war früher Stachanowarbeiterin gewesen, hat eine Brigade geleitet. Wir sind zwei Tage lang nicht aufs Feld gegangen, haben protestiert … Sch…! Bis der Kolchosenvorsitzende gesprochen hat … Vor allen Leuten … Und versprochen hat, daß von nun an, wenn einer stirbt, die Kolchose kostenlos einen Holzsarg zur Verfügung stellt, eine Lade, wie es bei uns heißt, außerdem ein Kalb oder ein Ferkel und zwei Kisten Wodka für die Totenfeier. Unter den Demokraten … Zwei Kisten Wodka … Kostenlos! Eine Flasche pro Mann gleich Sauferei, eine halbe Flasche gleich Heilmittel … Gegen die Radioaktivität …

Warum zeichnet ihr das nicht auf? Das sind meine Worte. Ihr haltet bloß fest, was euch paßt. Ihr macht die Leute verrückt … Wiegelt sie auf … Braucht ihr politisches Kapital? Wollt euch die Taschen mit Dollars vollstopfen? Wir leben hier … Wir leiden … Und Schuldige gibt es keine! Nennen Sie mir Schuldige! Ich bin für die Kommunisten! Sie werden zurückkommen und sofort die Schuldigen finden … Sch…! Verstanden? Kommt hier an … Zeichnet alles auf …

(Name nicht genannt.)

Monolog darüber, wie zwei Engel die kleine Olenka mitnahmen

Ich habe einiges Material ... Ich habe sieben Jahre lang gesammelt: Zeitungsausschnitte, eigene Aufzeichnungen, Zahlen. Ich gebe Ihnen das alles ... Ich werde nie von diesem Thema loskommen, aber selbst schreiben kann ich nicht. Ich kann kämpfen, Demonstrationen, Streikposten organisieren, Medikamente besorgen, kranke Kinder besuchen, aber nicht schreiben. Übernehmen Sie das alles ... Ich selbst habe so viele Gefühle, daß ich sie nicht beherrschen kann, sie lähmen mich. Tschernobyl hat schon seine Stalkers ... Seine Schriftsteller ... Ich möchte nicht zum Kreis derer gehören, die dieses Thema ausbeuten. Wenn man ehrlich darüber schreibt ... (Sinnt nach.)

Der warme Aprilregen damals ... Noch nach sieben Jahren erinnere ich mich an den Regen ... Die Tropfen rollten wie Quecksilber. Radioaktive Strahlung soll farblos sein? Die Pfützen waren grün oder grellgelb. Meine Nachbarin flüsterte mir zu, daß Radio »Swoboda« über einen Unfall im Atomkraftwerk Tschernobyl berichtet habe. Ich maß dem keinerlei Bedeutung bei. Ich war absolut sicher, daß man uns informiert hätte, wenn es etwas Ernstes wäre. Wir haben Spezialtechnik, spezielle Warnanlagen, Atombunker. Man würde uns warnen. Davon waren wir überzeugt! Alle hatten Zivilschutzkurse mitgemacht. Ich selber habe dort unterrichtet ... Aber am selben Tag, abends, brachte die Nachbarin ein Pulver. Ein Verwandter hatte es ihr gegeben und erklärt, wie man es einnimmt (er arbeitete im Institut für Kernphysik), hatte ihr aber das Versprechen abgenommen zu schweigen. Wie ein Grab! Besondere Angst hatte er vor Gesprächen und Fragen am Telefon ... Zu der Zeit hatte ich meinen kleinen Enkel bei mir ... Und ich? Ich habe es trotzdem nicht geglaubt. Ich denke, daß keiner von uns das Pulver genommen hat ... Wir waren sehr leichtgläubig ... Nicht nur die ältere Generation, auch die Jüngeren ...

Ich erinnere mich an die ersten Eindrücke, die ersten Gerüchte ... Ich springe von einer Zeit in die andere, von einem Zustand in den anderen ... Von hier nach da ... Als schreibender Mensch habe ich über diese Sprünge nachgedacht, sie interessieren mich. In mir gibt es gleichsam zwei Menschen: einen Vor-Tschernobyl-Menschen und einen Tschernobyl-Menschen. Aber dieses »Vor« ist heute nur schwer in voller Glaubwürdigkeit zu rekonstruieren. Mein Blickfeld hat sich geändert ...

Ich bin seit den ersten Tagen immer wieder in die Zone gefahren ... Ich erinnere mich, wir hielten in einem Dorf an, die Stille verblüffte mich. Keine Vögel, nichts ... Man ging durchs Dorf ... Stille. Gut, die Häuser standen leer, die Leute waren weg, aber alles war wie ausgestorben, kein einziger Vogel sang ...

Wir kamen in das Dorf Tschudjany – 149 Curie ... In Malinowka – 59 Curie ... Die Bevölkerung hatte Zehntausende Mal mehr Curie abbekommen als Soldaten, die Kernwaffentestgelände bewachen. Das Strahlenmeßgerät knackte nur so, die Meßskala war überschritten ... In den Kolchosenbüros hingen Informationen, unterschrieben von den Kreis-Radiologen, daß Zwiebeln, Salat, Tomaten, Gurken gegessen werden können. Alles wachse, alles könne man essen.

Was sagen sie heute dazu, diese Kreis-Radiologen? Die Sekretäre der Kreisparteikomitees? Was sagen sie zu ihrer Rechtfertigung?

In allen Dörfern trafen wir auf Betrunkene. Angeheitert waren auch Frauen, vor allem Melkerinnen, Kälberpflegerinnen.

In Malinowka (Kreis Tscherikow) besuchten wir einen Kindergarten. Die Kinder rannten auf dem Hof umher, spielten im Sandkasten ... Die Leiterin erklärte, der Sand würde jeden Monat gewechselt, er würde von irgendwoher geholt. Man kann sich vorstellen, woher er kam. Die Kinder waren irgendwie traurig … Wir machten Späße mit ihnen, sie lächelten nicht einmal … Die Erzieherin winkte ab. »Geben Sie sich keine Mühe. Unsere Kinder lächeln nicht. Und im Schlaf weinen sie.« Auf der Straße trafen wir eine Frau mit einem Neugeborenen. »Wer hat Ihnen denn erlaubt, hier zu entbinden? Bei 59 Curie …« – »Eine Radiologin war hier. Sie hat mir nur empfohlen, keine Windeln draußen zu trocknen.« Man überredete die Leute, am Ort zu bleiben, um die Pläne zu erfüllen … Auch als das Dorf ausgesiedelt, evakuiert wurde … Trotzdem wurden die Leute zu den Feldarbeiten gebracht. Die Kartoffeln mußten gerodet werden.

Was sagen sie heute dazu? Die Kreis- und Gebietsparteisekretäre? Was sagen sie zu ihrer Rechtfertigung?

Ich habe eine Menge Dienstanweisungen aufgehoben … Streng geheim … Ich gebe sie Ihnen alle … Schreiben Sie ein aufrichtiges Buch … Eine Anweisung zur Verarbeitung von radioaktiv verseuchten Hühnern … Das Personal in der Verarbeitungsabteilung hatte gekleidet zu sein wie auf einem kontaminierten Gelände bei Kontakt mit radioaktiven Elementen: Gummihandschuhe, Gummimäntel, Gummistiefel und so weiter. Wenn das Fleisch soundsoviel Curie enthielt, muß man es in Salzwasser kochen, das Wasser in die Kanalisation abgießen und das Fleisch zu Pasteten oder Wurst verarbeiten. Bei soundsoviel Curie: zu Knochenmehl, als Viehfutter … So wurden die Fleischpläne erfüllt. Aus verseuchten Kreisen wurden Kälber billig an andere saubere Kreise abgegeben. Kraftfahrer, die das Vieh transportierten, erzählen, daß die Kälber lustig aussahen: Das Fell hing bis zur Erde, und sie waren so ausgehungert, daß sie alles fraßen, Lappen, Papier … Sie waren sehr leicht zu füttern. Man verkaufte sie an Kolchosen, aber wenn jemand wollte, konnte er sich welche für die eigene Wirtschaft nehmen. Das war kriminell! Wirklich kriminell!

Auf der Straße kam uns ein Lkw entgegen … Er fuhr langsam wie zu einer Beerdigung, mit einer Leiche … Wir hielten an. Am Steuer saß ein junger Mann. Ich fragte ihn, warum er so langsam fahre, ob ihm schlecht sei. »Nein, ich transportiere radioaktive

Erde.« Aber die Hitze! Der Staub! »Bist du verrückt? Du willst doch noch heiraten, Kinder haben.« – »Aber wo verdiene ich noch 50 Rubel für eine Fahrt?« Für 50 Rubel konnte man nach den damaligen Preisen einen guten Anzug kaufen. Über Erschwerniszulagen wurde mehr als über radioaktive Strahlung gesprochen. Zulagen und irgendwelche erbärmlichen Zuschläge ... Erbärmlich in bezug auf den Preis des Lebens ...

Tragisches und Komisches dicht beieinander ...

Ein paar alte Frauen sitzen auf Bänken vor dem Haus. Kinder rennen umher. Wir messen: 70 Curie ...

»Woher kommen die Kinder?«

»Aus Minsk, sie sind den Sommer über hier.«

»Aber hier ist die Radioaktivität sehr hoch.«

»Was willst du uns über diese Radioaktivität erzählen? Wir haben sie gesehen!«

»Aber die kann man doch nicht sehen!«

»Da, guck mal, das Haus, es ist noch nicht fertiggebaut, die Leute haben alles stehen- und liegenlassen und sind weg. Sie haben es mit der Angst zu tun bekommen. Wir sind eines Abends hingegangen und haben reingeguckt ... Durchs Fenster ... Und da sitzt sie unter den Balken, die Radioaktivität! Böse, ganz böse, und die Augen leuchten ... Schwarz, ganz schwarz ...«

»Was ihr nicht sagt!«

»Wir schwören's beim Kreuz!«

Sie bekreuzigen sich. Sehr fröhlich. Lachen sie über sich oder über uns?

Nach den Fahrten kommen wir in der Redaktion zusammen, tauschen uns aus. »Na, wie geht's?« – »Alles normal!« – »Normal? Guck mal in den Spiegel, du bist ja ganz grau geworden!« Witze tauchten auf. Tschernobyl-Witze. Der kürzeste: »War ein gutes Volk, die Weißrussen!«

Hat Ihnen jemand erzählt, daß es streng verboten war, am Reaktor zu fotografieren? Nur mit einer Sondergenehmigung war es möglich. Sonst wurden die Fotoapparate abgenommen. Vor der Entlassung wurden Soldaten, die dort gedient hatten, wie in

Afghanistan durchsucht, damit um Gottes willen keine Fotos rausgingen. Kein Beweismaterial. Fernsehleuten wurden im KGB die Filme abgenommen und belichtet wieder ausgehändigt. Wie viele Dokumente auf diese Weise vernichtet wurden! Zeugnisse. Sie sind für die Wissenschaft verloren. Und für die Geschichte. Die das angeordnet haben, müßte man ausfindig machen! ... Was würden die sich heute dazu ausdenken? Was würden sie zu ihrer Rechtfertigung sagen?

Ich werde sie nie von ihrer Schuld freisprechen... Nie! Schon allein nicht wegen des kleinen Mädchens ... Sie tanzte im Krankenhaus ... Sie tanzte Polka ... Sie war neun Jahre alt. Sie hat so schön getanzt ... Zwei Monate später rief mich ihre Mutter an. »Olenka stirbt mir!« Ich hatte an dem Tag nicht die Kraft, ins Krankenhaus zu gehen. Und dann war es zu spät. Olenka hatte eine kleine Schwester. Eines Morgens wachte sie auf und sagte: »Mama, ich hab geträumt, daß zwei Engel angeflogen kamen und unsere Olenka mitgenommen haben. Sie haben gesagt, daß Olenka es dort gut haben wird. Daß ihr nichts mehr weh tun wird. Mama, zwei Engel haben unsere Olenka mitgenommen ...«

Ich kann niemanden von seiner Schuld freisprechen.

Irina Kisseljowa,
Journalistin

Monolog über die grenzenlose Macht eines Menschen über einen anderen

Ich bin kein Humanwissenschaftler, ich bin Physiker. Daher Fakten, nur Fakten ...

Für Tschernobyl wird man eines Tages Rechenschaft ablegen müssen ... Die Zeit wird kommen, da man Rechenschaft ablegen muß wie für 1937. Und wenn es erst in 50 Jahren sein sollte! Und wenn die Leute dann alt sein sollten ... Oder tot ... Sie sind Verbrecher! (Schweigt.) Man muß die Fakten erhalten ... Die Fakten! Man wird sie eines Tages fordern ...

An dem Tag, am 26. April, war ich in Moskau. Auf Dienstreise. Dort erfuhr ich auch von der Havarie.

Ich rufe den Ersten Sekretär des ZK Weißrußlands, Sljunkow, in Minsk an, versuche es einmal, zweimal, dreimal, bekomme aber keine Verbindung. Ich erreiche seinen Assistenten, der mich gut kennt.

»Ich rufe aus Moskau an. Verbinden Sie mich mit Sljunkow, ich habe dringende Informationen über die Havarie!«

Ich gehe über die Regierungsleitung, trotzdem ist bereits alles unter Verschluß. Sobald man über die Havarie spricht, reißt die Verbindung ab. Sie überwachen natürlich alles. Hören ab. Klar, wer das ist! Die entsprechenden Organe. Der Staat im Staate. Und das, obwohl ich den Ersten Sekretär des ZK anrufe ... Und ich? Ich bin Direktor des Instituts für Kernenergie an der Akademie der Wissenschaften Weißrußlands. Professor, korrespondierendes Mitglied ... Aber auch vor mir werden Informationen geheimgehalten.

Zwei Stunden brauche ich, bis Sljunkow persönlich den Hörer abnimmt. Ich berichte:

»Die Havarie ist ernst zu nehmen. Nach meinen Berechnungen (ich hatte schon mit einigen Leuten in Moskau gesprochen, hatte alles durchgerechnet) bewegt sich eine radioaktive Säule in unsere Richtung, auf Weißrußland zu. Wir müssen dringend die prophylaktische Jodbehandlung der Bevölkerung einleiten und alle aussiedeln, die in der Nähe des Kraftwerks wohnen. Bis zu hundert Kilometern müssen Mensch und Tier herausgeschafft werden.«

»Man hat mir schon berichtet«, sagt Sljunkow. »Es war ein Brand, er ist bereits gelöscht.«

Ich verliere die Beherrschung.

»So ein Betrug! Offensichtlicher Betrug! Jeder Physiker sagt Ihnen, daß etwa fünf Tonnen Graphit pro Stunde verbrennen. Sie können sich vorstellen, wie lange das Ganze brennt!«

Ich fahre mit dem nächstbesten Zug nach Minsk. Eine schlaflose Nacht. Morgens bin ich zu Hause. Ich messe die Schilddrüse meines Sohnes: 180 Mikroröntgen pro Stunde! Damals war die Schilddrüse ein ideales Meßgerät. Ich brauchte Kaliumjodid. Das ist gewöhnliches Jod. Auf ein halbes Glas Fruchtsaft zwei bis drei Tropfen für Kinder und drei bis vier für Erwachsene. Der Reaktor hat zehn Tage lang gebrannt, zehn Tage lang hätte man es verabreichen müssen. Keiner hat auf uns Wissenschaftler und Mediziner gehört! Die Wissenschaft wurde in die Politik hineingezogen, die Medizin wurde in die Politik hineingezogen. Natürlich! Man darf nicht vergessen, auf welchem Bewußtseinshintergrund das alles geschah, wie wir damals, vor zehn Jahren, waren. Das KGB, der Spitzeldienst, war aktiv. »Westliche Stimmen« wurden unterdrückt. Tausende Tabus, Parteigeheimnisse, Militärgeheimnisse ... Zudem waren wir alle damit aufgewachsen, daß das friedliche sowjetische Atom genauso ungefährlich ist wie Torf und Kohle. Wir waren durch Angst und Vorurteile gehemmt. Durch blinden Glauben ... Fakten, nur Fakten ...

Noch am selben Tag ... Am 27. April beschließe ich, ins Gebiet Gomel zu fahren, das an die Ukraine grenzt. Die Kreisstädte Bragin, Choiniki, Narowlja ... Sie sind nur ein paar Dutzend

Kilometer vom Atomkraftwerk entfernt. Ich brauche vollständige Informationen. Meßgeräte mitnehmen, die radioaktive Strahlung messen ... Sie sah folgendermaßen aus: In Bragin 30 000 Mikroröntgen pro Stunde, in Narowlja 28 000 ... Die Leute säen, pflügen, bereiten sich auf das Osterfest vor ... Eier werden gefärbt, Kulitschi, die Osterkuchen, werden gebacken ... Was für Strahlung? Was ist das? Keine Anordnungen sind ergangen. Von oben werden Daten angefordert: Wie geht die Aussaat voran, wie ist das Tempo? Man schaut mich an, als käme ich vom Mond. »Was meinen Sie, Professor?« Röntgen, Mikroröntgen ... Die Sprache eines Außerirdischen ...

Wir kehren nach Minsk zurück. Auf dem Prospekt werden munter Piroggen, Eis, Hackfleisch, Brötchen angeboten. Unter der radioaktiven Wolke ...

Der 29. April. Ich erinnere mich ganz genau ... Den Daten nach ... Schon um acht Uhr früh sitze ich im Empfangszimmer von Sljunkow, versuche immer wieder, zu ihm vorzudringen ... Man läßt mich nicht zu ihm. Das geht so bis halb sechs Uhr abends. Um halb sechs verläßt ein bekannter Dichter das Zimmer. Wir kennen uns.

»Der Genosse Sljunkow und ich haben Probleme der weißrussischen Kultur erörtert.«

»Bald wird es niemanden mehr geben, der die Kultur entwickelt«, platze ich heraus. »Oder der Ihre Bücher liest, wenn wir jetzt nicht die Menschen von Tschernobyl wegschaffen, sie in Sicherheit bringen!«

»Was meinen Sie damit? Mir wurde gesagt, daß schon alles gelöscht ist.«

Dann dringe ich doch zu Sljunkow vor. Ich zeichne das Bild, das ich am Tag zuvor gesehen habe. Wir müssen die Menschen in Sicherheit bringen! In der Ukraine (dort habe ich schon angerufen) hat die Evakuierung begonnen ...

»Was rennen Ihre Strahlenmeßtechniker (aus meinem Institut, meint er) durch die Stadt und machen Panik? Ich habe mich mit Moskau beraten, mit Iljin von der Akademie. Bei uns ist alles normal … Und dort arbeitet eine Regierungskommission. Die Staatsanwaltschaft. An der Durchbruchstelle sind Armee und Technik im Einsatz.«

Auf unserer Erde lagerten bereits Tausende Tonnen Caesium, Jod, Blei, Zirkonium, Kadmium, Beryllium, Bor, eine unbekannte Menge Plutonium (in den Uran-Graphit-RBMK-Kraftwerken des Tschernobyl-Typs wurde waffenfähiges Plutonium hergestellt, mit dem Atombomben produziert wurden), insgesamt 450 Typen Radionuklide. Ihre Menge entsprach 350 Bomben, die auf Hiroshima abgeworfen wurden. Man mußte über Physik sprechen. Über die Gesetze der Physik. Aber man sprach über Feinde. Man suchte Feinde.

Früher oder später wird man darüber Rechenschaft ablegen müssen. »Sie wollen sich damit rechtfertigen, daß Sie Traktoren hergestellt haben«, sagte ich zu Sljunkow. (Er ist ehemaliger Direktor eines Traktorenwerkes.) »Daß Sie sich in Fragen der Radioaktivität nicht auskennen. Aber ich bin Physiker, ich habe eine Vorstellung von den Konsequenzen.« Na so was! Irgendein Professor, irgendwelche Physiker wagen es, das ZK zu belehren? Nein, das war keine Verbrecherbande. Eher eine Verschwörung von Unwissenheit und Korpsgeist. Ihr Lebensprinzip, die Apparat-Schule: die Nase nicht zu weit vorstrecken, Diensteifer zeigen. Sljunkow war gerade zur Beförderung nach Moskau geholt worden. Da haben wir's! Ich denke, es hatte einen Anruf aus dem Kreml gegeben … Von Gorbatschow … Ihr Weißrussen, sozusagen, macht keine Panik, der Westen regt sich schon genug auf. Und die Spielregeln lauten: Hofiert ihr nicht die nächsthöhere Befehlsgewalt, werdet ihr nicht befördert, bekommt ihr nicht die gewünschte Reise oder Datsche … Hätten wir nach wie vor in einem geschlossenen System hinter dem eisernen Vorhang gelebt, hätten die Menschen bis heute dicht neben dem Atomkraftwerk gewohnt. Man hätte sie einfach »unter Verschluß« genommen! Erinnern Sie sich: Kyschtym, Semipalatinsk … Ein stalinistisches Land. Immer noch ein stalinistisches Land …

In den Instruktionen für den Fall eines Atomkriegs ist vorgeschrieben, daß bei drohendem Atomunfall oder atomarem Angriff sofort prophylaktisch Jod an die Bevölkerung ausgegeben werden muß. Bei drohendem Unfall? ... Und hier ... 3 000 Mikroröntgen pro Stunde ... Sie aber fürchten nicht um die Menschen, sondern um ihre Macht. Ein Land der Macht und kein Land der Menschen. Die Priorität des Staates steht außer Zweifel. Aber der Wert eines Menschenlebens ist faktisch gleich Null. Es hätten sich doch Wege gefunden! Ohne Ankündigungen, ohne Panik ... Einfach Jodpräparate in die Trinkwasserreservoire einführen oder der Milch zuführen. Nun, man hätte es vielleicht gemerkt, das Wasser schmeckt anders, ebenso die Milch ... In der Stadt wurden 700 Kilogramm Jodpräparate bereitgehalten. Sie blieben einfach in den Depots ... Man hatte mehr Angst vor dem Zorn von oben als vor dem Atom. Jeder wartete auf einen Anruf, einen Befehl, aber keiner unternahm selbst etwas. In meiner Aktentasche hatte ich immer ein Strahlenmeßgerät ... Wozu? Sie ließen mich nicht durch, ich ging ihnen auf den Wecker ... In ihren großen Arbeitszimmern ... Ich hatte das Meßgerät bei mir und legte es an die Schilddrüse der Sekretärinnen, der persönlichen Chauffeure, die in der Anmeldung saßen. Sie erschraken, und manchmal half das – ich wurde hereingelassen. »Was soll diese Hysterie, Professor? Als ob nur Sie allein sich um das weißrussische Volk sorgen! Der Mensch stirbt sowieso von etwas, entweder vom Rauchen oder durch einen Autounfall, oder er nimmt sich selbst das Leben.« Man lachte über die Ukrainer. Die lagen im Kreml auf Knien, erbaten Geld, Medikamente, Meßgeräte (sie reichten nicht), aber unser Mann (gemeint ist Sljunkow) hatte innerhalb einer Viertelstunde über die Lage berichtet: »Alles normal. Wir schaffen es aus eigener Kraft.« Ein Lob: »Hervorragend, ihr weißrussischen Brüder!«

Wieviel Menschenleben hat dieses Lob gekostet?

Ich bin darüber informiert, daß sie selbst (die da oben) Jod eingenommen haben. Als Mitarbeiter unseres Instituts sie untersuchten, war bei allen die Schilddrüse sauber. Ohne Jod wäre das nicht möglich gewesen. Ihre Kinder haben sie auch heimlich weggebracht, um Schlimmes zu verhüten. Wenn sie selbst auf Dienstreise gingen, hatten sie Atemschutzmasken und Schutzkleidung dabei. All das, was andere nicht hatten. Es ist auch längst kein Geheimnis mehr, daß bei Minsk eine extra Viehherde gehalten wurde. Jede Kuh trug ein Nummernschild und wurde individuell versorgt. Extra Böden, extra Treibhäuser ... Sonderkontrolle ... Widerwärtig ... (Er schweigt.) Dafür ist noch keiner zur Rechenschaft gezogen worden ...

Man ließ mich nicht mehr vor. Hörte mich nicht mehr an. Ich überschüttete sie mit Briefen, schriftlichen Berichten. Verschickte Karten, Zahlenmaterial an alle Instanzen. Vier Mappen mit je 250 Blättern. Fakten, nur Fakten ... Für alle Fälle hatte ich zwei Exemplare kopiert, eins befand sich in meinem Büro, das zweite zu Hause. Meine Frau hatte es versteckt. Warum ich Kopien gemacht habe? Wir leben doch in so einem Land ... Mein Dienstzimmer schloß ich immer selbst ab. Eines Tages komme ich von einer Dienstreise zurück – die Mappen sind verschwunden ... Aber ich bin in der Ukraine aufgewachsen, meine Vorfahren sind Kosaken. Kosakencharakter! Ich schrieb weiter. Trat weiter öffentlich auf. Man mußte doch die Menschen in Sicherheit bringen! Sie dringend aussiedeln! Wir kamen aus dem Reisen nicht heraus. Unser Institut entwarf die erste Karte der »verseuchten Gebiete« ... Der ganze Süden war rot gekennzeichnet ...

Das ist bereits Geschichte. Die Geschichte eines Verbrechens ...

Aus dem Institut wurden sämtliche Meßgeräte für Radioaktivität eingezogen. Wurden einfach beschlagnahmt. Ohne Erklärung. Drohanrufe zu Hause: »Professor, hör auf, den Leuten Angst einzujagen! Wir schicken dich dahin, wo der Pfeffer wächst. Errätst es? Habt ihr vergessen? So schnell vergessen?« Druck auf Mitarbeiter des Instituts. Einschüchterungsversuche.

Ich schrieb nach Moskau ...

Platonow, der Präsident unserer Akademie, ließ mich kommen.

»Das weißrussische Volk wird sich eines Tages an dich erinnern, du hast viel für das Volk getan, aber es ist schlimm, daß du nach Moskau geschrieben hast. Sehr schlimm! Man fordert von mir, ich soll dich von deinem Posten entfernen. Warum hast du dahin geschrieben? Begreifst du nicht, gegen wen du ausgeholt hast?«

Ich habe Karten, Zahlenmaterial. Und sie? Sie hätten mich in die Psychiatrie stecken können. Sie drohten mir damit. Ich hätte in einen Autounfall verwickelt werden können. Man warnte mich. Man hätte einen Strafprozeß gegen mich anstrengen können. Wegen antisowjetischer Hetze. Oder wegen einer Kiste Nägel, die vom Wirtschaftsleiter des Instituts nicht registriert wurde ...

Ein Prozeß wurde gegen mich angestrengt ...

Sie erreichten, was sie wollten. Ein Infarkt warf mich nieder. (Schweigt.)

Ich habe alles festgehalten ... In einer Mappe ... Fakten, nur Fakten ...

Wir untersuchen Kinder in den Dörfern ... Jungen, Mädchen.

1 500 ... 2 000, 3 000 Mikroröntgen ... Über 3 000 ... Die Mädchen ... Sie werden keine Kinder kriegen können ... Sie sind genetisch gezeichnet ... Ein Traktor pflügt. Ich frage den Mitarbeiter des Kreisparteikomitees, der uns begleitet:

»Hat der Traktorfahrer wenigstens eine Atemschutzmaske?«

»Nein, sie arbeiten ohne.«

»Wie, habt ihr keine bekommen?«

»Aber nein! Wir haben so viele bekommen, daß sie bis zum Jahre 2 000 reichen. Aber wir geben sie nicht aus. Sonst entsteht Panik. Dann rennen alle weg! Ziehen weg!«

»Was machen Sie bloß!«

»Sie haben gut reden, Professor! Wenn man Sie von Ihrem Arbeitsplatz verjagt, finden sie eine andere Arbeit. Aber wo soll ich hin?«

Was für eine Macht! Die grenzenlose Macht eines Menschen über einen anderen. Das ist kein Verrat mehr, das ist Krieg gegen Unschuldige ...

Wir fahren am Pripjat entlang. Am Ufer stehen Zelte, Familien verbringen dort ihren Urlaub. Baden. Sonnen. Sie wissen nicht, daß sie schon mehrere Wochen unter einer radioaktiven Wolke baden und sich bräunen. Es ist uns streng verboten, mit ihnen zu reden. Aber ich sehe Kinder ... Ich gehe zu Erwachsenen hin und beginne zu erklären. Befremden. »Warum schweigen Rundfunk und Fernsehen?« Unser Begleiter ... Normalerweise fuhr jemand von den lokalen Behörden, aus dem Kreiskomitee mit – das war so geregelt ... Er schweigt ... Ich kann an seinem Gesicht ablesen, was für Gefühle in ihm kämpfen: melden oder nicht melden? Andererseits ist es schade um die Menschen! Er ist doch ein normaler Mensch ... Aber ich weiß nicht, was siegen wird, wenn wir zurück sind. Wird er es melden oder nicht? Jeder hat seine Wahl getroffen ... (Er schweigt eine ganze Weile.)

Was fangen wir heute mit dieser Wahrheit an? Jetzt? Wie halten wir es mit ihr? Wenn es noch einmal kracht, wiederholt sich das Ganze ... Wir sind nach wie vor ein stalinistisches Land ... Und der stalinistische Mensch ist noch lebendig ...

Wassili Borissowitsch Nesterenko,
ehemaliger Direktor des Instituts für Kernenergie an der
Akademie der Wissenschaften Weißrußlands

Monolog über Opfer und Opferpriester

Ein Mensch steht frühmorgens auf ... Er denkt nicht über die Ewigkeit nach, seine Gedanken drehen sich um das tägliche Brot. Und Sie wollen die Menschen zwingen, über die Ewigkeit nachzudenken. Der Fehler aller Humanisten ...

Was ist Tschernobyl?

Wir kommen in ein Dorf ... Wir sitzen in einem deutschen Minibus (ein Geschenk an unseren Hilfsfonds), Kinder umringen uns. »Tante! Onkel! Wir sind Tschernobyl-Kinder. Was habt ihr mitgebracht? Gebt uns was!« Geben ... Geben!

Das ist Tschernobyl ...

Auf der Fahrt in die Zone begegnen wir einer alten Frau in besticktem Rock und Schürze, ein Bündel auf dem Rücken.

»Wohin, Oma? Jemanden besuchen?«

»Ich will nach Marki ... Auf meinen Hof ...«

Aber dort sind 140 Curie! Sie hat 25 Kilometer zu laufen. Sie geht einen Tag hin und einen Tag zurück. Sie will ein Dreiliterglas holen, das seit zwei Jahren über einen Zaunpfahl gestülpt ist. Und so ist sie wieder mal auf ihrem Hof gewesen ...

Das ist Tschernobyl ...

Was weiß ich noch von den ersten Tagen? Wie war das? Ich muß dort anfangen ... Um sein Leben zu erzählen, muß man bei der Kindheit beginnen. So auch hier ... Ich habe meinen Ausgangspunkt. Aber ich erinnere mich an etwas anderes. An den 40. Jahrestag des Sieges. Da gab es das erste Feuerwerk bei uns in Mogiljow. Nach den offiziellen Feierlichkeiten gingen die Leute nicht auseinander wie sonst, sondern begannen zu singen. Ganz überraschend. Ich erinnere mich an dieses allgemeine Gefühl. Nach 40 Jahren fingen alle an, vom Krieg zu reden, begann die Verarbeitung. Bis dahin haben wir einfach versucht zu überleben, wiederaufgebaut, haben Kinder in die Welt gesetzt. So ist es auch mit Tschernobyl ... Wir werden noch dahin zurückkehren, es wird sich uns tiefer erschließen. Es wird zu einem Heiligtum werden. Zu einer Klagemauer. Noch gibt es keine Formel. Es gibt keine Formel! Keine Ideen. Curie, Rem, Sievert ... Das ist keine Verarbeitung. Das ist keine Philosophie. Keine Weltanschauung. Bei uns trägt der Mensch entweder Gewehr oder Kreuz. Die ganze Geschichte hindurch ... Einen anderen Menschen hat es nicht gegeben ... Noch nicht ...

Meine Mutter arbeitete im Zivilschutzstab der Stadt, sie war eine der ersten, die von dem Unfall erfuhr. Alle Geräte sprachen an. Nach der Anweisung, die bei ihnen in allen Räumen hing, hatte die Bevölkerung sofort davon in Kenntnis gesetzt zu werden, waren Atemschutzmasken, Gasmasken und so weiter auszugeben. Sie öffneten ihre Geheimdepots, die versiegelt waren, aber da war alles in einem heillosen Zustand, nichts war zu gebrauchen. In den Schulen stammten die Gasmasken noch aus der Vorkriegszeit und paßten den Kindern gar nicht. Die Geräte schlugen wie wild aus, aber niemand verstand das, so etwas hatte es noch nicht gegeben. Man stellte die Geräte einfach ab. Meine Mutter erzählte: »Ja, wenn Krieg ausgebrochen wäre, hätten wir gewußt, was zu tun ist. Da gab es Anweisungen. Aber hier?« Wer leitete bei uns den Zivilschutz? Generäle und Oberste a. D., für die ein Krieg so beginnt: Regierungserklärungen im Radio, Luftalarm, Sprengbomben, Brandbomben ... Sie hatten noch nicht verstanden, daß wir in einem anderen Zeitalter leben. Ein psychologischer Umbruch war notwendig ... Und der kam ... Heute wissen wir: Wir werden am festtäglichen Tisch sitzen und Tee trinken ... Wir werden reden, lachen, und währenddessen herrscht schon Krieg ... Wir werden nicht einmal merken, wie wir verschwinden ...

Und der Zivilschutz ist ein Spiel, das Erwachsene gespielt haben. Sie waren für Paraden, für Übungen verantwortlich. Man holte uns für drei Tage von der Arbeit weg. Ohne jegliche Erklärung – zu militärischen Übungen. Das Spiel nannte sich: »Für den Fall eines Atomkriegs.« Die Männer waren Soldaten und Feuerwehrleute, die Frauen Sanitäterinnen. Schutzanzüge, Stiefel wurden ausgegeben, Sanitätstaschen, ein Päckchen Mullbinden, ein paar Medikamente. Aber natürlich! Das sowjetische Volk hat dem Feind in gebührender Weise zu begegnen. Geheimkarten, Evakuierungspläne – das alles war in feuerfesten und versiegelten Safes aufbewahrt. Nach diesen Plänen sollten die Menschen bei Alarm in wenigen Minuten mobilisiert und in den Wald, in eine Sicherheitszone gebracht werden ... Die Sirene heult ... Achtung! Krieg ...

Pokale und Fahnen werden verliehen. Und natürlich findet ein Feldbankett statt. Die Männer trinken auf unseren künftigen Sieg! Und natürlich auf die Frauen!

Und vor kurzem ... In der Stadt wurde Alarm gegeben. Achtung! Zivilschutzübung! Das war vor einer Woche ... Die Leute hatten Angst, aber das war eine andere Angst als früher. Keine Amerikaner, keine Deutschen waren eingefallen, aber was ist in Tschernobyl los? Schon wieder was?

1986 ... Wer sind wir? In welchem Zustand traf uns diese technologische Version des Weltuntergangs an? Mich? Uns alle? Damit meine ich die einheimische Intelligenz, wir hatten unseren Kreis. Losgelöst von allem, was uns umgab, lebten wir unser eigenes Leben. Unsere Form des Protestes. Wir hatten eigene Gesetze: Wir lasen nicht die *Prawda*, sondern das *Ogonjok*, die Zeitschrift wurde von Hand zu Hand weitergereicht. Gerade waren die Zügel etwas gelockert worden, und wir waren ganz euphorisch. Wir lasen Samisdat-Literatur, endlich gelangte sie zu uns, in unsere Einöde. Wir lasen Solschenizyn, Schalamow, besuchten einander. Die endlosen Gespräche in der Küche! Wir sehnten uns nach etwas. Wonach? Irgendwo wohnten Schauspieler, Filmstars ... Also, ich werde Catherine Deneuve sein ... Ich ziehe mir irgendeinen Fummel an, mache mir die Haare zurecht ... Sehnsucht nach Freiheit ... Diese andere Welt ... Eine fremde Welt ... Als Form der Freiheit ... Aber auch das war Spiel

... Flucht vor der Realität. Einer aus unserem Kreis ging kaputt, wurde Alkoholiker, einer trat in die Partei ein, machte Karriere. Keiner glaubte, daß diese Kremlmauer zu durchbrechen war ... Daß sie fallen würde ... Wenn es so ist – wir pfeifen drauf, was bei euch los ist, wir werden hier leben ... In unserer Welt voller Illusionen ...

Tschernobyl ... Und zu Anfang die gleiche Reaktion. Was geht uns das an? Sollen sich die Organe darum kümmern ... Tschernobyl ist ihre Sache ... Und es ist weit weg. Wir schauten nicht einmal auf die Karte. Uninteressant! Wir brauchten die Wahrheit nicht mehr ... Erst als auf den Milchflaschen Aufkleber erschienen wie »Milch für Kinder«, »Milch für Erwachsene« ... Ja, da horchten wir auf! Da kam etwas auf uns zu ... Ich bin nicht in der Partei, aber immerhin ein Sowjetmensch. Angst kam auf. »Die Radieschen haben ja dieses Jahr Blätter wie Zuckerrüben!« Aber dann hörte man abends im Fernsehen: »Laßt euch nicht provozieren.« Und alle Zweifel waren zerstreut ... Und die Maidemonstration? Keiner war gezwungen hinzugehen, mich zum Beispiel hat keiner dazu verpflichtet. Wir hatten die Wahl. Aber wir haben sie nicht getroffen. Ich kann mich an keine Maidemonstration erinnern, die so stark besucht und fröhlich war wie in dem Jahr. Beunruhigung war da, alles drängte natürlich in die Herde ... Man wollte mit allen zusammensein, wollte auf jemanden schimpfen ... Auf die da oben ... Auf die Regierung ... Auf die Kommunisten ... Jetzt denke ich ... Ich suche und suche den Bruch ... Wo hat er stattgefunden? Er liegt ganz am Anfang ... Unsere Unfreiheit ... Wir brauchten die Wahrheit nicht mehr ... Der Gipfel unserer Freidenkerei: »Kann man die Radieschen essen oder nicht?« Unsere Unfreiheit ... Die Unfreiheit ist in uns ...

Ich arbeitete als Ingenieurin in der Chemiefaserfabrik, wir hatten eine Gruppe von deutschen Spezialisten dort. Sie richteten neue Ausrüstungen ein. Ich sah, wie sich andere Menschen, ein anderes Volk benahmen ... Als sie vom Reaktorunfall erfuhren, verlangten sie sofort ärztliche Betreuung, Strahlenmeßgeräte, Essenskontrollen. Sie hörten ihren Rundfunk, sie wußten, was zu tun war. Sie bekamen natürlich nichts von alledem. Da haben sie ihre Koffer gepackt und wollten abreisen. Kauft uns Fahrkarten! Wir wollen nach Hause! Wir reisen ab, da ihr nicht für unsere Sicherheit sorgt. Sie streikten, schickten Telegramme an ihre Regierung … Sie kämpften um ihre Frauen und Kinder (sie waren mit ihren Familien bei uns). Sie kämpften um ihr Leben! Und wir? Was haben wir gemacht? Ach, sieh einer an, die Deutschen, immer geschniegelt und gebügelt – Hysteriker! Feiglinge! Sie messen die Radioaktivität im Borschtsch, in den Bouletten … Zum Lachen! Unsere Männer – das sind doch Männer! Russische Kerle! Verwegene Burschen! Die kämpfen mit dem Reaktor! Die zittern nicht um ihr Leben! Die klettern, nur mit Segeltuchhandschuhen an den Händen, auf das geschmolzene Dach (das wußten wir schon aus dem Fernsehen)! Und unsere Kinder gehen mit Wimpeln zur Demonstration! Und die Kriegsveteranen … Die alte Garde! (Sie überlegt.) Das ist auch eine Art Barbarei: fehlende Angst um sich selbst … Wir sagen immer »wir« und nicht »ich«: »Wir demonstrieren sowjetisches Heldentum«, »Wir zeigen sowjetischen Charakter« … Der ganzen Welt! Aber hier bin ich! Ich will nicht sterben … Ich habe Angst …

Es ist interessant, sich heute selbst zu beobachten, den eigenen Gefühlen nachzuspüren. Wie haben sie sich entwickelt? Sie haben sich verändert. Man muß sie analysieren. Seit langem ertappe ich mich dabei, daß ich lerne, meiner Umwelt mehr Aufmerksamkeit zu schenken. Nach Tschernobyl kam das von selbst. Wir haben gelernt, »ich« zu sagen … Ich will nicht sterben! Ich habe Angst … Und dann? Ich stelle den Fernseher lauter ein: Melkerinnen, die im sozialistischen Wettbewerb gesiegt haben, wird eine rote Fahne überreicht. Aber das ist doch bei uns! Bei Mogiljow! In dem Dorf, das im Zentrum des Caesium-Flecks liegt! Die Bewohner sollen demnächst umgesiedelt werden … Die Stimme des Sprechers: »Die Menschen arbeiten selbstlos, allem zum Trotz.« – »Ein Wunder an Mut und Heldentum.« Und wenn die Sintflut kommt! Mit revolutionärem Schritt! Ja, ich bin nicht in der Partei, aber immerhin ein Sowjetmensch. »Genossen, laßt euch nicht provozieren!« tönt es Tag und Nacht im Fernsehen. Und die Zweifel zerstreuen sich … (Schweigt.)

Noch Kaffee? Ich muß eine kleine Pause machen … Ich muß meine Gedanken sammeln …

Wir müssen Tschernobyl als Philosophie begreifen. Zwei Staaten, durch Stacheldraht voneinander getrennt: die Zone und alles außerhalb der Zone. An morschen Pfählen rings um die Zone hängen wie an Kreuzen weiße Handtücher … Die Leute gehen dorthin wie auf einen Friedhof … Dort ist nicht nur ihr Haus, sondern eine ganze Epoche begraben. Die Epoche des Glaubens! Des Glaubens an die Wissenschaft! An die gerechte soziale Idee! Ein riesiges Reich ist aus den Nähten geplatzt. Auseinandergebrochen. Zuerst Afghanistan, dann Tschernobyl. Als das Reich zerbröckelte, sind wir allein geblieben. Ich habe fast Angst, es auszusprechen, aber wir lieben Tschernobyl. Es ist der Sinn unseres Lebens, den wir wiedergefunden haben … Der Sinn unseres Leidens. Wie der Krieg. Von uns Weißrussen hat die Welt nach Tschernobyl erfahren. Es war das Fenster nach Europa. Wir sind Opfer und Opferpriester zugleich. Schrecklich, das auszusprechen …

In der Zone … Mitten in der Zone … Du betrittst ein Haus … Ein Gefühl wie im Märchen von Dornröschen. Wenn noch nicht alles ausgeraubt ist: Fotos, Puppen, Möbel … Es müssen doch irgendwo ganz in der Nähe Menschen sein. Manchmal stoßen wir auf welche … Aber sie sprechen nicht von Tschernobyl, sie sprechen davon, daß man sie betrogen hat. Sie haben nur eine Sorge: Bekommen wir das, was uns zusteht, und bekommen andere nicht mehr? Unser Volk hat ständig das Gefühl, betrogen zu werden. Auf allen Etappen des großen Weges. Auf der einen Seite Nihilismus, Negation, auf der anderen Fatalismus. Sie glauben denen da oben nicht, sie glauben den Wissenschaftlern, den Ärzten nicht, aber selbst unternehmen sie nichts. Naiv und teilnahmslos sind sie. Im Leiden selbst wurden Sinn und Rechtfertigung gefunden, alles andere ist scheinbar unwichtig. An den Feldern entlang stehen Tafeln mit der Aufschrift »Hohe Radioaktivität« ... Die Felder werden umgepflügt ... 30 Curie ... 50 Curie ... Die Traktorfahrer sitzen in offenen Kabinen (zehn Jahre sind vergangen, aber bis heute gibt es keine Traktoren mit hermetisch abgeschlossenen Kabinen) und atmen radioaktiven Staub ein ... Zehn Jahre sind vergangen! Wer sind wir denn? Wir leben auf verstrahltem Boden, wir pflügen, wir säen. Wir bringen Kinder zur Welt. Welchen Sinn hat dann unser Leiden? Wozu ist es gut? Warum gibt es soviel Leid? Darüber diskutieren wir jetzt viel mit Freunden. Denn die Zone – das sind nicht Rem und Curie, nicht Mikroröntgen, das ist das Volk. Unser Volk ... Eigentlich hat Tschernobyl unserem sterbenden System »geholfen« ... Wieder ist die Zeit der Ausnahmesituationen ... Zuteilung. Rationierung. So wie uns früher eingehämmert wurde, »wenn der Krieg nicht gewesen wäre«, so hat man heute die Möglichkeit, alles auf Tschernobyl abzuwälzen. »Wenn Tschernobyl nicht gewesen wäre ...« Und dazu der umflorte Blick: Wir trauern. Gebt uns! Gebt uns! Damit wir etwas zu teilen haben. Tschernobyl – die Futterkrippe, der Blitzableiter!

Tschernobyl ist bereits ein Symbol. Ein Bild. Aber es ist auch meine Arbeit ... Sozusagen mein Alltag ... Ich reise umher ... Ich schaue ... Es gab einmal das patriarchalische weißrussische Dorf. Das weißrussische kleine Bauernhaus. Ohne Toilette und warmes Wasser, aber mit einer Ikone, mit einem Holzbrunnen, mit bestickten Handtüchern, mit Tagesdecken auf dem Bett. Mit seiner Gastlichkeit. Wir gingen in eines dieser Häuser, um Wasser zu trinken, und die Hausherrin holte aus einer alten Truhe ein Handtuch, so alt wie sie selbst, reichte es mir und sagte: »Das ist für dich als Andenken an meinen Hof.« Es gab den Wald, die Felder ringsum. Erhalten sind die Gemeinde und Reste von Freiheit: ein Stück Erde hinter dem Haus, das Gehöft, die eigene Kuh. Aus Tschernobyl wurden sie nach »Europa« umgesiedelt – in Siedlungen europäischen Typus. Man kann ein

Haus bauen, das besser, bequemer ist, aber man kann am neuen Ort nicht die große Welt aufbauen, mit der sie verbunden waren wie mit einer Nabelschnur! Ein kolossaler Schlag gegen die menschliche Psyche. Ein Bruch mit der Tradition, der ganzen jahrhundertealten Kultur. Wenn man sich diesen neuen Siedlungen nähert, stehen sie am Horizont wie eine Fata Morgana. Bemalt. Hellblau, dunkelblau. Und man stellt sich gleich so etwas wie ein Paradies vor. Auch die Namen sprechen für sich: Mai-Siedlung, Sonnen-Siedlung. Europäische Landhäuser sind viel bequemer als die kleinen weißrussischen Holzhäuser. Das ist bereits fertige Zukunft. Aber in die Zukunft kann man nicht einfach mit einem Fallschirm springen ... Man hat die Menschen zu Äthiopiern gemacht ... Sie sitzen am Boden und warten darauf, daß ein Flugzeug landet oder ein Bus eintrifft und ihnen humanitäre Hilfe bringt, statt sich über die neugewonnene Chance zu freuen: Ich bin der Hölle entronnen, ich habe ein Haus, sauberen Boden und muß meine Kinder retten, denen Tschernobyl schon im Blut, in den Genen sitzt. Ich werde frei sein ...

Sie wohnen in diesen Landhäusern wie in Volieren. Sie verkommen, verfallen. Dort lebt ein unfreier Mensch. Ein verurteilter Mensch. Er lebt in Bitterkeit und Angst. Er will den Kommunismus. Er wartet darauf ... Die Zone braucht den Kommunismus ... Bei allen Wahlen wird dort für eine feste Hand gestimmt, man sehnt sich nach der stalinistischen Ordnung, der Militärordnung. Für die Leute dort ist sie ein Synonym für Gerechtigkeit. Dort lebt man auch militärisch: Milizposten, Leute in Armeeuniform, Passierschein-System, Zuteilungen. Beamte, die humanitäre Hilfe verteilen. Auf den Kisten steht in deutsch und in russisch: »Nicht zum Umtausch. Nicht zum Verkauf.« Und die Sachen werden überall verkauft. In jedem Privatkiosk ...

Und wieder ist es wie ein Spiel ... Eine Werbeschau ... Ich begleite eine Kolonne mit humanitärer Hilfe. Fremde ... Ausländer ... Im Namen Jesu Christi oder sonst jemandes Namen kommen sie zu uns. In Pfützen, im Schlamm und in Wattejacken und Plüschjacken steht mein Stamm da … In Stiefeln mit Tuchschäften … Wir brauchen nichts! Das wird uns sowieso wieder geklaut! Auch das lese ich in ihren Augen. Und daneben steht der Wunsch, einen Karton, eine Kiste, irgend etwas Ausländisches zu ergattern. Wir wissen schon, wo welche alte Frau lebt … Wie in einem Reservat … Und der widerliche, sinnlose Wunsch … Überraschend höre ich mich sagen: »Wir werden Ihnen gleich etwas zeigen! Das finden Sie nirgendwo, nicht einmal in Afrika! Nirgendwo in der Welt gibt es so etwas! 200 Curie … 300 Curie …« Ich merke, wie selbst die alten Frauen sich verändern, einige sind richtige Filmstars geworden. Sie beten einstudierte Monologe her, und Tränen rollen genau an den richtigen Stellen. Als die ersten Ausländer eintrafen, haben sie noch geschwiegen, haben nur geweint. Jetzt haben sie schon sprechen gelernt. Vielleicht fallen ja ein paar Kaugummis für die Kinder oder ein paar Klamotten ab … Und das alles neben der tiefen Philosophie, neben der Tatsache, daß diese Leute hier eine eigene Beziehung zum Tod und zur Zeit haben. Sie verlassen ihre Häuser, ihre heimatlichen Friedhöfe nicht wegen einer Tafel Schokolade aus Deutschland … Oder ein paar Kaugummis …

Wir kehren zurück … Ich weise in die Ferne. »Was für eine schöne Erde!« Die Sonne ist tief gesunken, überstrahlt Wald und Feld. Uns zum Abschied. »Ja«, sagt einer aus der deutschen Gruppe, der Russisch spricht. »Schön, aber vergiftet.« Er hat einen Geigerzähler in der Hand. Und mir wird klar, daß der Sonnenuntergang nur mir so viel bedeutet. Es ist meine Erde.

Natalja Arssenjewna Roslowa,
Vorsitzende des Frauenkomitees
»Kinder von Tschernobyl« in Mogiljow

Kinderchor

Aljoscha Belski (9 Jahre), Anja Bogusch (10 Jahre), Natascha Dworezkaja (16 Jahre), Lena Schudro (15 Jahre), Jura Schuk (15 Jahre), Olja Swonak (10 Jahre), Sneschana Sinewitsch (16 Jahre), Ira Kudrjatschewa (14 Jahre), Julja Kasko (11 Jahre), Wanja Kowarow (12 Jahre), Wadim Krasnossolnyschko (9 Jahre), Wassja Mikulitsch (15 Jahre), Anton Naschiwankin (14 Jahre), Marat Tatarzew (16 Jahre), Julja Taraskina (15 Jahre), Katja Schewtschuk (14 Jahre), Boris Schkirmankow (16 Jahre).

Ich lag im Krankenhaus und hatte solche Schmerzen ... Ich habe meine Mama gebeten: »Mamotschka, ich halte es nicht mehr aus. Bring mich lieber um!«

So eine schwarze Wolke ... So ein Regen ... Die Pfützen wurden gelb ... Grün ... Als hätte man Farbe hineingeschüttet ... Es soll Blütenstaub gewesen sein ... Wir sind nicht durch die Pfützen gelaufen, wir haben sie nur beguckt. Oma hat uns in den Keller gesperrt. Sie selbst kniete nieder und betete. Und sagte zu uns: »Betet! Das ist das Ende der Welt. Die Strafe Gottes für unsere Sünden ...« Mein Bruder war acht, ich sechs Jahre alt. Wir überlegten, was für Sünden wir begangen hatten: Mein Bruder hatte ein Glas Himbeermarmelade zerschlagen ... Ich hatte Mama nicht erzählt, daß ich mit dem neuen Kleid am Zaun hängengeblieben war und es zerrissen hatte ... Ich hatte es im Schrank versteckt ...

Mama trägt oft schwarz. Ein schwarzes Tuch. In unserer Straße werden immer wieder Leute beerdigt ... Wenn ich Musik höre, renne ich nach Hause und bete das Vaterunser. Ich bete für Mama und Papa …

Soldaten kamen, und wir mußten auf Lastwagen steigen. Ich dachte, daß Krieg ausgebrochen ist. Sie sprachen Worte, die ich nicht verstand: »Dekontamination«, »Isotope« … Unterwegs träumte ich: Eine Explosion! Und ich bin am Leben geblieben. Kein Zuhause, keine Eltern, nicht mal Spatzen und Krähen gibt es … Entsetzt wachte ich auf, fuhr hoch … Guckte aus dem Fenster, ob dieser gräßliche Pilz am Himmel zu sehen ist.

Ich erinnere mich, wie ein Soldat eine Katze jagte. Als er das Meßgerät auf sie richtete, hörte man: Klick … Klick … Wie eine Maschinenpistole. Ein Junge und ein Mädchen rannten der Katze nach … Es war ihre Katze … Der Junge sagte nichts, aber das Mädchen rief: »Die kriegt ihr nicht!« Sie rannte und rief: »Hau ab, Mieze, hau ab!« Der Soldat hatte einen großen Plastiksack …

Wir haben meinen Hamster zu Hause gelassen. Eingesperrt. Einen kleinen weißen. Wir haben ihm für zwei Tage Futter hingestellt – und sind für immer gegangen.

Sie steckten uns in einen Militärzug. Die Kleinen weinten, die Gesichter waren ganz verheult. Eine Erzieherin kam auf 20 Kinder, und alle weinten: »Mama! Wo ist meine Mama! Ich will nach Hause …« Ich bin zehn Jahre alt, wir größeren Mädchen haben die Kleinen immer getröstet. Frauen standen unterwegs auf den Bahnsteigen und bekreuzigten die Wagen. Sie brachten uns Selbstgebackenes, Milch, warme Kartoffeln an den Zug …

Wir wurden ins Leningrader Gebiet gebracht. Als wir dort in die Bahnhöfe einfuhren, bekreuzigten sich die Leute und schauten nur von weitem. Sie hatten Angst vor unserem Zug. Auf jeder Station wurde er lange abgespült. Als wir beim Halt auf einem Bahnhof einmal ausstiegen und in die Imbißstube liefen, wurde kein anderer reingelassen. »Hier essen Tschernobyl-Kinder Eis.« Die Verkäuferin sagte zu jemandem am Telefon: »Wenn sie weg sind, wischen wir den Fußboden mit Chlor auf und kochen die Gläser ab.« Das haben wir gehört …

Wir wurden von Ärzten in Empfang genommen. Sie trugen Schutzmasken und Gummihandschuhe … Sie nahmen uns die Kleidung ab, alle Sachen, sogar Briefumschläge, Bleistifte und Kugelschreiber, taten alles in Plastiktüten und vergruben sie im Wald.

Wir haben so einen Schreck bekommen … Später haben wir immer darauf gewartet, daß wir sterben werden …

Mama und Papa haben sich geküßt, und dann bin ich auf die Welt gekommen.

Früher habe ich gedacht, daß ich nie sterben werde. Jetzt weiß ich, daß ich sterben werde. Im Krankenhaus hat neben mir ein Junge gelegen … Wadik Korinkow … Er hat immer Vögel für mich gezeichnet. Und Häuser. Er ist gestorben. Sterben ist nicht schlimm … Du schläfst ganz, ganz lange, du wachst nie mehr auf …

Ich habe geträumt, daß ich gestorben bin. Ich hörte meine Mama weinen, da bin ich aufgewacht …

Ich möchte erzählen, wie meine Oma sich von unserem Haus verabschiedet hat. Sie bat meinen Papa, einen Sack Weizen aus der Kammer zu holen, und hat den Weizen im Garten ausgestreut. »Für die Vögel, die Geschöpfe Gottes.« Dann hat sie Eier in ein Sieb gesammelt und in den Hof geschüttet. »Für unseren Kater und unseren Hund.« Dann hat sie Speck zurechtgeschnitten. Auch für sie. Sie hat die Samen aus all ihren kleinen Beutelchen geschüttet: Mohrrüben, Kürbisse, Gurken, Perlzwiebeln … Verschiedene Blumensamen … Sie hat alles im Garten ausgestreut. »Sollen sie in der Erde leben!« Und dann hat sie sich vor dem Haus verneigt … Vor dem Schuppen … Sie ist um jeden Apfelbaum herumgegangen und hat sich vor ihm verneigt …

Ich war noch klein ... Sechs, nein, acht Jahre, glaube ich. Stimmt, acht. Ich habe eben nachgerechnet.

Ich weiß noch, ich hatte viele Ängste. Angst, barfuß durchs Gras zu laufen. Ich würde sonst sterben, hat Mama mir gedroht. Angst zu baden, zu tauchen ... Im Wald Nüsse vom Baum zu pflücken. Einen Käfer in die Hand zu nehmen ... Der krabbelt am Boden, aber der Boden ist verseucht. Ameisen, Schmetterlinge, Hummeln ... Alle sind verseucht. Ein weißer Garten ... Gläsern ...

Wir warteten auf den Frühling. Ob die Kamille wieder wächst? So wie früher? Alle bei uns sagten, daß die Welt sich verändern wird ... Im Radio, im Fernsehen haben sie es gesagt. Die Kamille wird sich verwandeln ... In was? In etwas anderes ... Und dem Fuchs wächst ein zweiter Schwanz, Igel werden ohne Stacheln geboren, Rosen sind ohne Blütenblätter. Und es wird Menschen geben, die wie Außerirdische aussehen ... Ohne Haare, ohne Wimpern ... Nur mit Augen ...

Ich war noch klein ... Acht Jahre alt ...

Der Frühling ... Im Frühling drehten sich die Blätter aus den Knospen, so wie immer. Grüne Blätter. Die Apfelbäume blühten. Weiß. Der Faulbeerbaum duftete. Die Kamillenblüten öffneten sich. Und sie sahen aus wie immer. Dann sind wir zu den Anglern am Fluß gerannt und wollten wissen, ob die Plötzen immer noch Kopf und Schwanz haben. Oder die Hechte. Wir prüften die Starkästen: Sind die Stare angekommen? Werden sie Junge kriegen? ...

Ich habe es gehört ... Die Erwachsenen haben miteinander geflüstert ... Oma weinte ... Aus meinem Geburtsjahr, 1986, gibt es keine Jungen und Mädchen in unserem Dorf. Nur mich. Die Ärzte hatten es nicht erlaubt, daß ich auf die Welt komme. Meine Mutter ist aus dem Krankenhaus weggerannt und hat sich bei meiner Oma versteckt ... Ich bin zu Hause bei meiner Oma geboren worden ... Das habe ich alles gehört ...

Ich habe keine Geschwister. Und ich hätte so gerne einen Bruder oder eine Schwester!

Tante, Sie sind Schriftstellerin? Sagen Sie, wie kann es sein, daß es mich nicht geben sollte? Und wo wäre ich sonst?

Irgendwo weit oben, im Himmel? Auf einem anderen Planeten?

In unserer Stadt wurde eine Kunstausstellung gezeigt. Bilder über Tschernobyl ... Ein Fohlen läuft durch den Wald, es besteht nur aus Beinen, acht bis zehn sind es, ein Kalb mit drei Köpfen, in einer Kiste sitzen nackte Kaninchen, wie aus Plastik ... Menschen gehen in Schutzanzügen über eine Wiese ... Bäume, höher als Kirchen, Blumen, so groß wie Bäume. Ich habe die Ausstellung nicht bis zu Ende angeschaut, ich bin gegangen. Ich stieß auf ein Bild: Ein Junge reckt die Arme, vielleicht nach einer Pusteblume, vielleicht nach der Sonne, und statt der Nase hat er – einen Rüssel. Mir kamen die Tränen, ich hätte am liebsten gerufen: »Wozu solche Ausstellungen? Bringt so was nicht zu uns! Ringsum reden ohnehin alle vom Tod. Von Mutanten. Ich will das alles nicht!« Am ersten Tag kamen noch Leute, dann kam keiner mehr. In Moskau, in Petersburg, so schrieben die Zeitungen, sollen die Menschen nur so in die Ausstellung geströmt sein. Bei uns war der Saal leer.

Ich war in Österreich zur Kur, da gibt es Leute, die sich Fotos davon zu Hause aufhängen können. Den Jungen mit dem Rüssel ... Um ihn jeden Tag anzusehen und die nicht zu vergessen, denen es schlecht geht. Aber wenn man hier lebt ... Mittendrin ... Ich hänge in meinem Zimmer lieber eine schöne Landschaft auf ... Ich will nicht an den Tod denken ...

Bei uns starben die Spatzen aus. Gleich im ersten Jahr nach dem Reaktorunfall. Sie lagen überall: in den Gärten, auf dem Asphalt ... Sie wurden eingesammelt und in Containern zusammen mit Laub abtransportiert. In dem Jahr durfte kein Laub verbrannt werden, es war radioaktiv verseucht. Es wurde vergraben.

Zwei Jahre später waren auf einmal wieder Spatzen da. Wir freuten uns, erzählten uns gegenseitig: »Ich hab gestern einen Spatz gesehen ... Sie sind zurückgekommen ...«

Aber die Maikäfer sind verschwunden. Ganz und gar. Vielleicht kehren sie in hundert oder tausend Jahren zurück, sagt unser Lehrer. Das werde ich nicht erleben ...

1. September ... Schulappell ... Und kein einziger Blumenstrauß. In den Blumen, das wußten wir schon, ist viel Radioaktivität. Bevor das Schuljahr anfing, arbeiteten in unserer Schule keine Tischler und Maler, wie früher, sondern Soldaten. Sie mähten die Blumen, trugen Erde ab und schafften sie auf Lastwagen mit Anhängern weg. Sie haben auch den großen alten Park abgeholzt. Die alten Linden. Baba Nadja ... Sie wurde immer ins Haus geholt, wenn jemand gestorben war. Um zu wehklagen ... Zu beten. »Kein Blitz hat eingeschlagen ... Keine Trockenheit hat sie verdorren lassen ... Kein Meer hat sie überschwemmt ... Da liegen die schwarzen Särge ...« Sie hat die Bäume wie Menschen beweint ...

Ein Jahr später wurden wir alle evakuiert, und das Dorf wurde eingeebnet. Mein Papa ist Kraftfahrer, er war dort und hat erzählt. Zuerst wird eine große Grube ausgehoben ... Fünf Meter tief ... Dann kommen Feuerwehrleute ... Sie spritzen das Haus vom Dach bis zum Fundament aus Schläuchen ab, um keinen radioaktiven Staub aufzuwirbeln. Fenster, Dach, Schwelle ... Alles wird abgespritzt ... Dann hebt ein Kran das Haus an und stellt es in die Grube ... Puppen, Bücher, Gläser liegen herum ... Ein Bagger schiebt alles zusammen ... Dann wird Sand und Lehm darübergeschüttet und planiert. Statt eines Dorfes bleibt ein ebenes Feld zurück. Bei uns wurde Getreide darüber gesät. Dort liegt unser Haus. Und die Schule und der Gemeinderat ... Mein Herbarium und zwei Briefmarkenalben sind auch dort geblieben, ich hätte sie so gerne mitgenommen. Ich hatte ein Fahrrad ...

Ich bin zwölf Jahre alt, ich bin Invalide. Mir und meinem Opa bringt der Postbote die Rente ins Haus. Seit die Mädchen in meiner Klasse wissen, daß ich Blutkrebs habe, haben sie Angst, neben mir zu sitzen ... Mich anzufassen ...

Die Ärzte haben gesagt, daß ich krank geworden bin, weil mein Papa in Tschernobyl gearbeitet hat. Ich bin erst danach geboren worden.

Ich habe meinen Papa lieb ...

Die Soldaten wuschen die Bäume, die Häuser, die Dächer ab ... Auch die Kolchosenkühe ... Ich dachte: Die armen Tiere im Wald! Die wäscht keiner! Die werden alle sterben. Und den Wald wäscht keiner. Der wird auch sterben.

Unsere Lehrerin sagte: »Malt die Radioaktivität.« Ich habe gelben Regen gemalt ... Und einen roten Fluß ...

Papa wurde nachts geholt. Ich habe gar nicht gehört, wie er seine Sachen zusammenpackte. Ich habe geschlafen. Morgens sah ich Mama weinen. »Unser Papa ist in Tschernobyl.«

Wir warteten auf Papa, als wenn er im Krieg wäre ...

Er kam zurück und ging wieder in den Betrieb arbeiten. Er erzählte nichts. Ich gab in der Schule damit an, daß mein Papa in Tschernobyl gewesen ist, als Liquidator, das sind die, die bei der Beseitigung der Unfallfolgen mithelfen. Helden! Die Jungs beneideten mich.

Ein Jahr später wurde Papa krank ...

Wir gingen durch den Krankenhauspark ... Das war nach der zweiten Operation ... Ich weiß es noch gut ... Er sprach zum erstenmal von Tschernobyl ...

Sie hatten in der Nähe des Reaktors gearbeitet. Alles war still und friedlich, erinnerte er sich, und so schön. Und währenddessen passiert etwas. Die Gärten blühen. Aber für wen? Die Leute sind aus den Dörfern weggezogen. Sie fuhren durch Pripjat: Auf einem Balkon hing Wäsche, standen Blumentöpfe. An einem Strauch lehnte ein Fahrrad mit einer Briefträgertasche voller

Zeitungen und Briefe. Und darauf ein Vogelnest ... Wie im Kino. Ich hab's gesehen ...

Sie »säuberten« die Dörfer, die verlassen werden mußten. Sie trugen Erde ab, die mit Caesium und Strontium verseucht war. Wuschen Dächer ab. Am nächsten Tag klickte das Meßgerät wieder ...

»Zum Abschied drückte man uns die Hand und überreichte uns Dankeserklärungen für unsere selbstlose Tätigkeit ...« Mein Vater erzählte und erzählte ... Als er beim letzten Mal aus dem Krankenhaus entlassen wurde, sagte er: »Wenn ich am Leben bleibe, gibt es für mich keine Chemie, keine Physik mehr. Ich gehe aus dem Betrieb weg ... Ich werde Hirte ...«

Mama und ich sind allein geblieben. Ich gehe nicht an die technische Hochschule, wovon meine Mutter träumt. Nicht dahin, wo Papa studiert hat ...

Ich habe einen kleinen Bruder. Er spielt gerne »Tschernobyl«. Er baut Bunker, streut Sand über den Reaktor.

Er war noch nicht geboren, als es passierte ...

Nachts fliege ich ... Fliege mitten im hellen Licht ... Das ist keine Realität, aber auch nichts Jenseitiges. Es ist beides und noch ein Drittes. Im Traum weiß ich, daß ich in diese Welt eintreten kann, daß ich darin sein kann ... Oder bleiben kann? Meine Zunge ist schwer, mein Atem geht unregelmäßig, aber dort brauche ich mit niemandem zu reden. Etwas Ähnliches ist mir schon als Kind passiert. Es drängt mich, mit jemandem zu verschmelzen, aber ich sehe niemanden ... Nur das Licht ... Ich habe das Gefühl, daß ich es berühren kann ... Wie riesengroß ich bin! Ich bin noch mit allen zusammen, stehe aber schon abseits, einzeln, allein. Als Kind habe ich ein paar solche Farbvisionen gesehen, wie ich sie jetzt sehe. In diesem Traum.

Er hat sich schon mehrmals wiederholt, es kommt der Moment, da ich an nichts anderes mehr denken kann. Nur an diesen Traum. Auf einmal öffnet sich das Fenster ... Ein plötzlicher

Windstoß. Was ist das? Woher? Wohin? Zwischen mir und jemandem stellt sich eine Verbindung her ... Ein Kontakt ... Aber wie sehr mich diese grauen Krankenhauswände stören! ... Wie schwach ich noch bin! ... Ich halte den Kopf gegen das Licht, weil es mir die Sicht nimmt ... Ich recke und recke mich ... Ich versuche, etwas zu sehen ... Gucke in die Höhe ...

Dann kam Mama. Gestern hat sie im Zimmer eine Ikone aufgehängt. Sie flüstert in der Ecke, kniet nieder. Alle schweigen: der Professor, die Ärzte, die Schwestern. Sie glauben, daß ich nichts ahne ... Nicht errate, daß ich bald sterben werde ... Sie wissen nicht, daß ich nachts fliegen lerne ...

Wer hat gesagt, daß das Fliegen leicht ist?

Früher habe ich mal Gedichte geschrieben ... Ich war in ein Mädchen verliebt ... In der fünften Klasse ... In der siebten Klasse habe ich für mich den Tod entdeckt ...

Bei García Lorca habe ich die Worte gelesen: »die dunkle Wurzel des Schreis ...« Ich fing an, fliegen zu lernen ... Mir gefällt dieses Spiel nicht, aber was soll ich machen?

Ich hatte einen Freund. Er hieß Andrej. Er wurde zweimal operiert und nach Hause entlassen. Ein halbes Jahr später sollte er ein drittes Mal operiert werden ... Er hat sich mit seinem Hosengürtel erhängt ... Im leeren Klassenzimmer, als alle beim Sport waren. Die Ärzte hatten ihm das Laufen und Springen verboten ...

Julja, Katja, Wadim, Oksana, Oleg ... Und jetzt Andrej ... »Wir werden sterben und in die Wissenschaft eingehen«, hatte er gesagt. Und Katja: »Wir werden sterben, und man wird uns vergessen.« – »Wir werden sterben ...«, hat Julja geklagt.

Wenn ich jetzt zum Himmel hinaufschaue, lebt er für mich ... Weil sie dort sind ...

Eine einsame menschliche Stimme

Ich war früher so glücklich. Warum? Ich habe es vergessen … Das war alles in einem anderen Leben … Ich begreife nicht … Ich weiß nicht, wie ich weiterleben konnte. Weiterleben wollte. Ich lache, ich rede. Ich hatte solche Sehnsucht … Ich war wie gelähmt … Ich hätte gerne mit jemandem gesprochen, aber nicht mit einem Menschen. Ich gehe in eine Kirche, da ist es ganz still, so wie manchmal in den Bergen. Ganz, ganz still. Dort kann man sein Leben vergessen. Und morgens wache ich auf … Suche mit der Hand … Wo ist er? Sein Kissen, sein Geruch … Ein kleiner fremder Vogel mit einem Glöckchen um den Hals trippelt über das Fensterbrett und weckt mich, nie vorher habe ich solche Laute, solch eine Stimme gehört. Wo ist er? Ich kann nicht alles herüberbringen, nicht alles läßt sich in Worte fassen. Ich weiß nicht, wie ich weiterleben konnte. Abends kommt meine kleine Tochter. »Mama, ich bin mit den Hausaufgaben fertig.« Da erst wird mir bewußt, daß ich Kinder habe. Aber wo ist er? »Mama, hier ist ein Knopf abgerissen, nähst du mir den an?« Wie kann ich ihm folgen? Ihn wiedersehen? Ich schließe die Augen und denke an ihn, bis ich eingeschlafen bin. Im Traum kommt er, aber nur ganz vage, ganz flüchtig und verschwindet wieder. Ich höre sogar seine Schritte … Wohin geht er? Wo ist er? Und er wollte so ungern sterben. Er schaute ständig zum Fenster hinaus … Zum Himmel … Ich legte ihm ein Kissen unter, ein zweites, noch eins … Damit er hoch liegt. Sein Sterben hat lange gedauert … Ein ganzes Jahr … Wir konnten uns einfach nicht trennen … (Schweigt lange.)

Nein, nein, keine Angst, ich kann nicht mehr weinen. Ich möchte reden … Ich kann nicht, so wie andere, mir einreden, daß ich nichts mehr weiß. Wie meine Freundin, zum Beispiel. Unsere Männer sind im gleichen Jahr gestorben, sie waren zusammen in Tschernobyl. Sie will wieder heiraten. Nein, nein, ich verurteile sie nicht. So ist das Leben ... Man muß weiterleben ... Sie hat Kinder ... Aber mich verläßt ein seltsamer Gedanke nicht, er quält mich, es ist gleichsam nicht mein Gedanke, es ist, als hätte ich ihn irgendwo gelesen: Ich habe etwas gesehen, was andere nicht gesehen haben. Etwas Schreckliches hat sich uns, früher als allen anderen, aufgetan ...

Er ist an meinem Geburtstag nach Tschernobyl gefahren. Die Gäste saßen noch am Tisch, er entschuldigte sich. Küßte mich. Der Wagen wartete schon unten. Am 19. Oktober 1986. Mein Geburtstag ... Er war Montagearbeiter, er reiste in der ganzen Sowjetunion umher, und ich habe immer auf ihn gewartet. Das ging Jahre so. Wir lebten wie ein Liebespaar, das Abschied nimmt und sich immer wiedertrifft. Und damals ... Angst hatten nur unsere Mütter, seine und meine, wir beide hatten keine Angst. Heute denke ich: Warum nicht? Wir wußten doch, wohin er fährt. Ich hätte mir einfach das Physikbuch der zehnten Klasse vom Nachbarjungen ausborgen und ein bißchen darin blättern können. Er hat dort ohne Mütze gearbeitet. Seinen anderen Kumpels fielen nach einem Jahr die Haare aus, bei ihm wurden sie sogar noch dichter. Keiner von ihnen lebt heute mehr. Die ganze Brigade ist tot, sieben Mann. Junge Leute ... Einer nach dem anderen ... Der erste starb nach drei Jahren ... Na, dachten wir, Zufall, Schicksal. Dann starb der zweite, der dritte, der vierte ... Nun wartete schon jeder darauf, wann er an der Reihe sein würde ... So haben sie gelebt. Mein Mann ist als letzter gestorben ... Hochbaumonteure ... Sie haben die Stromleitungen in den ausgesiedelten Dörfern abgeschaltet, sind die Masten hoch- und runtergeklettert ... Sind durch verlassene Häuser und Straßen gegangen ... Sie haben immer in der Höhe gearbeitet ... Er war fast zwei Meter groß und wog 90 Kilo, was konnte ihn schon umbringen? Wir hatten lange Zeit keine Angst ... (Lächelt unerwartet.)

Ach, war ich glücklich! Wenn er nach Hause kam ... Das war immer ein Feiertag. Ich habe ein ganz langes Nachthemd, wunderschön, das habe ich dann immer angezogen. Ich mochte teure Wäsche, ich habe nur schöne Wäsche, aber das Nachthemd war etwas ganz Besonderes. Etwas Festtägliches. Für unseren ersten Tag ... Die erste Nacht ... Ich kannte seinen ganzen Körper auswendig, ich habe alles abgeküßt. Manchmal träume ich sogar, daß ich ein Teil seines Körpers bin, so unzertrennlich waren wir. Ich hatte immer große Sehnsucht nach ihm, es tat mir richtig körperlich weh. Wenn wir uns trennten, verlor ich für kurze Zeit die Orientierung, ich wußte nicht, wo ich bin, in welcher Straße, wie spät es ist ... Er kam schon mit geschwollenen Lymphknoten am Hals zurück, ich habe sie mit den Lippen erspürt, sie waren nicht sehr groß, aber ich fragte ihn: »Gehst du damit zum Arzt?« Er beruhigte mich: »Die gehen wieder weg.« – »Wie ist es da, in Tschernobyl?« – »Ganz normale Arbeit.« Keine Angebereien, keine Panik. Es hieß nur: »Dort ist es genauso wie hier.« In der Kantine, in der sie aßen, wurden im Erdgeschoß die Soldaten verpflegt: Nudeln, Konserven; im ersten Stock aßen die Vorgesetzten, die Generäle, sie bekamen frisches Obst, Rotwein, Mineralwasser. Saubere Tischdecken. Jeder hatte ein Meßgerät. Seine Brigade bekam kein einziges Gerät.

Ach, war ich glücklich! Wir fuhren ans Meer, ich weiß noch, daß es ebensoviel Meer gab wie Himmel, überall war Meer. Meine Freundin war mit ihrem Mann auch dort, aber sie hat andere Erinnerungen. »Das Meer war schmutzig. Alle hatten Angst, sich mit Cholera anzustecken.« In den Zeitungen war darüber geschrieben worden ... Aber ich habe das Meer in anderer Erinnerung ... In hellem Licht ... Ich erinnere mich, daß es überall war, ebenso wie der Himmel. Blau, ganz blau. Und er war bei mir. Ich bin für die Liebe geboren ... In der Schule träumten wir Mädchen: Eine wollte studieren, eine andere wollte auf eine Komsomolbaustelle, ich dagegen wollte heiraten. Lieben, ganz stark lieben. Wie Natascha Rostowa. Nur lieben. Aber das konnte ich niemandem verraten, denn damals, Sie werden sich erinnern, war es nur erlaubt, von Komsomolbaustellen zu träumen. Das hatte man uns eingeimpft. Wir drängten nach Sibirien, in die unwegsame Taiga, sangen, erinnern Sie sich: »... wollen den Nebel erleben und die Gerüche der Taiga ...« Zum Studium wurde ich im ersten Jahr nicht angenommen, ich schaffte die Aufnahmeprüfung nicht, fand Arbeit im Fernmeldeamt. Dort haben wir uns kennengelernt ... Die Initiative ging von mir aus, ich habe ihn gebeten: »Heirate mich. Ich liebe dich so sehr!« Ich war bis über beide Ohren verliebt. Er sah so gut aus ... Ich fühlte mich wie im siebten Himmel. Ich habe ihn selbst gebeten: »Heirate mich.« (Lächelt.)

Immer wieder grüble ich und suche mir allen möglichen Trost: Vielleicht ist der Tod gar nicht das Ende, vielleicht ist er nur in eine andere Form geschlüpft und lebt in einer anderen Welt. Ich arbeite in einer Bibliothek, lese viel, komme mit unterschiedlichen Leuten zusammen. Ich möchte mit jemandem über den Tod sprechen. Ihn verstehen. Ich suche Trost. In Zeitungen, in Büchern versuche ich, etwas darüber zu finden. Ich gehe ins Theater, wenn es dort um den Tod geht ... Es tut mir physisch weh ohne ihn, ich kann nicht allein sein ...

Er wollte nicht zum Arzt gehen. »Ich spüre nichts. Mir tut nichts weh.« Aber die Lymphdrüsen waren schon groß wie Hühnereier. Ich schob ihn fast mit Gewalt ins Auto und brachte ihn in die Poliklinik. Er wurde an den Onkologen überwiesen. Ein Arzt untersuchte ihn, holte einen zweiten. »Hier ist noch einer aus Tschernobyl.« Und dann ließen sie ihn nicht mehr weg. Eine Woche später wurde er operiert: Schilddrüse und Kehlkopf wurden völlig entfernt und durch Röhrchen ersetzt. Ja ... (Schweigt.) Ja ... Heute weiß ich, daß sogar das noch eine glückliche Zeit war. Mein Gott! Was ich alles unternommen habe: Ich bin durch die Geschäfte gelaufen, habe Geschenke für die Ärzte gekauft – Konfekt, Importliköre, Schokolade für die Schwestern. Und alle haben es genommen. Er aber lachte mich aus. »Versteh doch, das sind keine Götter! Und Chemie und Bestrahlung reichen hier für alle. Die bekomme ich auch ohne Konfekt.« Ich aber bin bis ans andere Ende der Stadt gefahren, um »Vogelmilch«-Torte oder französisches Parfüm zu erstehen, das alles gab es ja nur durch Beziehungen, unterm Ladentisch. Vor der Entlassung ... Wir fahren nach Hause! Ich bekam eine spezielle Spritze, man zeigte mir, wie man damit umgeht. Ich mußte ihn durch diese Spritze ernähren. Ich habe alles gelernt. Viermal am Tag habe ich etwas Frisches gekocht, habe es durch den Fleischwolf gedreht, durch ein Sieb gestrichen und in die Spritze eingezogen. Diesen Brei habe ich dann durch die größte Kanüle gespritzt, sie ging direkt in den Magen ... Aber er schmeckte nichts mehr. Wenn ich fragte: »Schmeckt es?«, konnte er nichts sagen.

Trotzdem sind wir noch ein paarmal ins Kino gegangen, haben uns dort geküßt. Wir hingen an einem so dünnen Faden, aber uns schien es, daß wir wieder fest mit dem Leben verbunden waren. Tschernobyl versuchten wir nicht zu erwähnen, wir wollten uns nicht daran erinnern. Ein verbotenes Thema. Ich ließ ihn nicht ans Telefon, nahm den Hörer vorher ab: Seine Kumpel starben einer nach dem anderen ... Verbotenes Thema ... Eines Morgens weckte ich ihn, reichte ihm den Bademantel, da konnte er nicht mehr aufstehen. Und konnte auch nichts sagen ... Er sprach nicht mehr ... Die Augen waren riesengroß ... Da bekam er es mit der Angst zu tun ... Ja ... (Verstummt wieder.) Uns blieb noch ein Jahr ... Dieses ganze Jahr näherte er sich immer mehr dem Tod ... Mit jedem Tag ging es ihm schlechter, und er wußte schon, daß seine Kumpel einer nach dem anderen starben ... Wir mußten ja auch noch damit leben ... Mit diesem Gedanken ... Es war unerträglich auch deshalb, weil niemand wußte, was das alles bedeutete. Es hieß – Tschernobyl; man schrieb – Tschernobyl, aber niemand wußte so recht, was das ist. Etwas Schreckliches hat sich uns zuerst aufgetan ... Alles ist bei uns anders: Wir werden nicht so geboren wie alle, wir sterben nicht so wie alle. Fragen Sie mich, wie man nach Tschernobyl stirbt! Ein Mensch, den ich geliebt habe, so geliebt habe, wie ich ihn nicht mehr hätte lieben können, wenn ich ihn selber geboren hätte, verwandelte sich vor meinen Augen – in ein Ungeheuer ... Die Lymphknoten waren entfernt worden, der Blutkreislauf war gestört, die Nase war irgendwie verschoben, war um das Dreifache angeschwollen, die Pupillen gingen in verschiedene Richtungen, ein fremdes Leuchten war in den Augen und ein Ausdruck, als wäre nicht er das, sondern als lauere jemand anders dahinter. Dann schloß sich ein Auge ganz ... Wovor hatte ich Angst? Ich wollte nur, daß er sich selbst nicht sieht ... Nicht so in Erinnerung behält. Aber dann zeigte er immer wieder mit Händen, ich solle ihm einen Spiegel bringen. Mal lief ich in die Küche, tat so, als hätte ich seine Bitte vergessen oder nicht gehört, ließ mir immer etwas einfallen. Zwei Tage lang konnte ich ihn so hinhalten, am dritten Tag schrieb er mit großen Buchstaben und Ausrufezeichen ins Heft: »Einen Spiegel!!!« Wir hatten schon Heft, Kugelschreiber und Bleistift bereitgelegt, wir kommunizierten schon auf diese Weise, er konnte nicht mal mehr im Flüsterton sprechen. Er war völlig stumm. Ich lief in die Küche, klapperte mit den Töpfen, als hätte ich nichts gelesen und gehört. Wieder schrieb er: »Einen Spiegel!!!« Mit diesen Ausrufezeichen ... Ich brachte ihm einen Spiegel, den allerkleinsten. Er schaute hinein, griff sich an den Kopf und wiegte sich im Bett hin und her ... Ich beruhigte ihn ... »Wenn es dir ein bißchen besser geht, ziehen wir in irgendein verlassenes Dorf, kaufen dort ein Haus, wenn du nicht in der Stadt leben willst, wo viele Leute sind. Dort sind wir allein.« Ich habe ihn nicht belogen, ich wäre mit ihm egal wohin gegangen, wenn er nur bei mir gewesen wäre, egal, wie er aussah. Er und niemand sonst. Ich habe ihn nicht belogen ...

Ich erinnere mich an nichts, was ich hätte verschweigen wollen. Alles hat es gegeben. Ich habe so weit geschaut, vielleicht über den Tod hinaus ... (Hält inne.)

Als wir uns kennenlernten, war ich 16, er war sieben Jahre älter als ich. Wir gingen zwei Jahre zusammen. Ich mag in Minsk besonders den Bereich um das Hauptpostamt, die Wolodarski-Straße, dort haben wir uns immer unter der Uhr verabredet. Ich wohnte neben der Kammgarnfabrik und fuhr mit dem Trolleybus Nummer 5, der nicht am Hauptpostamt hielt, sondern ein Stück weiter, am Kinderbekleidungsgeschäft. Ich bin immer ein bißchen später gekommen, um an ihm vorbeizufahren, ihn zu sehen und zu staunen, was für ein hübscher Junge auf mich wartete! Zwei Jahre lang habe ich nichts mitbekommen, weder Winter noch Sommer. Er führte mich in Konzerte … Wir sahen Edith Piaf, die ich so mag … Tanzen sind wir nicht gegangen, er konnte nicht tanzen. Wir küßten uns, wir küßten uns nur … Er nannte mich »meine Kleine«. Mein Geburtstag, wieder mein Geburtstag … Seltsam, die wichtigsten Dinge bei mir sind immer am Geburtstag passiert. Wenn man da nicht an Schicksal glauben soll! Ich stehe unter der Uhr, wir waren um fünf verabredet, und er kommt und kommt nicht. Um sechs trotte ich wütend und in Tränen zu meiner Bushaltestelle, gehe über die Straße, sehe mich instinktiv um, da läuft er bei Rot über die Kreuzung, in Arbeitssachen, in Stiefeln hinter mir her … Er war nicht früher von der Arbeit losgekommen … So habe ich ihn am liebsten gemocht: in Jägersachen, in Wattejacke … Ihm stand alles. Wir fuhren zu ihm nach Hause, er zog sich um, und wir beschlossen, meinen Geburtstag in einem Restaurant zu feiern. Aber wir kamen nicht rein, es war Abend, es gab keine freien Plätze mehr, und dem Türsteher einen Fünf- oder Zehnrubelschein, altes Geld noch, zuzuschieben, wie es die anderen machten, das konnten wir beide nicht. »Komm«, sagte er strahlend. »Wir kaufen im Geschäft eine Flasche Sekt und Kuchen, setzen uns in den Park und feiern dort.« Unter Sternen, unter freiem Himmel! So war er … Auf einer Bank im Gorki-Park haben wir dann bis zum Morgen gesessen. So einen Geburtstag habe ich nie wieder erlebt, damals habe ich ihm auch gesagt: »Heirate mich. Ich liebe dich so sehr!« Er lachte. »Du bist doch noch so jung.« Aber am nächsten Tag haben wir im Standesamt das Aufgebot bestellt …

Wie glücklich ich war! Ich hätte nichts in meinem Leben ändern mögen, auch wenn mich jemand oben im Himmel gewarnt hätte ... Am Hochzeitstag fand er seinen Ausweis nicht, wir suchten die ganze Wohnung ab. Wir wurden im Standesamt nur provisorisch auf einem Blatt Papier registriert. »Töchterchen, das ist ein böses Omen«, jammerte meine Mutter. Später fand er den Ausweis in alten Hosen, auf dem Boden. Liebe! Es war nicht mal Liebe, sondern wir haben uns immer wieder neu ineinander verliebt. Wie ich morgens vor dem Spiegel getanzt habe! Ich bin schön, ich bin jung, er liebt mich! Jetzt vergesse ich mehr und mehr mein Gesicht, das Gesicht von damals, mit ihm ... Ich sehe dieses Gesicht nicht mehr, wenn ich in den Spiegel schaue ...

Kann man darüber sprechen? Es mit Worten benennen? ... Es gibt Geheimnisse ... Ich verstehe bis heute nicht, was das war. Bis zu unserem letzten Monat ... In der Nacht verlangte er nach mir ... Er liebte mich heftiger als früher ... Als ich ihn bei Tage anschaute, konnte ich nicht glauben, was nachts geschehen war. Wir konnten uns gar nicht trennen. Ich liebkoste ihn, streichelte ihn. Erinnerte mich in diesen Minuten an unsere schönsten, glücklichsten Momente ... Wie er von Kamtschatka kam ... Mit Bart, er hatte sich dort einen Bart wachsen lassen. Mein Geburtstag auf der Parkbank ... »Heirate mich!« Muß man darüber sprechen? Kann man? Ich selbst bin zu ihm gegangen, wie ein Mann zu einer Frau geht ... Was konnte ich ihm geben außer Medikamenten? Welche Hoffnung? Er wollte so gar nicht sterben ... Nur meiner Mutter habe ich nichts erzählt. Sie hätte mich nicht verstanden, sie hätte mich verurteilt, verflucht. Das war ja kein gewöhnlicher Krebs, den alle fürchten, sondern Tschernobyl-Krebs, der ist viel schlimmer. Die Ärzte erklärten mir, daß er schnell sterben würde, wenn die Metastasen den Organismus von innen her angriffen, aber sie breiteten sich an der Oberfläche aus ... Über den ganzen Körper ... Übers Gesicht ... Etwas Schwarzes wucherte auf seinem Körper. Das Kinn verschwand, der Hals, die Zunge hing heraus. Die Gefäße platzten, Blut begann zu fließen. »Oh«, rief ich. »Schon wieder Blut.« Aus dem Hals, aus den Wangen, aus den Ohren ... In alle Richtungen ...

Ich holte kaltes Wasser, legte Kompressen auf, es half nicht. Etwas Unheimliches. Das ganze Kissen war voller Blut ... Ich hielt eine Waschschüssel darunter ... Das Blut schoß in Rinnsalen in die Schüssel ... Wie in einen Melkeimer ... Dieser Ton ... So friedlich, so ländlich ... Ich höre ihn mitunter heute noch, nachts ... Solange er bei Bewußtsein war, klatschte er in die Hände – das war unser verabredetes Zeichen: Hol den Notdienst! Er wollte nicht sterben ... Er war 45 Jahre alt ... Ich rief den Notdienst an, sie kannten uns schon, sie wollten nicht kommen. »Wir können Ihrem Mann nicht helfen.« Nun, wenigstens eine Spritze! Ein Betäubungsmittel. Ich spritzte ihn selber, ich hatte es gelernt, aber eine Spritze – das war auch ein bleibender blauer Fleck in der Haut. Einmal schaffte ich es, der Notdienst kam ... Ein junger Arzt ... Er trat an sein Bett und wich zurück. »Sagen Sie, ist das ein Tschernobyl-Fall? Ist er nicht einer von denen, die dort waren?« – »Ja«, sage ich. Und da schreit er, ich übertreibe nicht: »Meine Gute, ich wünsche Ihnen nur, daß das bald zu Ende geht! Ich habe gesehen, wie die Männer aus Tschernobyl sterben!« Und mein Mann war noch bei Bewußtsein, er hörte alles ... Bloß gut, daß er nicht wußte, nicht ahnte, daß er als einziger seiner Brigade übriggeblieben war ... Als letzter ... Ein andermal schickten sie eine Schwester aus der Poliklinik, die blieb an der Wohnungstür stehen, die wollte nicht hereinkommen. »Oh, ich kann nicht!« Und ich? Ich konnte alles. Was konnte ich noch tun? Wo war die Rettung? Er schrie ... Er hatte Schmerzen ... Er schrie den ganzen Tag ... Da fand ich einen Ausweg: Ich flößte ihm durch eine Kanüle eine Flasche Wodka ein, damit er abschalten konnte. Vergessen konnte. Ich war nicht selber darauf gekommen, andere Frauen hatten es mir geraten ... Sie hatten den gleichen Kummer ... Seine Mutter kam. »Warum hast du ihn nach Tschernobyl gelassen? Wie konntest du nur?« Mir war damals überhaupt nicht eingefallen, daß ich ihn nicht hätte gehen lassen sollen, und ihm wahrscheinlich genausowenig, daß er nicht hätte fahren sollen. Das war damals eine andere Zeit gewesen, das war wie Krieg. Ich fragte ihn einmal: »Bereust du heute nicht, daß du hingefahren bist?« Er schüttelte den Kopf und schrieb ins Heft: »Wenn ich sterbe, verkaufe den Wagen, die Ersatzräder, aber heirate Tolik nicht.« Das ist sein Bruder. Tolik mochte mich …

Es gibt Geheimnisse … Ich sitze neben ihm … Er schläft … Er hat so schönes Haar … Ich nahm heimlich eine Strähne und schnitt sie ab … Da schlug er die Augen auf, sah die Strähne in meiner Hand und lächelte … Mir sind seine Uhr, sein Wehrpaß und seine Tschernobyl-Medaille geblieben … (Nach einigem Schweigen.) Ich war so glücklich! Ich weiß noch, in der Entbindungsklinik habe ich ständig am Fenster gesessen und rausgeguckt, habe auf ihn gewartet. Ich begriff gar nicht, was mit mir los war, vergaß die Zeit. Ich wollte ihn nur immer ansehen … Ich konnte gar nicht genug von ihm bekommen, es war, als spürte ich, daß das irgendwann zu Ende sein würde. Morgens habe ich ihm das Frühstück gemacht und zugeschaut, wie er aß. Wie er sich rasierte. Wie er die Straße entlangging. Ich bin eine gute Bibliothekarin, aber ich weiß nicht, wie man seine Arbeit lieben kann. Ich habe nur ihn geliebt! Ihn allein. Und ich kann ohne ihn nicht leben. Nachts schreie ich … Ich schreie ins Kissen, damit meine Kinder es nicht hören …

Ich konnte mir keinen Augenblick vorstellen, in dem er nicht mehr im Haus ist und wir nicht mehr zusammen sind. Meine Mutter … Sein Bruder … Sie bereiteten mich vor, sie machten Andeutungen, daß die Ärzte dazu geraten hätten, daß sie eine Einweisung geben würden, kurz, in der Nähe von Minsk gäbe es ein spezielles Krankenhaus, dort seien früher Todeskandidaten aufgenommen worden … Afghanistankämpfer … Ohne Arme, ohne Beine … Jetzt würden Tschernobyl-Opfer dorthin gebracht. Sie redeten mir ein, er würde es dort besser haben, ständig seien Ärzte da. Ich wollte nichts davon hören. Da überzeugten sie ihn, und er flehte mich an: »Bring mich hin. Quäl dich nicht länger.« Ich habe mich immer krank schreiben lassen oder unbezahlten Urlaub genommen, weil das eigentlich nicht ging. Nach dem Gesetz wird man nur krank geschrieben, wenn man ein krankes Kind zu betreuen hat, und unbezahlten Urlaub bekommt man höchstens einen Monat …

Er schrieb mir das ganze Heft voll, nahm mir das Versprechen ab, daß ich ihn dorthin bringe. Ich fuhr mit seinem Bruder hin. Mit dem Auto. Am Dorfrand, das Dorf hieß Grebjonka, stand ein großes Holzhaus, der Brunnen war eingefallen. Toilette auf dem Hof. Alte Frauen in Schwarz … Fromme Schwestern … Ich bin gar nicht erst ausgestiegen, bin im Auto sitzengeblieben. Nachts küßte ich ihn. »Wie konntest du mich nur um so etwas bitten? Das kommt nie in Frage! Niemals! Niemals!« Ich küßte ihn immer wieder …

Die schlimmen letzten Wochen … Eine halbe Stunde lang dauerte das Wasserlassen in ein Glas. Er hielt den Blick gesenkt, er schämte sich. »Wie kannst du nur so etwas denken?« Ich küßte ihn. Am letzten Tag passierte das: Er schlug die Augen auf, richtete sich hoch, lächelte und sagte: »Waljuschka!«

Er starb einsam … Der Mensch stirbt einsam … Sie riefen von der Arbeit an. »Wir wollen dir eine rote Urkunde bringen.« Ich sagte zu ihm: »Deine Kollegen wollen kommen und dir eine Urkunde überreichen.« Er schüttelte den Kopf. Nein, nein! Aber sie kamen doch … Sie brachten Geld, eine Urkunde in roter Mappe mit einem Leninfoto darauf. Ich nahm sie und dachte: Warum muß er sterben? In den Zeitungen heißt es, daß das nicht nur Tschernobyl ist, daß der ganze Kommunismus gescheitert ist. Aber das Foto auf der Mappe ist geblieben … Die Kollegen wollten ihm ein paar gute Worte sagen, aber er verkroch sich unter der Decke, nur die Haare schauten heraus. Die Kollegen standen einen Moment herum und gingen dann wieder. Er hatte schon Angst vor den Menschen. Nur vor mir hat er keine Angst gehabt. Als er beerdigt wurde, habe ich ihm zwei Taschentücher aufs Gesicht gelegt. Wenn jemand bat, ihn sehen zu dürfen, habe ich die Tücher weggenommen … Eine Frau fiel in Ohnmacht … Sie hatte ihn einst geliebt, ich war eifersüchtig gewesen … »Ich möchte ihn ein letztes Mal sehen.« – »Sieh ihn dir an.« Ich habe Ihnen nicht erzählt, daß alle Angst hatten, sich ihm zu nähern, nachdem er gestorben war. Nach unserem slawischen Brauchtum dürfen Verwandte den Toten nicht selber waschen und anziehen. Man schickte zwei Sanitäter aus dem Leichenschauhaus, sie baten um Wodka. »Wir haben alles gesehen«, bekannten sie. »Unfalltote, zerstückelte Leichen, tote Kinder nach einem Brand ... Aber so etwas noch nicht ... Am schlimmsten sterben Tschernobyl-Opfer ...« (Verstummt.) Er war schon tot und war ganz, ganz heiß. Ich konnte ihn gar nicht anfassen ... Ich hielt die Uhr in der Wohnung an ... Um sieben Uhr früh ... Sie steht bis heute still, sie läßt sich nicht aufziehen ... Wir holten einen Uhrmacher, der zuckte die Schultern. »Das hier ist keine Mechanik und keine Physik, das ist Metaphysik.«

Die ersten Tage ohne ihn ... Ich schlief zwei Tage hintereinander, ich war nicht wach zu bekommen, bin nur aufgestanden, um etwas Wasser zu trinken, gegessen habe ich gar nichts, und bin wieder ins Bett gefallen. Merkwürdig! Es ist mir bis heute unerklärlich: Wie konnte ich nur einschlafen? Der Mann meiner Freundin lag im Sterben, er hat mit Geschirr nach ihr geworfen: Warum ist sie so jung, so schön? Meiner hat mich immer nur angesehen, immer nur angesehen ... Er schrieb in unser Heft: »Wenn ich sterbe, laß mich verbrennen. Ich möchte nicht, daß du Angst hast.« Warum wollte er das? Nun, es kursierten verschiedene Gerüchte: Tschernobyl-Opfer »leuchten« noch nach dem Tod ... Ich selbst hatte gelesen, daß die Gräber der Feuerwehrleute von Tschernobyl, die in Moskauer Krankenhäusern gestorben waren und in Mitino bei Moskau begraben wurden, von den Leuten gemieden werden, daß sie die eigenen Toten nicht neben ihnen beisetzen. Tote fürchten Tote, ganz zu schweigen von den Lebenden. Weil niemand weiß, was Tschernobyl ist. Es sind nur Vermutungen. Ahnungen. Er hatte aus Tschernobyl seinen weißen Schutzanzug mitgebracht, in dem er gearbeitet hatte. Hosen, die ganze Montur ... Der Anzug lag auf unserem Hängeboden, bevor er starb. Meine Mutter entschied: »Wir müssen alle seine Sachen wegwerfen.« Sie hatte Angst ... Und ich hatte sogar diesen Anzug aufbewahrt! Ein Verbrechen!

Ich hatte doch Kinder: eine Tochter, einen Sohn ... Wir brachten die Sachen aus der Stadt und vergruben sie ... Ich habe viele Bücher gelesen, ich lebe in der Welt der Bücher, aber sie erklären mir nichts. Dann wurde die Urne gebracht ... Ich hatte keine Angst, ich habe hineingefaßt und etwas Kleines, wie Muscheln im Sand am Meer, gespürt, das waren die Hüftknochen ... Davor hatte ich seine Sachen berührt, nichts gespürt, nichts gefühlt, aber auf einmal war mir, als umarme ich ihn. In der Nacht, erinnere ich mich, er war tot, ich saß neben ihm. Da stieg plötzlich so etwas wie ein Dunstschleier auf ... Ein zweites Mal habe ich ihn über dem Krematorium gesehen ... Seine Seele ... Keiner hat sie gesehen, aber ich habe sie gesehen ... Ich hatte das Gefühl, daß wir uns noch einmal begegnet sind ...

Wie glücklich ich doch war! Er fuhr auf Dienstreise, und ich zählte die Tage und Stunden bis zu seiner Rückkehr. Ich konnte es körperlich nicht ohne ihn ertragen ... Wir fuhren zu seiner Schwester aufs Dorf. Am Abend sagte sie: »Ich habe in dem Zimmer ein Bett für dich gerichtet und für ihn in dem anderen ...« Wir schauten uns an und lachten. Wir konnten uns nicht vorstellen, getrennt zu schlafen. Nur zusammen ... Es ging nicht ohne ihn ... Die Brautwerbung ... Sein Bruder hielt bei meinen Eltern an ... Sie sind sich sehr ähnlich ... Aber mir scheint, daß ich immer nur weinen werde, wenn mich ein anderer berührt.

Wer hat ihn mir genommen? Mit welchem Recht? Sie brachten den Gestellungsbefehl mit dem roten Querstreifen am 19. Oktober 1986 ... Wie im Krieg ...

(Wir trinken Tee. Ich schaue mir Familienfotos an. Hochzeitsfotos. Und als ich mich schon verabschieden will, zögert sie.)

Wie soll ich nur weiterleben? Ich habe Ihnen nicht alles erzählt ... Bis zu Ende ... Ich war so glücklich ... Wahnsinnig glücklich ... Vielleicht sollten Sie meinen Namen nicht nennen. Es gibt Geheimnisse ... Gebete werden heimlich gesprochen ... Im Flüsterton ... (Schweigt.) Nein, nennen Sie ruhig meinen Namen ... Nennen Sie ihn vor Gott ... Ich möchte begreifen ... Ich möchte auch begreifen, warum uns das Leiden gegeben wird.

Wozu ist es da? In der ersten Zeit schien mir, daß nach alledem etwas Dunkles in meinem Blick erscheinen würde ... Etwas Fremdes ... Was hat mich gerettet? Was hat mich wieder ins Leben geholt? Dem Leben wiedergegeben ... Mein Sohn ... Ich habe noch einen Sohn ... Unser beider Sohn ... Er ist krank ... Er ist erwachsen, aber er sieht die Welt mit Kinderaugen ... Mit den Augen eines fünfjährigen Jungen ... Ich möchte ihm näher sein ... Mir schwebt vor, meine Wohnung gegen eine andere in der Nähe von Nowinki zu tauschen, da ist die psychiatrische Klinik, in der er lebt ... Es war die Entscheidung der Ärzte: Damit er leben kann, muß er dort sein. Ich fahre immer an Wochenenden zu ihm. Dann kommt er mir entgegen. »Wo ist Papa Mischa? Wann kommt er?« Wer fragt mich sonst danach? Er wartet auf ihn ...

Wir werden zusammen auf ihn warten. Ich werde mein Gebet für ihn flüstern ... Und er wird die Welt mit Kinderaugen ansehen ...

Valentina Timofejewna Panassewitsch,
Frau eines Liquidators

Statt eines Epilogs

»... Das Kiewer Reisebüro bietet Fahrten nach Tschernobyl und in die toten Dörfer an ... Gegen Bezahlung natürlich. Besuchen Sie das atomare Mekka ...«

Nabat, Februar 1996